Pantley

# Erziehen ohne Frust & Tränen

## Die Autorin

Elizabeth Pantley ist Expertin für sanfte, achtsame Erziehung. Ihre Bücher wurden in 27 Sprachen übersetzt. Sie ist selbst Mutter von vier Kindern und weiß aus eigener Erfahrung, welche Fragen Eltern bewegen. Weitere Erfolgstitel von Elizabeth Pantley sind „Schlafen statt Schreien", „Fremdeln – Klammern – Trennungsangst" und „Ab ins Bett!" – alle im TRIAS Verlag erschienen. Elizabeth Pantley lebt in Seattle (Washington). Mehr über die Autorin erfahren Sie auf ihrer Website www.nocrysolution.com.

Die Dipl. Grafik-Designerin Daniela Sonntag hat auch dieses Buch von Elizabeth Pantley illustriert. Mal humorvoll, mal liebevoll, mal mit Hintersinn und immer sehr aus dem Leben gegriffen bringen ihre Bilder das Thema Trennungsangst und die damit verbundenen Gefühle auf den Punkt. Daniela Sonntag lebt und arbeitet in Stuttgart.

*In Liebe widme ich dieses Buch meinen Schwestern Renée und Michelle.*
*Mit zärtlichen Erinnerungen an längst vergangene und bis heute heitere Tage.*

Elizabeth Pantley

# Erziehen
## ohne Frust & Tränen

Das liebevolle Elternbuch

TRIAS

## 11 Liebevolle Erziehung

Was ist eigentlich Erziehung? Sicherlich kennen Sie Aussagen wie: »Wenn Du Dein Kind liebst und nur gute Absichten hast, ist die Erziehung doch ein Kinderspiel« oder »Gute Eltern bekommen automatisch prächtige Kinder«. Hinterfragen Sie doch mal die Glaubenssätze, die Ihnen im Kopf herumschwirren. Ist das tatsächlich so – oder engen wir uns damit nur selbst ein? Eines ist sicher: Es gibt keinen »Aus-Schalter«, der das Elternsein und die damit verbundenen Herausforderungen beendet. Hat man ein Kind, ist man zeitlebens Mutter oder Vater. Aber dieser »Job« verändert sich jedes Mal, sobald das Kind von einer Etappe in die nächste übertritt, einen Meilenstein nach dem anderen hinter sich lässt. Es ist wie bei anderen Aufgaben im Leben auch: Je mehr Wissen man in jeder einzelnen Phase besitzt, desto sicherer fühlt man sich, desto leichter meistert man die Aufgabe und desto besser wird die lebenslange Eltern-Kind-Beziehung sein.

## Das Handwerkszeug

Wenn Sie kleine Kinder haben, ist der Alltag ein einziges Abenteuer, von Sonnenaufgang bis Sonnenuntergang. Selbst wenn Sie sich bemühen, Ihre Entscheidungen mit Blick auf Ihre langfristigen Zukunftsziele treffen, ähnelt der Alltag einem Wirbelsturm aus Aktivitäten und Emotionen, so dass es schwer fällt, das Hier und Jetzt zu genießen. Stattdessen kämpfen wir uns durch den Tag und versuchen, den vielen Herausforderungen und Frustrationen, die auftauchen könnten, zuvorzukommen.
Aber halt: Es gibt sehr spezifische, wirksame Ansätze, die dazu beitragen, dass Sie ruhig und kontrolliert bleiben, dass Sie gute langfristige Entscheidungen treffen und dass Sie Ihr Kind ermutigen, freiwillig zu folgen. Mit diesen Methoden läuft Ihr Tag reibungsloser ab, und darüber hinaus unterstützen Sie diese Strategien darin, eine enge, liebevolle Beziehung zu Ihrem Kind aufzubauen, die ein Leben lang hält.

## Ein friedliches Zuhause

Mal ganz ehrlich: Sind Sie immer ausgeglichen und freundlich? Wäre es nicht wunderbar, wenn jeder Tag des Familienlebens fröhlich und entspannt verliefe? Wenn Ihre Kinder genau das täten, worum man sie bittet (und zwar schon beim ersten Mal ...)? Doch wir wissen: Kinder zu erziehen bringt ganz eigene Herausforderungen mit sich. Das Familienleben ist unvorhersagbar. Tagtägliche Erfahrungen und Verantwortungen können in Eltern wie Kindern Gefühle der Wut entstehen lassen. Ganz gleich, wie groß Ihre Erziehungskompetenz ist, ganz gleich, wie wunderbar Ihre Kinder sind – Sie werden die unerfreulichen Situationen, die in jeder Familie vorkommen, auch in Ihrer nicht vermeiden können. Doch wenn Sie durchschaut haben, woher die Wut rührt, und Wege kennenlernen, Ihre Reaktionen zu steuern, dann wird Wut ein viel kleineres Eckchen Ihres Zuhauses besetzen – ein Eckchen, das überschaubar und kontrollierbar ist.

## Hilfen von A–Z

Von A wie »Autofahren« bis Z wie »Zähneputzen« – hier finden Sie für alltägliche Stresssituationen liebevolle Lösungsmöglichkeiten. Diese haben etwas gemeinsam: Achtung und Respekt, und zwar sowohl vor den Eltern als auch vor dem Kind. Und sie sollen zusätzlich Spannungen und Tränen vermeiden. Alle Optionen unterstützen Sie in Ihren Bemühungen, Ihr Kind zu einem verantwortungsvollen Menschen mit gesundem Selbstbewusstsein und Selbstdisziplin zu erziehen.
Lassen Sie sich von den Ideen inspirieren, kombinieren Sie sie mit anderen Ansätzen und passen Sie Ihre Strategie den individuellen Umständen an. Beziehen Sie dabei die Individualität Ihres Kindes und Ihren eigenen Erziehungsstil mit ein. Und dann setzen Sie Ihre Strategie in eine Handlung um. Bringt Ihr Ansatz nicht den gewünschten Erfolg, probieren Sie eine andere Option aus – so lange, bis Sie das Gefühl haben, es läuft gut.

# Vorwort

Für viele Eltern ist das Thema Erziehung schwierig und bisweilen erdrückend. Der Gedanke, für den erfolgreichen Weg unserer Kinder von der Geburt bis ins Erwachsenenleben verantwortlich zu sein, kann ausgesprochen beängstigend sein. Der Begriff Disziplin, der oft in einem Atemzug genannt wird, leitet sich von dem Lateinischen »disciplina« ab, was so viel wie Unterweisung bedeutet, und als Eltern lehren wir unsere Kinder jeden Tag durch unsere Worte, unser Handeln und unser Vorbild.

In diesem Buch zeigt uns Elizabeth Pantley, wie wir unseren Kindern dabei helfen können, die fürs Lernen unerlässlichen praktischen Fähigkeiten zu erwerben. Sie schlägt viele konkrete Methoden vor, wie man Kleinkinder beim Lernen unterstützen kann und es ihnen ermöglicht, zu disziplinierten Erwachsenen heranzureifen.

Elizabeth Pantley sagt, dass »Erziehung und elterliche Disziplin dazu beitragen, in unseren Kindern das Fundament aus tragfähigen Werten, Moral und Grundsätzen zu legen, von dem sie ein Leben lang in Form von Selbstdisziplin profitieren«. Es ist die Aufgabe von Eltern, Lehrern und anderen Bezugspersonen, Kindern die Werkzeuge und Orientierung zu geben, die sie zum Erwerb dieser Selbstdisziplin benötigen. Eine Herausforderung dieser Größenordnung überlässt man besser nicht dem Zufall. Jeder Erwachsene, der auch nur im Entferntesten Verantwortung für die Erziehung eines Kindes hat, sollte sich intensiv damit auseinandersetzen, wie er diese außergewöhnlich wichtige Aufgabe sinnvoll angeht.

In bester Tradition ihrer vorangegangenen Erziehungsratgeber zeigt uns Elizabeth Pantley in diesem Buch, wie Eltern ihre Kindern ohne »Lernhemmer« wie Tränen, Frustrationen und Wut erziehen können. Pantley klärt uns über die zugrunde liegenden Emotionen und Motivationen auf, die das kindliche Verhalten steuern, und vermittelt uns, wie wir dieses Wissen einsetzen können, um das Kind zu den richtigen Entscheidungen zu führen.

Als Elternerzieherin und Mutter von vier Kindern verfügt Elizabeth Pantley über die Klugheit und Erfahrung, um professionelles Wissen mit realistischen, praktischen Ratschlägen zu verbinden. Sie legt ihre Methoden deutlich dar und illustriert sie mit zahlreichen verständlichen Beispielen. Die hilfreichen Tipps und Berichte aus ihrem großen Pool von »Testeltern« verstärken den Praxisbezug dieses Buches.

Dieser Ratgeber ist für alle Eltern und Bezugspersonen von Kleinkindern ein unverzichtbarer Begleiter. Wenn Sie nach verständlichen, nachvollziehbaren, wirksamen und liebevollen Methoden suchen, um Kinder zu guten menschlichen Wesen zu erziehen, sollten Sie sich von diesem Buch leiten lassen.

Tim Seldin

Tim Seldin ist Präsident der Montessori Foundation und Vorsitzender des International Montessori Council. Er ist Autor zahlreicher Bücher über Montessori-Erziehung. Sein jüngstes Werk erschien unter dem Titel »Kinder fördern nach Montessori: So erziehen Sie Ihr Kind zu Selbstständigkeit und sozialem Verhalten«. Seldin ist Vater von fünf Kindern und hat einen Enkel. Er lebt mit seiner Frau Joyce St. Giermaine in Florida.

# Danksagungen

Ich möchte den vielen Menschen, die mich Tag für Tag unterstützt haben, meinen aufrichtigen Dank aussprechen: Judith McCarthy, meiner Lektorin, und allen, die bei McGraw-Hill Publishing am Entstehen meiner Bücher mitwirken – für mich der beste Verlag!

Meredith Bernstein von The Meredith Bernstein Literary Agency; sie ist Beraterin, Freundin und eine ausgezeichnete Agentin in einer Person. Patti Hughes, meiner unglaublichen, begeisterten und liebenswerten Assistentin.

Meinem Mann Robert; er ist mein Partner, Freund und Seelenverwandter. Meiner Familie, dem Quell meiner Freude: Mama, Angela, Vanessa, David, Coleton, Michelle, Loren, Sarah, Nicholas, Renée, Tom, Matthew, Devin, Tyler und Amber.

Allen Leser/-innen, die mir in Briefen von ihren wunderbaren Kindern berichteten – ich fühle mich jedem einzelnen Elternteil verbunden. All den vielen Testmütterm, -vätern und -kindern, die ein Teil ihres Lebens mit mir geteilt haben, und über die auf Seite 199 mehr zu erfahren ist.

# Liebevolle Erziehung

**Wir Eltern können durch entsprechendes Verhalten eine Basis dafür schaffen, dass unsere Kinder uns ohne Angst und Tränen folgen, nacheifern und sich vertrauensvoll von uns leiten und erziehen lassen.**

# Auf den Blickwinkel kommt es an

**Kinder großzuziehen ist die wohl schönste, befriedigendste Aufgabe des Lebens. Kommt jedoch das Thema Disziplin ins Spiel, kann sie zum kompliziertesten, forderndsten und frustrierendsten Job der Welt werden.**

Allein das Wort »Disziplin«, das gern im Zusammenhang mit der Erziehung genannt wird, reicht meist schon aus, um Eltern zusammenzucken zu lassen – denn es beschwört ein Bild strenger, strafender Eltern und eines in der Ecke stehenden, weinenden Kindes herauf. Doch Disziplin hat nichts mit Bestrafung zu tun und muss auch nicht mit Tränen einhergehen. Das englischsprachige Wörterbuch Webster's definiert Disziplin als »Training zur Entwicklung von Selbstkontrolle und Charakter«. Diese Definition mag vermuten lassen, dass es hier um Lehren und Erlernen geht, und in gewisser Weise stimmt das auch. Das Lehren ist Ihr Teil der »Erziehungs-Gleichung«, und hier sind gute Unterrichtsstunden unverzichtbar. Wichtiger jedoch ist der Anteil Ihres Kindes in dieser »Gleichung«: das Lernen, und das führt zu der wertvollen Selbstdisziplin.

Angela, mein ältestes Kind, ist heute 18 Jahre alt und besucht das College. Ihr Vater und ich erinnern uns noch sehr lebhaft an einen aufschlussreichen Moment, den sie uns mit sieben Jahren bescherte. Angela versuchte, ihrem Vater etwas sehr Wichtiges zu erklären, und zweifelte an seiner Aufmerksamkeit. Er sagte: »Ich höre dir zu.« Und Angela erwiderte: »Dad, du hörst zu, aber du verstehst nicht.« Das war ein wirklich erleuchtender Augenblick für uns beide, und dieser kurze Dialog ist im Lauf der vielen Jahre, in denen wir unsere Kinder erziehen, in zahlreichen Unterhaltungen immer wieder Thema gewesen. Wir möchten, dass unsere Kinder verstehen. Und wir möchten, dass sie uns verstehen, wenn wir ihnen die vielen notwendigen Lektionen vermitteln. Erziehung, die auf taube Ohren stößt, ist vergebens, und wir wissen, dass Weinen fast immer die Ohren eines Kindes verschließt. Weinen konterkariert das Prinzip von Annehmen, Verstehen und Lernen.

Wenn wir also unsere Kinder erziehen wollen geht es darum, unsere Kinder dabei zu unterstützen, sich ein Fundament aus tragfähigen Werten, Moral und Grundsätzen anzueignen, von dem sie ein Leben lang in Form von Selbstdisziplin profitieren. Das Lehren dieser Prinzipien findet mit fast jedem Austausch zwischen Eltern und Kind statt. Dieses Buch möchte Ihnen vermitteln, wie Sie Ihrem Kind helfen, den Lektionen ihres Lebens aufmerksam zu folgen, ohne dass Tränen und Wut die Lernerfolge hemmen.

Keiner von uns wird mit dem Wissen geboren, wie man Mutter oder Vater ist und seinem Kind die wichtigen Lektionen des Lebens vermittelt. Die meisten von uns stellen fest, dass diese Aufgabe komplexer ist, als man je gedacht hätte. Für ein Baby zu sorgen ist der erste Schritt in Sachen Elternsein, und die Lektionen, die wir in dieser Zeit vermitteln, drehen sich um Liebe, das Band zwischen Eltern und Kind und grundlegende menschliche Interaktion. Und kaum fühlen wir uns im Umgang mit dem Baby sicher und wohl, stellen wir fest, dass vieles dessen, was wir erlernt haben, sich nicht mehr auf ein sprechendes, laufendes Kleinkind anwenden lässt. Wir passen unseren Ansatz an – und sind erstaunt, wenn wir wenig später ein Vorschulkind vor uns haben. Dieses wird zum Schulkind, zum Teenager … macht irgendwann seinen Schulabschluss, fängt an zu studieren und ist erwachsen. Es gibt keinen »Aus-Schalter«, der das Elternsein und die damit verbundenen Herausforderungen beendet. Hat man ein Kind, ist man zeitlebens Mutter oder Vater. Aber dieser »Job« verändert sich jedes Mal, sobald das Kind von einer Etappe in die nächste übertritt, einen Meilenstein nach dem anderen hinter sich lässt. Es ist wie bei anderen Aufgaben im Leben auch: Je mehr Wissen man in jeder einzelnen Phase besitzt, desto sicherer fühlt man sich, desto leichter meistert man die Aufgabe und desto besser wird die lebenslange Eltern-Kind-Beziehung sein.

Sie können viel dazu beitragen, Ihre Freude am Elternsein noch zu vergrößern. Und Sie können ebenso viel dazu beitragen, Wutblockaden und Tränen, die die Entfaltung aller positiven Aspekte Ihrer Erziehungsansätze hemmen, zu vermeiden. Bewährte, eingeübte Fähigkeiten und feste Regeln können Ihnen den Weg von Meilenstein zu Meilenstein erleichtern. Diese Prinzipien können Sie dabei unterstützen, Ihr Kind zu Offenheit und Lernfreude und letztlich zu einem wunderbaren Menschen zu erziehen. Diese Erziehungsfähigkeiten können Sie sich durch »Trial and Error« selbst beibringen. Die »Error«-Phase kann allerdings lange dauern und schmerzhaft sein. Oder aber Sie eignen sich diese Erziehungsfähigkeiten mittels der Analyse der Erfolge (und Misserfolge) vieler, vieler anderer Eltern an, die dies alles schon vor Ihnen durchlaufen haben.

Vielleicht ist es hilfreich, wenn Sie Ihre Reise beginnen, indem Sie Ihre eigenen Gefühle in puncto Erziehung und Bedeutung des Elternseins hinterfragen. Wenn Sie all die negativen Ansichten und Glaubenssätze, die Ihren Geist trüben, über Bord werfen und den frei gewordenen Raum mit positiven, wirksamen Erziehungsfähigkeiten füllen, sind Sie auf dem richtigen Weg.

# Besserwisser wissen's besser

**Als wäre es nicht schon Herausforderung genug, Kinder zu erziehen, glauben viele Eltern alten Mythen, die alles nur noch verworrener, frustrierender und schlimmer machen. Wie dunkle, fast erstickende Wolken legen sich diese Unwahrheiten über sie und nehmen ihnen die Freude an der Erziehung ihres Kindes.**

Es gibt einen oft zitierten Spruch von John Wilmot, Earl of Rochester, der sagte: »Vor meiner Ehe hatte ich sechs Theorien zur Kindererziehung. Jetzt habe ich sechs Kinder und keine Theorien mehr.« Wir alle haben Theorien, Ideale und Erwartungen in Sachen Elternsein, bevor wir Eltern werden. Doch haben wir erst einmal Kinder, erweisen sich viele unserer Vorstellungen als völlig falsch. Manche von ihnen sind naiv und dumm, andere sind Hirngespinste.

Mit dem folgenden kleinen Quiz können Sie herausfinden, welchen verbreiteten, dummen Mythen Sie anhängen. Vielleicht ist Ihnen gar nicht bewusst, wie sehr diese Ammenmärchen Sie beeinflussen – aber sie tun es! Nachdem Sie herausgefunden haben, welche Irrglauben Ihren Alltag trüben, kläre ich Sie über jeden einzelnen auf. Indem Sie erkennen, dass Sie sich von diesen Mythen leiten lassen, haben Sie schon den ersten Schritt getan, sie über Bord zu werfen. Und wenn Sie erst die Wahrheit erfahren, wird auch der letzte Zweifel beseitigt und Ihr Geist offen für neue, effektive Wege der Kindererziehung sein.

Beantworten Sie die folgenden Fragen ehrlich mit JA oder NEIN.

| Glaubenssatz der Erziehung | Ja | Nein |
|---|---|---|
| Wenn man als Eltern engagiert ist und eine gute Beziehung zu seinem Kind hat, dann wird sich das Kind automatisch gut benehmen; besondere Erziehungsmaßnahmen sind dann nicht nötig. | ☐ | ☐ |
| Wenn man sein Kind liebt und nur gute Absichten hat, ist Erziehung ein Kinderspiel. | ☐ | ☐ |
| Gute Eltern verlieren nie die Geduld und schreien ihre Kinder nie an. | ☐ | ☐ |
| Wenn die Eltern ein gutes Paar sind und eine enge Beziehung zueinander haben, sind sie in Sachen Erziehung immer ein und derselben Meinung. | ☐ | ☐ |
| Eltern allein sind komplett verantwortlich für das Verhalten und Handeln ihres Kindes. Gute Eltern bekommen automatisch prächtige Kinder. | ☐ | ☐ |
| Wenn man Erziehungsratgeber liest, Elternkurse besucht und bewährte Erziehungsstrategien erlernt, hat man immer alles im Griff. Hat man erst einmal die richtigen Erziehungsansätze intus, sind Erziehung und Elternsein die einfachste Sache der Welt. | ☐ | ☐ |

Nachdem Sie Ihre Glaubenssätze hinterfragt haben, werden wir gemeinsam die Mythen aufdecken, die dahinterstecken. So werden sich auch Ihre Ängste und Schuldgefühle reduzieren, die Sie unnötigerweise mit sich herumschleppen. Wenn Sie sich mit den Ammenmärchen auseinandersetzen, werden Sie vielleicht auch zukünftigen Herausforderungen zuvorkommen. Candace B. Pert, Ph.D., schrieb in ihrem Buch »Everything You Need to Know to Feel Go(o)d« (Hay House, 2006): »Wir alle greifen jeden Tag zu Bildern, wenn wir mit den beiden häufigsten Sorgen zu tun haben: Wir bedauern das Vergangene oder sorgen uns um die Zukunft ... (aber) wir können genau diese Gabe sehr viel positiver einsetzen.« Und weiter: »Je stärker Sie Ihre Aufmerksamkeit beziehungsweise Ihre bewusste Wahrnehmung auf etwas richten, das Sie manifestiert sehen wollen, desto wahrscheinlicher ist es, dass dieses Ziel tatsächlich Wirklichkeit wird.« Lassen Sie uns nun also die jeweiligen Mythen und die dazugehörige Wahrheit genauer betrachten und einen weiteren Schritt in Richtung vernünftiger, positiver Elternschaft machen.

### Mythos

Wenn man als Eltern engagiert ist und eine gute Beziehung zu seinem Kind hat, wird sich das Kind gut benehmen; besondere Erziehungsmaßnahmen sind nicht nötig.

### Wahrheit

Sie haben vom ersten Moment der Geburt an eine enge Bindung zu Ihrem Kind. Sie haben die besten Erziehungsratgeber gelesen. Sie haben Elternkurse besucht. Sie haben absolut alles richtig gemacht. Sie könnten ein einzigartiger, unfehlbarer, strahlender Heiliger sein – und Ihr Kind würde sich trotzdem nicht perfekt benehmen. Tatsache ist, dass sich kein Kind perfekt benimmt. Jedes Kind macht Fehler. Jedes Kind weint und nörgelt, hat Wut- und Trotzanfälle. Denn jedes Kind ist ein menschliches Wesen – ein junges, unerfahrenes, naives menschliches Wesen. Alle Menschen sind fehlbar; jeder macht Fehler, trifft falsche Entscheidungen – und lernt hoffentlich daraus.

Wenn sich ein Kind falsch verhält, spiegelt dies nicht elterliches Unvermögen wider. Und es bedeutet auch nicht, dass dem Kind etwas fehlt oder nicht vermittelt wurde. Es ist einfach nur eine Facette unseres Menschseins.

Es ist unsere Pflicht ebenso wie unser Privileg, unsere Kinder zu lieben, sie zu leiten, zu führen und zu unterstützen, uns auf ihre Seite zu stellen und unser Elternsein bestmöglich zu leben. Und es ist unsere Pflicht zu begreifen, dass unsere Kinder perfekt sind – im Sinne einer realistischen, humanen Perfektion, die im Laufe des Wachstums und der Entwicklung auch Fehler und Fehlverhalten impliziert. Fehler machen Lernen und Entwicklung möglich – und das ist das Schöne am Elternsein. Unsere Kinder müssen nicht makellos sein, um unserer bedingungslosen Liebe und Unterstützung sicher sein zu können.

---

Andrew*, Vater einer vierjährigen Tochter

### » Wutanfälle trotz aller Liebe

Wir dachten immer, wenn wir gute Eltern sind, wird unser Kind kein Theater machen und keine Wutanfälle bekommen. Aber da lagen wir völlig falsch. Noch schwieriger als der Umgang mit dem Trotzen unserer Tochter war allerdings die Erkenntnis, dass sie diese Wutausbrüche bekommt, obwohl wir hingebungsvolle Eltern sind.«

* Alle Namen in Fallbeispielen wurden redaktionell verändert.

Jane, Mutter dreier Kleinkinder

## »Jedes Kind hat eben auch schlechte Momente

Als ich mit dem schlechten Benehmen meines ältesten Sohnes konfrontiert war, habe ich erst einmal den Glauben an mich selbst verloren. Ich suchte überall und bei jedem Antworten auf meine Fragen und stand schließlich total verunsichert vor einem Wirrwarr aus komplett widersprüchlichen Ratschlägen. Ich brauchte noch zwei weitere Kinder, um endlich zu begreifen, dass jedes Kind eben seine schlechten Augenblicke hat. Jetzt habe ich wieder Selbstvertrauen, lese nach, wenn ich Zweifel habe, und folge nur den Ratschlägen, die mir wirklich sinnvoll erscheinen.«

**Mythos**
Wenn man sein Kind liebt und nur gute Absichten hat, ist Erziehung ein Kinderspiel.

**Wahrheit**
Sein Kind zu lieben ist einfach. Sein Kind zu erziehen ist schwer. Wirksame Erziehungsfähigkeiten muss man erlernen. Erziehung ist eine stetem Wandel unterworfene, komplizierte und intensive Aufgabe. Um diese Aufgabe mit ruhiger Hand und erfolgreich zu meistern, braucht man Wissen und bestimmte Fähigkeiten – und es ist sehr selten, dass ein Mensch all dies von Natur aus besitzt.

Erziehung wird noch komplizierter, wenn man bedenkt, dass es keine Standardantworten, dafür aber viele widersprüchliche Meinungen und Ratschläge gibt. Als Eltern hört man sich erst einmal alles an, was man so erzählt bekommt, und muss sich dann durch eine Fülle unterschiedlichster Informationen und Ansichten kämpfen, um zu jenem Erziehungsansatz zu gelangen, der für einen selbst und das eigene Kind geeignet ist.

**Mythos**
Gute Eltern verlieren nie die Geduld und schreien ihre Kinder nie an.

**Wahrheit**
Selbst die friedlichsten, entspanntesten, geduldigsten Eltern verlieren manchmal die Geduld und schreien – wir sind schließlich alle nur Menschen. Ganz gleich, wie sehr wir unsere Kinder lieben – sie stellen unsere Geduld auf die Probe, und sie bringen uns in Rage.

Jedes Kind hat seine »bösen« Momente. Und wissen Sie was? Wenn Kinder »böse« sind, verlieren auch Eltern mal die Nerven und – ja! – schreien!

Ich bin eine erfahrene Mutter von vier Kindern und verdiene mein Geld mit dem Schreiben von Erziehungsratgebern und mit Elternseminaren. Ich liebe meine Kinder von ganzem Herzen und strenge mich an, eine gute Mutter zu sein. Und doch benehmen sich meine Kinder nicht immer vorbildlich.

Mein sechsjähriger Sohn hat ab und zu seine Aussetzer, und auch meine drei Teenager fallen immer mal wieder aus dem Rahmen, und zwar öfter, als mir lieb ist … und dann verliere ich die Geduld und werde laut. Nicht anders als Sie auch. Nicht anders als jede Mutter, jeder Vater auf dieser Welt.

Also: Schluss mit diesem Mythos! Lasst uns aufstehen und rufen: »Menschen machen Fehler! Eltern und Kinder sind Menschen! Kinder verhalten sich manchmal nicht so, wie wir uns das wünschen würden. Und Eltern schreien manchmal. Das ist absolut normal!«

### Mythos

Wenn die Eltern ein gutes Paar sind und eine enge Beziehung zueinander haben, sind sie in Sachen Erziehung immer ein und derselben Meinung.

### Wahrheit

Es ist ganz normal, dass Eltern sich in Sachen Erziehung nicht immer einig sind – auch wenn ihre Beziehung intakt und glücklich ist. Diese Abweichungen können jederzeit auftreten: Manche Eltern sind sich während der Babyjahre ihres Kindes nicht einig, andere sind sich in den ersten Jahren einig und haben erst in den Grundschuljahren oder während der Teenagerzeit ihres Kindes voneinander abweichende Erziehungsvorstellungen. Eine funktionierende Kommunikation und kontinuierlicher Dialog können helfen, sich zu verständigen und in wichtigen Punkten eine gemeinsame Linie zu finden.

---

Elaine, Mutter eines zweijährigen Sohnes

## » Mein Weg ist nicht der einzig richtige

Mir fiel auf, dass ich mich oft einmische und unseren Sohn in Schutz nehme, wenn mein Mann mit ihm schimpft. Aus irgendwelchen Gründen erwacht dann in mir dieser beschützende Mutterinstinkt. Aber wovor will ich ihn beschützen? Wenn ich später darüber nachdenke, komme ich zu dem Schluss, dass er sich schlecht benommen hat und dass sein Vater durchaus recht hatte. Es war gar nicht nötig, das Kind in Schutz zu nehmen. Auch wenn wir dieselben Erziehungsansätze vertreten, bedienen wir uns unterschiedlicher verbaler und nonverbaler Mittel. Mutterinstinkte täuschen sich nie, aber ich muss mich dennoch bemühen loszulassen, weil mein Weg nicht der einzig richtige ist. Und ich erkenne, dass Garrett sehr wohl auf uns beide reagiert, auch wenn wir unterschiedliche Methoden haben.«

Auch wenn Eltern sich in ihrem Erziehungsansatz prinzipiell einig sind, gibt es doch immer unterschiedliche Wege. Und selbst wenn man denselben Weg verfolgt, ergeben sich durch die unterschiedlichen Persönlichkeitsstrukturen der Eltern in der Praxis ganz automatisch abweichende Handlungsweisen. Darum kommen diese Unterschiede auch »in den besten Familien« vor.

### Mythos

Eltern allein sind komplett verantwortlich für das Verhalten und Handeln ihres Kindes. Gute Eltern bekommen automatisch prächtige Kinder.

### Wahrheit

Ebenso wie Erwachsene eine eigene Persönlichkeit haben, haben auch Kinder einen individuellen Charakter. Selbst wenn man zwei Kinder exakt gleich erzieht, im selben Haushalt, mit denselben Eltern, werden ihre unterschiedlichen Persönlichkeiten – zusammen mit ihren individuellen Lebensauffassungen – ihre jeweilige Weltsicht beeinflussen. Sie werden zu ganz unterschiedlichen Erwachsenen heranreifen. Natürlich kann das elterliche Handeln das Handeln der Kinder beeinflussen, aber die kindliche Persönlichkeit sowie die außerfamiliären Erfahrungen haben großen Einfluss darauf, wie sich das Kind in einer bestimmten Situation verhält.

Eltern sind nicht zu 100 Prozent verantwortlich für das Verhalten ihres Kindes. Kinder sind eigenständige Persönlichkeiten, und schon in jungem Alter beeinflussen ihre Entscheidungen ihren zukünftigen Lebensweg. Kinder sind kein unbeschriebenes Blatt, das wir nach unseren Vorstellungen füllen können, und auch kein Klumpen Lehm, den wir nach Belieben formen können. Natürlich spielen Eltern eine wichtige Rolle. Die Erziehung hat einen Einfluss darauf, zu welchem Erwachsenen Ihr Kind heranreift. Es gibt definitiv einen Zusammenhang zwischen der Erziehung und dem Maß an Glück und Erfolg, das ein Kind als Erwachsener erreicht. Bei positivem, bewusstem, durchdachtem Elternsein ist die Wahrscheinlichkeit groß, dass aus fröhlichen Kindern mit gesundem Selbstvertrauen erfolgreiche, glückliche Erwachsene werden, die ein befriedigendes Leben führen.

Charles, Vater zweier Söhne

## »Wie Tag und Nacht

Meine Brüder und ich wurden alle gleich erzogen, doch wir haben uns zu drei sehr unterschiedlichen Persönlichkeiten entwickelt. Wir sind so verschieden, dass uns manch einer nicht glaubt, dass wir Brüder sind. Heute beobachte ich meine eigenen Söhne, die wir nach den gleichen Maßstäben erziehen, und sie sich doch wie Tag und Nacht unterscheiden: James war von Anfang an sanftmütig und folgsam, während uns der Eigenwillen des kleinen Michael immer wieder vor neue Herausforderungen stellt.«

**Mythos**

Wenn man Erziehungsratgeber liest, Elternkurse besucht und bewährte Erziehungsstrategien erlernt, hat man immer alles im Griff. Hat man erst einmal die richtigen Erziehungsansätze intus, sind Erziehung und Elternsein die einfachste Sache der Welt.

**Wahrheit**

Eltern sind Menschen und Menschen sind nie perfekt. Ganz gleich, über wie viel Wissen man verfügt – immer werden uns unsere Emotionen in die Quere kommen, so dass wir nicht optimal reagieren können. Hinzu kommt: Je mehr theoretisches Wissen wir haben, desto kritischer hinterfragen wir uns selbst. Wir sehen unsere eigenen Fehler und bewerten unsere eigenen Unzulänglichkeiten umso strenger. Die besten Eltern sind die, die sich am meisten bemühen, doch sie legen auch die strengsten Maßstäbe an sich selbst an.

wichtig

Bei der Erziehung braucht ein jeder Unterstützung. In einem Vakuum kann man nicht erziehen. Wir sollten auf die zahlreichen Ressourcen zurückgreifen, die uns zur Verfügung stehen – aber zugleich sollte uns klar sein, dass wir nicht alles anwenden können, was wir tagtäglich lernen und hören. Wir können einfach nur unser Bestes geben. Eltern, die in 70 Prozent der Fälle alles richtig machen, sollten sehr stolz auf sich sein.

Denken Sie immer daran, dass auch Kinder Menschen sind. Sie haben sprunghafte Emotionen, wechselnde Launen und viele Wünsche und Bedürfnisse. Kinder verändern sich von Tag zu Tag, sie wachsen und reifen und lernen über sich und die Welt.

Einhundertprozentige Perfektion in Sachen Erziehung und Elternsein ist ein unmögliches

Ziel. Schon wer 70 Prozent schafft, macht seine Sache ganz ausgezeichnet, und das kann in einer glücklichen Familie durchaus erreicht werden. Selbst unter Berücksichtigung der ganz normalen Reibungen, Erschütterungen und schlechten Augenblicke führen diese 70 Prozent Erziehungserfolg zu prächtig wohlgeratenen Kindern.

Denken Sie in Ruhe über diesen Mythos und all die anderen Theorien, Ideale und Erwartungen nach, an die Sie bisher glaubten. Überlegen Sie, woher sie stammen und warum Sie sie für wahr gehalten haben. Und dann überlegen Sie, wo die Wahrheit tatsächlich liegen könnte. Indem Sie Mythen analysieren und sie durch Ihre eigenen Wahrheiten ersetzen, gelangen Sie zu einem ehrlicheren, authentischeren und erfreulicheren Erziehungsansatz.

WICHTIG

### Buddhistische Weisheit

»Glaube nicht alles, was du hörst; vertraue nicht blind auf Traditionen, nur weil sie seit Generationen weitergegeben werden; glaube nichts, nur weil es von vielen wieder und wieder gesagt wird; glaube nichts, nur weil es einmal niedergeschrieben wurde; glaube nicht an Vermutungen; glaube nicht daran wie an eine Wahrheit, die sich durch Gewohnheit verfestigt hat; glaube nicht blind an die Autorität deiner Lehrer und der Alten.
Nach Beobachtung und Analyse, und nur wenn es mit der Vernunft vereinbar ist und dem Guten, Nützlichen jedes Einzelnen und aller zuträglich, dann akzeptiere es und lebe danach.«

Buddha, vor 2.600 Jahren

# Der Blick in die Glaskugel – Ihr Kind als Jugendlicher

**Die häufigste Klage junger Eltern lautet: »Ich hatte keine Ahnung, was mich erwartet!« »Niemand hat mir gesagt, dass es so schwierig ist, ein Baby zu haben.« »Ich fühle mich hilflos, verwirrt, unzulänglich.« Nur wer weiß, was ihn erwartet, kann der neuen Aufgabe zuversichtlich entgegenblicken.**

Kürzlich hielt ich einen Vortrag bei einer Konferenz für Hebammen und GeburtsvorbereiterInnen. Das Thema lautete »Vorbereitung werdender Eltern auf die tägliche Realität mit dem Baby«. Die Veranstalter hatten dieses Thema laut eigener Aussage gewählt, weil viele Hebammen berichten, dass junge Eltern viel mehr Zeit und Energie in die Ausstattung des Kinderzimmers und den Kauf von Babykleidung investierten als darüber nachzudenken, wie wohl ihr neues Leben mit dem Baby aussehen wird. Und es ist wahr: Die Farbe des Kinderzimmers oder die Anzahl niedlicher Strampler sagen nichts darüber aus, wie selbstsicher, vorbereitet oder fähig sich eine frischgebackene Mutter, ein frischgebackener Vater in der neuen Rolle fühlt.

Und es ist genau diese Denkweise, die viele Eltern kleiner Kinder glauben lässt, es sei viel zu früh, sich vorzustellen, dass ihre Kinder eines Tages Teenager oder junge Erwachsene sein werden. Das sehe ich anders. Mein Jüngster geht in den Kindergarten, meine zwei Mittleren sind Teenager, und die Älteste ist gerade aufs College gekommen. Diese Altersmischung ist ein Geschenk für meine Arbeit als Elternerzieherin, denn ich habe beide »Enden« des Spektrums im Blick.

Ebenso wie Hebammen davon überzeugt sind, dass man Babypflege und den Umgang mit dem Baby erlernen sollte, bevor das Kind auf die Welt kommt, um für die Zeit nach der Geburt gewappnet zu sein, glaube ich, dass die Vorausschau auf das Teenager- und junge Erwachsenenalter des Kindes zu wertvollen Erkenntnissen führen kann, die bei der Erziehung des heute noch kleinen Kindes sehr wichtig sind. Probieren Sie es aus: Gehen Sie auf eine emotionale Zeitreise in die Zukunft und fragen Sie sie – noch bevor diese Zukunft tatsächlich eintritt: »Was hätte ich anders machen sollen? Wie hätte ich die Weichen anders stellen können?«

Als Mutter einer achtzehnjährigen Collegestudentin, zweier Teenager, die bald flügge sein werden, und eines Sechsjährigen habe ich mir folgende Fragen gestellt: »Was würde ich heute bei meinen drei Großen anders machen?« »Was werde ich mit meinem Jüngsten anders machen?« »Wie würde ich das Elternsein und die Erziehung angehen, wenn ich heute noch ein Kind bekäme?« Mal abgesehen von trivialen Dingen wie »Ich würde viel früher ein Schuhregal einrichten« erlaubt es mir dieses Buch, meine wichtigsten Erkenntnisse und Erfahrungen mit Ihnen zu teilen.

## Visionen und Korrekturen

Glücklicherweise bin ich in der Lage, mit offenen Augen zu sehen, Korrekturen zu machen und in der weiteren Erziehung meiner Kinder umzusetzen, was ich gelernt habe. Und mehr noch: Ich bin in der Lage, diese Gedanken mit Ihnen zu teilen. Natürlich haben nicht alle Eltern dieselben Ziele, Werte oder dieselbe Persönlichkeit wie ich. Jeder hat seine eigene Liste, seine eigenen Prioritäten. Doch in diesem Augenblick ist es besonders wichtig, sich einfach die Zeit zu nehmen, sich sein Kind als jungen Erwachsenen vorzustellen. Umreißen Sie die wichtigsten Züge und Werte, die Sie bei diesem Menschen sehen möchten, ebenso wie die Beziehung, die Sie zu dieser Person haben wollen.

Lassen Sie sich von dieser Vision leiten, wenn Sie im täglichen Leben wichtige Entscheidungen treffen müssen. Dies ist ein kontinuierlicher Prozess, den man von Zeit zu Zeit aktualisieren und anpassen muss – aber Tatsache ist, dass man mit Blick auf die Zukunft im Hier und Jetzt bessere Entscheidungen trifft.

## Sie erschaffen den Teenager von morgen

Natürlich können wir unser Kind nicht komplett zu der Person formen, die wir uns vorstellen. Und doch beeinflusst die Art und Weise, wie wir mit unserem Baby, unserem Kleinkind und unserem Vorschulkind umgehen, seine Entwicklung und wirkt sich darauf aus, wie das Kind in späteren Jahren, also als Schulkind, als Teenager und schließlich als Erwachsener dasteht. Wenn es zu den typischen Verhaltensweisen kommt, mit denen so viele Teenager-Eltern zu kämpfen haben, dann wurde die Saat für diese Konflikte und Verhaltensweisen schon viel, viel früher gestreut – nämlich als der Jugendliche ein Baby oder Kleinkind war. Diese Saat wurde ganz unbeabsichtigt während der Vorschul- und Schulzeit gewässert und gedüngt – bis sie schließlich zu kräftigen Pflanzen heranwuchs (oder zutreffender: zu widerspenstigem Unkraut, mit dem man sich dann äußerst schwertut).

Wenn Sie wüssten, wie Ihr Kind später einmal sein wird, wäre dies sehr aufschlussreich und könnte Ihnen Tag für Tag als wertvolle Leitlinie dienen. Aber so genau weiß man es nicht und muss es auch gar nicht wissen. Da sich Kinder in vielen Verhaltensweisen erstaunlich ähneln, können Sie die Erfahrungen jener Familien nutzen, die vor Ihnen die Saat für eine positivere und angenehmere Zukunft gelegt haben. In der folgenden Übersicht finden Sie spezifische Beispiele für typische Verhaltensweisen von Teenagern, die uns in Rage bringen können; gegenüber gestellt wurde das von den Eltern erwünschte Verhalten, und in der dritten Spalte finden Sie Tipps, wie Sie Ihr Kind zu jenem verantwortungsbewussten Jugendlichen erziehen können, den man sich als Mutter oder Vater wünscht.

Die Übersicht zeigt nur einige der am meisten verbreiteten und frustrierenden Verhaltensweisen und ist natürlich kein vollständiges Abbild des täglichen Lebens. Die Liste ließe sich noch viele Seiten fortsetzen – man könnte ein ganzes Buch damit füllen! Aber immerhin wird diese Auflistung Ihnen helfen, Ihren Geist zu öffnen und vielleicht über den gegenwärtigen Augenblick hinaus in die Zu-

kunft zu schauen und abzuschätzen, wohin Sie und Ihr Kind sich bewegen. Und auf diese Weise können Sie bessere, wirksamere Erziehungsentscheidungen treffen. Immer und in jedem Moment? An jedem Tag? Nein, ganz sicher nicht! Das Leben ist kompliziert, und die Tage mit Kindern können sehr turbulent sein, aber wenn Orientierungslichter Ihren Weg säumen, wird das Ergebnis in jedem Fall besser sein.

## Jugendliches Fehlverhalten

| Typisches Fehlverhalten des älteren Kindes/ Jugendlichen | Gewünschtes Verhalten | So helfen Sie Ihrem Kind, das gewünschte Verhalten zu erlernen |
|---|---|---|
| Lässt überall im Haus sein schmutziges Geschirr stehen | Stellt sein Geschirr in den Geschirrspüler, schaltet ihn an und räumt ihn später aus | **Kleinkind:** Lassen Sie sich von ihm nach dem Essen den Teller reichen.<br>**Vorschulkind:** Lassen Sie es nach dem Essen das eigene Geschirr in die Spüle oder auf die Küchenablage stellen.<br>**Älteres Kind:** Lassen Sie es das eigene Geschirr in den Geschirrspüler räumen; lassen Sie es beim Ausräumen und Wegräumen helfen und beteiligen Sie es regelmäßig am Abspülen. |
| Häuft in seinem Zimmer auf dem Boden schmutzige Wäsche an | Wäscht seine Wäsche und räumt sie zurück in den Schrank | **Kleinkind:** Lassen Sie es seine schmutzige Wäsche in einen Korb in seinem Zimmer legen.<br>**Vorschulkind:** Lassen Sie es seine schmutzige Wäsche in den Wäschekorb oder in das Sortiersystem im Waschkeller legen.<br>**Älteres Kind:** Lassen Sie es beim Sortieren der sauberen Socken, beim Zusammenlegen der T-Shirts und beim Verteilen der sauberen Wäsche in Schränke und Schubladen helfen. |
| Widerspricht, wenn es um Mithilfe gebeten wird | Erledigt ohne Widerworte das, worum man es bittet, wenn auch zähneknirschend | **Kleinkind:** Vermeiden Sie übermäßiges Neinsagen. Sagen Sie dem Kind lieber, was Sie möchten, dass es tut, anstatt Dinge zu verbieten.<br>**Vorschulkind:** Korrigieren Sie höflich unangemessene Kommentare. Bringen Sie Ihrem Kind bei, wie es auf akzeptable Weise negative Emotionen äußern kann.<br>**Älteres Kind:** Lassen Sie keine Widerrede durchgehen. Definieren Sie Verhaltensweisen, die nicht erlaubt sind. Seien Sie konsequent. |
| Ignoriert Bitte der Eltern | Nimmt die Bitte zur Kenntnis und tut, worum man bittet | **Kleinkind:** Richten Sie einfache, klare, dem Alter entsprechende Bitten an das Kind.<br>**Vorschulkind:** Richten Sie klar formulierte, spezifische Bitten auf Augenhöhe an das Kind. |

| Typisches Fehlverhalten des älteren Kindes/Jugendlichen | Gewünschtes Verhalten | So helfen Sie Ihrem Kind, das gewünschte Verhalten zu erlernen |
|---|---|---|
| | | **Älteres Kind:** Verleihen Sie der Bitte mit einer Handlung Nachdruck, indem Sie das Kind an die Hand nehmen, wenn es der Bitte nicht nachkommt. |
| Vergisst, seine Pflichten (wie etwa den Müll hinausbringen) zu erledigen | Erledigt seine tägliche Pflichten ohne Aufforderung | **Kleinkind:** Helfen Sie ihm bei Aufräumen und bringen Sie ihm bei, dass Aufräumen Spaß macht.<br>**Vorschulkind:** Führen Sie eine tägliche Aufräumroutine ein.<br>**Älteres Kind:** Geben Sie ihm spezifische tägliche Aufgaben, die auf einem Blatt aufgelistet sind. |
| Zankt und streitet sich mit den Geschwistern | Harmonischer Umgang mit den Geschwistern, altersgemäße streitlose Auseinandersetzung bei Konflikten | **Kleinkind:** Bringen Sie ihm bei, wie man teilt und wie man freundlich mit Geschwistern umgeht.<br>**Vorschulkind:** Schlichten Sie Streit zwischen Geschwistern und bringen Sie allen Kindern bei, wie sie selbst ihre Konflikte lösen können.<br>**Älteres Kind:** Fordern Sie die Kinder auf, ihre Konflikte ohne Ihre Vermittlung zu lösen, und beobachten Sie die Szene aus der Entfernung. |
| Schreit und verwendet Schimpfwörter | Drückt Wut angemessen aus | **Kleinkind:** Helfen sie ihm, sich selbst zu verstehen; erkennen Sie die Emotionen des Kindes an und benennen Sie sie.<br>**Vorschulkind:** Ermutigen Sie es, über seine Gefühle zu sprechen. Helfen Sie ihm, Lösungen für seine Schwierigkeiten zu finden.<br>**Älteres Kind:** Vermitteln Sie ihm Wutbeherrschungsstrategien (wie eine Auszeit nehmen, um »herunterzukommen«). |
| Geht unachtsam mit Dingen um | Respektiert Dinge und geht sorgfältig damit um | **Kleinkind:** Lassen Sie Zerstörung, groben Umgang oder Missbrauch von Spielsachen nicht zu.<br>**Vorschulkind:** Vermeiden Sie zu viel Durcheinander von unbenutztem Spielzeug. Ersetzen Sie kaputte Stücke nicht sofort.<br>**Älteres Kind:** Seien Sie nicht zu nachsichtig. Lassen Sie das Kind ein bisschen Geld verdienen, um sich ein heiß begehrtes Spielzeug zu kaufen. Achten Sie darauf, dass Spielzeuge aufgeräumt und ordentlich aufbewahrt werden. |

| Typisches Fehlverhalten des älteren Kindes/Jugendlichen | Gewünschtes Verhalten | So helfen Sie Ihrem Kind, das gewünschte Verhalten zu erlernen |
|---|---|---|
| Ist ein Stubenhocker, schaut zu viel fern, bewegt sich zu wenig | Schaut wenig fern, ist aktiv, treibt Sport | **Kleinkind:** Begrenzen Sie die Fernsehzeit auf täglich höchstens 30 Minuten. Ermutigen Sie es zu aktiven Spielen und Aktivitäten.<br>**Vorschulkind:** Setzen Sie den Fernseher nicht als täglichen Babysitter ein. Fördern Sie Aktivitäten an der frischen Luft.<br>**Älteres Kind:** Ermutigen Sie Ihr Kind, Sport zu treiben. Schaffen Sie sich Geräte zum aktiven körperlichen Spiel an. Beschränken Sie die Fernsehzeit auf ein vernünftiges Maß. |
| Lügt in puncto bedeutungsloser Kleinigkeiten und größerer Zusammenhänge | Sagt die Wahrheit, auch in schwierigen Situationen | **Kleinkind:** Erzählen Sie ihm von Ehrlichkeit, leben Sie Ehrlichkeit vor und machen Sie Ehrlichkeit anschaulich.<br>**Vorschulkind:** Strafen Sie Fehler nicht zu hart. Lehren Sie Ihr Kind, ehrlich zu sein.<br>**Älteres Kind:** Finden Sie passende Lösungen, nicht Strafen. Loben Sie Ihr Kind, wenn es ehrlich ist. |
| Kommuniziert nicht mit den Eltern | Unterhält eine offene, ehrliche Kommunikation mit den Eltern | **Kleinkind:** Spielen Sie täglich mit Ihrem Kind.<br>**Vorschulkind:** Nehmen Sie sich täglich Zeit, Ihrem Kind zuzuhören. Plaudern Sie mit ihm.<br>**Älteres Kind:** Hören Sie Ihrem Kind mit festem Blickkontakt und ohne Ablenkung zu. Versetzen Sie sich in Ihr Kind und versuchen Sie, sein Leben aus seiner Warte zu sehen. |
| Hat schwache soziale Fähigkeiten, ist grob und rücksichtslos | Ist höflich und aufmerksam | **Kleinkind:** Bringen Sie ihm gute Umgangsformen bei.<br>**Vorschulkind:** Erinnern Sie es freundlich und konsequent an die guten Umgangsformen (etwa an das Bitte- und Dankesagen und daran, sich zu entschuldigen).<br>**Älteres Kind:** Seien Sie höflich zu Ihrem Kind und leben Sie ihm im Umgang mit anderen gute Umgangsformen vor. Lassen Sie Ihr Kind wissen, dass Sie gutes Benehmen von ihm erwarten. |

# Ein starkes Fundament schaffen

**Hier geht es um das tägliche Zusammenleben von Eltern und Kindern in einer geregelten und zugleich liebevollen, fröhlichen Weise. Sie finden viele Anregungen, was Ihre Rolle als Elternteil angeht, und lernen, Ihr Kind besser zu verstehen.**

Viele praktische Tipps helfen Ihnen, das tägliche Leben einfacher und angenehmer zu gestalten. Allerdings funktionieren diese Ideen umso besser, wenn Ihr Erziehungsansatz auf einem tragfähigen Fundament ruht.

Wie kommt ein starkes Fundament zustande? Welche Faktoren machen Eltern zu ruhigen, ausgeglichenen und souveränen Personen? Mit welchem Verhalten ermutigt man das Kind, den Vorgaben der Eltern zu folgen? Welche Geisteshaltung führt zu positiven Ergebnissen? Welche wichtigen Konzepte sollten Eltern während der ersten Lebensjahre Ihres Kindes erlernen und anwenden? All dies sind wichtige Fragen, die jedoch nicht einfach zu beantworten sind.

Nachdem ich mein ältestes Kind – inzwischen eine reizende junge Frau – gerade aufs College verabschiedet habe, habe ich mir die Zeit genommen, die vergangenen 18 Jahre Revue passieren zu lassen. Dabei fragte ich mich, was ich dazu beigetragen habe, dass sie diesen wichtigen Meilenstein erreichen konnte. Ich fragte mich: »Was habe ich gelernt? Welche waren die wichtigsten Lektionen auf diesem Weg, die ich gerne mit anderen Eltern teilen möchte?« Nach reiflicher Überlegung möchte ich Ihnen gerne von jenen Erfahrungen berichten, von denen ich mir gewünscht hätte, dass sie mir jemand zu Beginn meiner eigenen »Karriere« als Mutter vermittelt hätte. Vielleicht helfen sie Ihnen dabei, unnötige Umwege hin zur optimalen Elternschaft zu vermeiden.

## Der große »kleine Unterschied«

Vom Augenblick der Geburt Ihres Kindes bis zu dem Moment, wenn es das Haus verlässt, finden zwischen Ihnen beiden mehr als 100.000 Stunden Interaktion und Bindung statt. Natürlich kann man nicht davon ausgehen, dass sich jede einzelne dieser Stunden ungetrübt glücklich und präzise choreografiert vollzieht. Natürlich holpert es immer wieder; es sind Fehler, Ärger und Wut im Spiel – auf beiden Seiten. Allein der Versuch, Perfektion anzusteuern, wäre aberwitzig und absolut stressig, zumal Eltern ohnehin dazu neigen, sich selbst unnötigerweise für jede negative Situation zu kritisieren.

Ein Kind zu erziehen bedeutet jeden Tag viele Entscheidungen zu treffen – von unbedeutenden Kleinigkeiten bis zu Entscheidungen, die das Leben verändern. Manchmal ist es klar, dass man die richtige Entscheidung getroffen hat, aber oft ist man sich dessen nicht sicher. Fast jeder Fehler, den Sie als Eltern machen, wurde zuvor schon von vielen anderen Eltern gemacht.

Wichtig sind Ihre Gesamtphilosophie und Ihr Erziehungsansatz. Wenn Liebe Ihr Fundament und elterliche Kompetenz Ihre Struktur ist, wenn Ihr Ziel darin besteht, Ihr Kind zu einem guten Menschen zu erziehen, mit dem Sie Ihr Leben lang eine positive Beziehung unterhalten möchten, dann sind die Weichen positiv gestellt. Definieren Sie die wichtigsten Ziele für Ihre Familie und bestimmen Sie dann die Werte, die Sie zu Ihren Entscheidungen führen. Erwerben Sie elterliche Kompetenz und wenden Sie diese Fähigkeiten tagtäglich an. Und: Vergeben Sie sich und Ihren Kindern die Fehler, die Sie alle unvermeidlicherweise auf Ihrem gemeinsamen Weg machen werden.

## Stressen Sie sich nicht – entspannen Sie sich!

Meine Güte! Wenn ich nur an all die Millionen Kleinigkeiten denke, derentwegen ich mich die vergangenen 18 Jahre so gestresst habe! Unordentliche Zimmer, verschmierte, verlorene Spielsachen, verschmähtes Gemüse. Nichts von alledem hat heute noch die geringste Bedeutung. All diese unerheblichen, trivialen Details machen einen Großteil unseres täglichen Lebens aus. Doch wenn sie ein überproportionales Maß an Stress und negativen Gefühlen auslösen, begraben sie die vielen kleinen Freuden, die Kinder in unser Leben bringen.

Nehmen Sie all diese Kleinigkeiten als das, was sie sind: Kleinigkeiten. Und lassen Sie sich von ihnen nicht den Spaß und die Freude am täglichen Familienleben rauben.

Emily, Mutter von 4 Töchtern und 2 Söhnen

### » Genieße jeden Schritt des Weges

Ich sage immer: ›Genieße jeden Schritt des Weges.‹ Blicken Sie nicht zu weit in die Zukunft, wünschen Sie sich nicht, die Kinder wären schon älter, würden bereits in die Schule gehen oder gar schon das Haus verlassen. Blicken Sie auch nicht zurück und seien Sie nicht traurig darüber, dass sie so schnell älter werden. Genießen Sie einfach nur den Augenblick. Jedes Alter hat seine schönen und weniger schönen Seiten. Kein Alter ist perfekt – und jede Phase geht irgendwann vorüber.«

## Genießen Sie das Spiel

Lassen Sie sich ruhig darauf ein, viel öfter an dem fantasievollen, einzigartigen Spiel Ihres Kindes teilzunehmen. Schielen Sie nicht immer mit einem Auge auf die Uhr, wenn Sie mit Ihrem Kind spielen. Lassen Sie ruhig den Anrufbeantworter die Gespräche entgegennehmen. Ignorieren Sie einfach das Signal eingehender E-Mails, bis die Burg aufgebaut, der Zoo mit Tieren gefüllt oder das Buch fertig vorgelesen ist.

Clara, Mutter einer zweijährigen Tochter

## » Nur ein bisschen Zeit fürs Spielen

Heute wollte ich Besorgungen machen und das Haus putzen. Als ich gerade zum Staubsauger gegriffen hatte, stellte sich meine Tochter vor mich und hinderte mich am Saugen. Ich versuchte ihr zu erklären, dass Mami ihre Arbeit machen müsse. Ich versuchte, sie mit einem Spielzeug abzulenken und sie in den Nebenraum zu bugsieren, wo sie allein spielen sollte. Aber sie kam immer wieder zu mir. Schließlich beschloss ich, dass der schmutzige Boden gar nicht so wichtig sei, und setzte mich mit einem Buch zu ihr. Nach ein paar weiteren Büchern zog sie zufrieden ab und spielte allein. Und ich machte mit dem Boden weiter.

Ihr Ratschlag, beim Spielen mit dem Kind nicht auf die Uhr zu schauen, erinnert mich an mich selbst: Ich versuchte, den Boden zu saugen, während meine kleine Tochter beharrlich neben mir stand und es verhinderte. Es war wichtig, ihr in dem Moment Aufmerksamkeit zu widmen, als sie sie brauchte, und nicht irgendwann später, wann es mir in den Kram passte. Als ich sie und ihr gegenwärtiges Bedürfnis sah, war sie nicht mehr das Hemmnis für meine Putzarbeit, sondern ein kleiner Mensch, der gerne ein paar Augenblicke mit seiner Mama zusammen sein wollte.«

Natürlich spielen Sie mit Ihren Kindern, aber vielleicht haben Sie während dieser Spielzeit viel zu oft ein schlechtes Gewissen, weil etwas »viel Wichtigeres« erledigt werden müsste. Wenn Sie einmal aufschreiben würden, welche ach so wichtigen Sachen in der Vergangenheit ausgerechnet während der Spielzeit unbedingt erledigt werden mussten, dann würden Sie sich beim Anblick der fertigen Liste heute sicher wundern. Keine Sorge, die wichtigen Dinge werden schon erledigt, auch wenn man sich später nicht daran erinnern kann. Und ich bin sicher, dass ein bisschen mehr Spielzeit bestimmt nicht ins Chaos geführt hätte. Und wenn Ihr Kind erst einmal ein selbstständiger, viel beschäftigter Teenager ist oder als junger Erwachsener das Haus verlässt, werden Sie erkennen, dass die wichtigste und schönste Sache überhaupt die tägliche Spielzeit mit Ihrem Kind war.

Gemeinsames Spiel ist sehr wichtig. Nicht nur, damit das Kind bestimmte Fähigkeiten entwickelt und Wissen erwirbt, sondern damit sich zwischen Eltern und Kind auch eine tragfähige Beziehung entwickelt. Deshalb: Planen Sie mehr Spielzeit mit Ihrem Kind ein, setzen Sie diesen Plan um und genießen Sie die zusätzliche Zeit mit Ihrem Kind. Kinder bleiben nicht ewig klein, und vielleicht bereuen Sie es später, nicht mehr Zeit mit Ihrem Kind verbracht zu haben.

## Geben Sie einfach nur Ihr Bestes

Wir alle machen Fehler – das Leben ist nicht perfekt. Auch wenn wir mal nicht unsere gesamten Erziehungskompetenz in die Waagschale werfen, selbst wenn wir zu gestresst sind und selbst wenn wir uns nicht genug Spielzeit mit unserem Kind nehmen, machen wir mehr Dinge richtig als falsch. Starke Familienbande können tatsächlich die eine oder andere Lücke mit Liebe füllen, den einen oder anderen Fehler ausmerzen. Ein liebendes Herz und eine Umarmung können den einen oder anderen weniger perfekten Augenblick ausgleichen. Wenn man sich bemüht, eine liebevolle Mutter oder ein liebevoller Vater zu sein, stehen die Chancen gut, dass sich diese Hoffnung erfüllt.

Engagierte Eltern lesen Erziehungsratgeber. Wenn Sie also dieses Buch in den Händen halten, weiß ich, dass meine Worte Menschen erreichen, die sich wirklich bemühen, ihre Aufgabe bestmöglich zu erfüllen. Und ich weiß auch, dass Sie umso selbstkritischer werden, je mehr Sie lesen und je mehr Sie lernen. Doch um jeden Ratschlag Tag für Tag in die Praxis umzusetzen, müsste man ein übermenschliches, gottähnliches Wesen sein. Allein schon die Tatsache, dass Sie dazulernen und dass Sie sich bemühen, das Gelernte anzuwenden, ist absolut lobenswert.

Bemühen Sie sich, geben Sie Ihr Bestes, lernen Sie aus Ihren Fehlern und erkennen Sie auch gegenüber sich selbst an, dass sie eine große, wichtige Aufgabe meistern. Klopfen Sie sich ruhig selbst auf die Schulter und loben Sie sich, wenn Lob angebracht ist. Sie meistern die Herausforderung besser, als Sie glauben!

Deborah, Mutter zweier Kleinkinder

» Supermütter, nein danke!

Warum glauben wir Mütter alle, wir müssten Supermütter sein? Und warum fühlen wir uns schlecht, wenn wir das alles nicht schaffen? In Wahrheit geben wir doch alle unser Bestes, und das ist immer genau das Richtige. Wir wären sicher viel entspannter, wenn wir stolz auf das blicken könnten, was wir schaffen, anstatt uns für das zu schämen, was wir nicht geschafft haben.«

## Hören Sie nur auf Ihr Herz

Wenn es um das Thema Kindererziehung geht, hat jeder eine Meinung, und die meisten Menschen verteidigen ihre Ansichten unerbittlich. Aber nicht nur das. Viele kritisieren andere Erziehungsansätze hart und fühlen sich berufen, alle Andersdenkenden zu ihrem Standpunkt zu bekehren. Ständig und überall werden wir von lästigen, unsensiblen und vor allem unerwünschten Ratschlägen verfolgt.

Treffen Sie Ihre eigenen Entscheidungen, was die Erziehung Ihrer Kinder angeht. Lesen Sie Bücher, die Sie in Ihrem Ansatz bestätigen, und treten Sie in Kontakt mit Eltern, die ähnlich wie Sie denken. Seien Sie offen für neue Ideen, aber filtern Sie sie zuerst durch Ihr eigenes moralisches Sieb, bevor Sie sie in Ihrer Familie anwenden. Wenn Sie bewusste, sorgfältig durchdachte Entscheidungen treffen, können Sie diesen Weg selbstbewusst beschreiten.

## Brechen Sie die Regeln

Seien Sie nicht übervorsichtig, sondern folgen Sie ruhig öfter Ihrem Herzen. Genießen Sie jeden Augenblick mit Ihrem Kind – auch die weniger perfekten. Entspannen Sie sich und sagen Sie sich, dass Sie nicht jede Sekunde des Tages der ernste, langweilige, autoritäre Boss sein müssen.

Vielleicht entspringt dies meiner eigenen Erfahrung als Mutter von vier Kindern, vielleicht denke ich so, weil ich eine relativ alte Mutter bin (kurz vor fünfzig ist man nicht mehr blutjung), oder vielleicht rührt es daher, dass ich als Erziehungsexpertin gelte. Wahrscheinlich ist es eine Kombination aus all diesen Punkten – aber ich habe gelernt, viele Hemmungen hinter mir zu lassen und mehr aus mir herauszugehen.

Neulich habe ich in einem besonders mutigen Moment beschlossen, die Regeln zugunsten des guten, altmodischen Familien-Bondings zu brechen. Ich bin mit meinen Teenagern zu einem Rockkonzert gegangen, das bis Mitternacht dauerte – an einem Schultag! Ich habe es meinem Sechsjährigen erlaubt, mitten in der Nacht in mein Bett zu kriechen (und ich habe jede einzelne Berührung genossen). Ich habe meinen Kindern erlaubt, Pizza und Eis zu bestellen, weil niemand Lust zum Kochen hatte, und alle durften das Eis vor der Pizza essen, weil es sonst geschmolzen wäre. Es hat schon etwas fast Dekadentes, ganz bewusst gegen die Norm zu verstoßen. Und es ist sehr befriedigend, es trotzdem zu tun, wenn es für die Familie in diesem Augenblick das Richtige ist.

Natürlich breche ich nicht jede Regel; ich überlege genau, welche Regel ich breche, und das passiert auch nicht jeden Tag. Aber wenn mein Herz Ja sagt, werfe ich meine mütterlichen Bedenken über Bord und werde auch wieder ein bisschen Kind. Das tut der ganzen Familie gut.

## Sehen Sie die Welt durch die Augen Ihres Kindes

Kinder sind ... kindisch. Ihr Handeln, ihre Gedanken und Worte werden an einem Ort der Unschuld geboren und entspringen einem egozentrischen Weltverständnis. Wenn ein Kind einen Keks haben will, denkt es nur an den herrlichen Schokoladengeschmack und das schöne Gefühl, das man beim Verspeisen hat. Das Kind denkt nicht daran, wie sich der Keks auf seinen Appetit beim Mittagessen auswirkt, dass der Keks nicht wirklich gesund ist oder dass der Keks Geld kostet und sein Naschen das Familienbudget belasten könnte. Dem Kind ist auch nicht bewusst, dass sein unablässiges Fragen und Betteln die Mutter in den Wahnsinn treibt. Es will ganz schlicht und einfach den Keks. Und es ahnt überhaupt nicht, was sein Wunsch in uns auslöst oder aktiviert!

Anstatt die Motivation unseres Kindes von dem Standpunkt eines Erwachsenen aus zu bewerten, sollten wir sie lieber auf gleicher Augenhöhe betrachten – und als unschuldigen, reinen Wunsch erkennen. Diese Sichtweise hilft uns, die richtige Reaktion darauf zu finden. So lassen sich Tränen und Wut vermeiden – sowohl bei Ihnen als auch bei Ihrem Kind.

Vergessen Sie nicht, dass Ihr Kind ein Kind ist und noch viel über das Leben lernen muss. Denken Sie daran, dass Ihr Kind es nicht darauf anlegt, Sie zu verärgern oder wütend zu machen und dass es keinen Masterplan geschmiedet hat, um Sie in den Wahnsinn zu treiben. Es lebt nur in seiner kleinen glücklichen Kinderwelt.

## Zuckerbrot statt Peitsche

Es gibt Momente, da lehren uns unsere Kinder mehr über Erziehung als alle Ratgeber und Studien dieser Welt. Erst kürzlich habe ich einen dieser erhellenden Momente erlebt. Ich war zu Fuß mit meinem Sohn Coleton unterwegs. Als typisches Kindergartenkind interessierte er sich für jedes Blatt und jeden Käfer auf dem Weg und blieb etwas hinter mir zurück. Ich war in Eile (wie es bei uns Erwachsenen viel zu oft der Fall ist) und drehte mich zu Coleton um, um ihn zu schnellerem Laufen anzuspornen. Als er mich eingeholt hatte, sagte er mit Tränen in den Augen: »Wenn du das nächste Mal auf mich wütend bist, warum umarmst du mich dann nicht einfach und sagst mir, was ich machen soll.« Daraufhin umarmten wir uns und ich erklärte ihm, warum ich es eilig hatte und er nicht so weit zurückbleiben sollte. Hand in Hand setzten wir unseren Weg fort.

Werden Sie nicht zu schnell zu streng. Wir können unsere Kinder auch erziehen, ohne unangenehm zu werden. Versuchen Sie es zuerst auf dem sanften Weg – mit freundlichen Bitten, höflichen Appellen und – wie Coleton es mir beigebracht hat – mit einer liebevollen Umarmung.

## Alles nicht so wichtig

Was ist nicht so wichtig? Nun … eigentlich alles. Die meisten Ärgernisse, die wir mit unseren Kindern erleben, sind wirklich Kleinigkeiten – weinen, wenn es ins Bett geht, Streit um ein Spielzeug, die Weigerung, grüne Bohnen zu essen. Ich kann mir nichts vorstellen, was ein Kind in den ersten sechs oder mehr Lebensjahren tun könnte, um bei den Eltern echte Wut auszulösen. Natürlich sind wir manchmal ärgerlich auf unsere Kinder, wir sind schließlich auch nur Menschen. Doch was ich sagen will ist, dass ein kleines Kind gar nicht in der Lage ist, etwas zu tun, das uns erheblich beeinträchtigt. Die Dinge, die ein Kleinkind tut, um den berühmten kleinen Wut-Knopf zu drücken, haben keinerlei Auswirkungen auf unser Leben. Wenn wir das immer im Kopf hätten, wären wir glücklichere, entspanntere Eltern.

Setzen Sie klare Prioritäten. Ihr ganzes Familienleben gestaltet sich friedlicher, wenn Sie sich klarmachen, dass eine grüne Bohne nur eine grüne Bohne ist – und kein Angriff auf Ihre Werte, auf Ihre Erziehungskompetenz oder Ihre Talente als Koch oder Köchin.

## Jedem das Seine

Ich erinnere mich, wie ein College-Professor seiner Klasse am ersten Tag sagte: »Wenn Sie dem Spitzen Ihrer Stifte dieselbe Aufmerksamkeit widmen wie dem Verfassen Ihrer Doktorarbeit, sind Sie am Ende ein nervliches Wrack.« Als Eltern werden wir täglich mit Millionen von Kleinigkeiten konfrontiert. Wenn Sie jedem Detail auf der Wichtigkeitsskala den obersten Platz einräumen – vom Verstauen der Spielsachen in der Spielzeugkiste bis hin zur Wahl der richtigen Vorschule – werden Sie auch in diesem Zusammenhang als nervliches Wrack enden.

Wenn es Ihnen gelingt, Kleinigkeiten geringe Bedeutung beizumessen und wichtigen Fragen große Bedeutung, werden nicht nur Sie ein glücklicherer, ausgeglichenerer Mensch sein, sondern auch Ihre Kinder werden glücklicher und ausgeglichener sein – und sie werden sich besser benehmen. Warum? Kinder haben wie alle anderen menschlichen Wesen auch eine beschränkte Auffassungsgabe und Belastbarkeit. Wenn Ihr Kind sich bemüht, einer Vielzahl elterlicher Erwartungen gerecht zu werden, werden sicher einige davon zu kurz kommen. Wenn Sie dieselbe Menge an Energie auf jede Aktivität verwenden, können Sie nicht beeinflussen, was funktioniert – und was scheitert. So wird Ihr Kind – in der Hoffnung, die Erwartungen seiner Eltern zu erfüllen – vielleicht nach dem Spielen seine Spielsachen zurück in die Kiste räumen, aber dabei die kleine Schwester umstoßen und dem Hund auf den Schwanz treten.

Wenn Sie die Tage mit Ihrem Kind Revue passieren lassen, werden Sie erkennen, dass nicht alles perfekt sein kann und dass Ihr Kind nicht alle Regeln einhalten kann. Setzen Sie also Prioritäten. Lassen Sie die kleinen Dinge für später (oder ganz sein), und wählen Sie die »großen Dinge« bewusst aus.

## Ich hasse dich – nicht!

Kinder erziehen bedeutet, seine Rolle als Eltern ernst zu nehmen. Sie müssen »Nein« sagen, wenn die Kinder »Ja« hören wollen; Sie müssen »halt« sagen, wenn die Kinder »mach weiter« hören wollen. Viele dieser Entscheidungen treffen Sie zur Sicherheit Ihres Kindes, manche wiederum dienen dem Wohl des Kindes, andere Entscheidungen dienen in erster Linie Ihrem eigenen Wohl. Ich habe noch kein Kind kennengelernt, das alle Entscheidungen der Erwachsenen verstehen konnte und auf ein Verbot mit der fröhlichen Erwiderung «Ja, das ist gut für mich, Mami. Eine ausgezeichnete pädagogische Entscheidung« geantwortet hat.

Vergessen Sie nicht, dass Kinder ichbezogen sind – sie sind in erster Linie mit ihren eigenen Wünschen und Bedürfnissen beschäftigt. Ein Verbot durchkreuzt ihre Pläne, das zu tun, was sie möchten. Also werden sie ärgerlich. Ihre Reaktion kann Wut, ein Trotzanfall oder bittere Tränen sein. Bei Ihnen als Mutter oder Vater kann sich das Gefühl einstellen, das Kind hasse sie. Aber das Kind denkt nicht einmal an Sie – es denkt an die Sache, die es haben möchte, aber nicht bekommt. Sie sind nur zufälligerweise der Überbringer der schlechten Nachricht. Seien Sie sicher: Ihre Kinder lieben Sie, auch wenn sie Sie hassen (weil sie das nicht wirklich tun).

Es ist normal, dass Kinder mit Entscheidungen der Eltern unglücklich sind, dass sie mit Wut und Tränen auf Verbote reagieren. Das ist eine natürliche Reaktion, die sich nicht gegen die Eltern persönlich richtet. Auch wenn sich Ihr Kind nicht für Ihre Entscheidungen und Verbote bedankt (weder jetzt noch später), sind sie doch ein wichtiger Teil des Alltagslebens und bedeutsam für die Entwicklung Ihres Kindes zu einem guten Erwachsenen.

wichtig

Ihr wichtigstes Ziel als Eltern besteht nicht darin, Ihr Kind jede Minute des Tages glücklich zu machen – das wäre einfach: Bonbons und Eis ohne Ende und alles erlauben. Nein, Ihr wirkliches Ziel ist schwieriger zu erreichen: Es geht darum, das Kind zu einem guten Erwachsenen zu erziehen.

## Entspannen Sie sich

Sich Sorgen zu machen gehört zum Elternsein wie das Lauschen am Babyphone. Bei einem Baby fürchtet man vieles – vom Windelausschlag bis hin zum plötzlichen Kindstod. Mit einem Kleinkind lauern auch unzählige Schreckgespenster – vom aufgeschlagenen Knie bis hin zur Entwicklungsverzögerung. Die Sorgen wachsen mit den Kindern.

Doch viele Sorgen sind überflüssig. Studien haben ergeben, dass die meisten Dinge, die wir fürchten, niemals eintreten. Natürlich ist es besser, auf alles vorbereitet zu sein und darüber Bescheid zu wissen – aber dann sollte man all die düsteren Ängste beiseiteschieben. Verbannen Sie unbegründete Befürchtungen – sie sind nichts weiter als verschwendete Fantasie.

## Sie werden es schaffen

Natürlich passieren auch schlimme Dinge. Vieles entzieht sich unserer Kontrolle, und manch Schlimmes ist die Folge unserer eigenen Entscheidungen. Wie auch immer – wenn etwas Schlimmes passiert, können wir die Zeit nicht zurückdrehen und es ungeschehen machen. Was wir allerdings tun können, ist unsere Denk- und Handlungsweise den Gegebenheiten anpassen, um auch die schlimmsten Situationen durchzustehen. Auch im extremsten Fall sind wir menschliche Wesen erstaunlich belastbar und in der Lage, uns den Erfordernissen anzupassen.

Wenn Sie vor einer schwierigen Situation stehen, sollten Sie sich die Zeit nehmen, sie zu analysieren. Sprechen Sie mit anderen, lesen Sie Bücher, legen Sie sich einen Plan zurecht, wie Sie mit den Dingen umgehen. Und dann setzen Sie Ihren Plan in die Praxis um.

## Leben Sie im Jetzt

Eltern zu sein ist aufreibend und zeitaufwendig. Nimmt man die zahllosen anderen alltäglichen Aufgaben hinzu, kommt man sich vor wie ein Jongleur mit zu vielen Bällen. Eine der größten Schwierigkeiten liegt nicht nur darin, die Bälle in Ihren Händen nach oben zu befördern, sondern auch an die Bälle zu denken, die gerade in der Luft sind. Und wenn Sie Ihre Aufmerksamkeit auf die Bälle in der Luft lenken, vernachlässigen Sie automatisch jene in Ihren Händen.

Betrachten wir ein praktisches Beispiel. Stellen Sie sich vor, Sie sitzen mit Ihrem Kind auf dem Boden und spielen. Wenn Sie auf die Uhr schauen und an etwas denken, das erledigt werden muss, oder wenn Sie sich beim Spiel mit dem Kind langweilen, sind Sie nicht wirklich im Jetzt. Im Jetzt sein bedeutet, sich auf sein Kind einzulassen, die Zeit mit ihm zu genießen und ein enges Band zu ihm zu knüpfen – und wenn es nur zehn Minuten sind.

Beobachten Sie, wie sein Mund Wörter formt, beobachten Sie die Gesten, die es beim Sprechen macht, genießen Sie seine Begeisterung und seine Fantasie, lauschen Sie seinen Ideen, nehmen Sie auf, was es sich vorstellt und glaubt, und genießen den kleinen Menschen, wie er ist.

Ihr Kind wird spüren, dass Sie im Jetzt sind – das macht den großen Unterschied. Es fühlt sich ganz anders an, als neben einer zerstreuten Mutter oder einem geistesabwesenden Vater am Boden zu sitzen. Ist derselbe Mensch mit allen Sinnen anwesend und genießt den Augenblick, spürt das Kind dies. Und es ist die Kombination vieler solcher Augenblicke, die ein starkes Band zwischen Eltern und Kindern entstehen lässt.

Je mehr Sie es genießen können, im Jetzt zu leben, desto erfüllender wird Ihr Alltag sein.

# Emotionale Kontrolle: Vom richtigen Umgang mit Gefühlen

**Emotional schwierige Situationen begegnen uns Tag für Tag. Entscheidend ist, wie wir mit ihnen umgehen. Denn je nach unserer persönlichen Einstellung und Reaktion können wir diese Szenarien zuspitzen oder aber entschärfen.**

Nehmen Sie sich einen Moment Zeit und denken Sie darüber nach, wie Sie mit emotional schwierigen Situationen in Ihrem eigenen Leben umgehen.

- Reagieren Sie immer mit einer ruhigen, zielgerichteten Erklärung Ihrer Position, wenn Sie mit Ihrem Partner eine Meinungsverschiedenheit haben?
- Danken Sie Ihrer Schwiegermutter für ihre Weisheit, wenn sie Ihnen ungefragt einen Ratschlag gibt (und rufen anschließend Ihre beste Freundin an, um ihr von dem sensiblen Verhalten der Schwiegermutter vorzuschwärmen)?
- Pfeifen Sie fröhlich beim Putzen, wenn Sie den verschütteten Kakao Ihres Kindes aufwischen?
- Lächeln Sie milde und trällern Sie »Ach, das macht doch gar nichts, so ist das Leben!«, wenn Sie die falsche Datei auf der Festplatte löschen, wenn Ihnen das Abendessen anbrennt oder der Hund sein Geschäft auf dem Teppich verrichtet?

Vielleicht gibt es die eine oder andere Situation, in der Sie auf eine solche Situation ruhig und gelassen reagieren, aber ich wette, in den meisten Fällen sind wohl Zorn und Ärger, Ungeduld und vielleicht sogar ein ausgewachsener Wutanfall die Reaktion. Willkommen im Club! Der menschliche Erfahrungsschatz umfasst viele solcher Herausforderungen, und trotzdem besitzt kaum einer von uns immer die Geduld, das Verständnis oder die Selbstkontrolle, um in der bestmöglichen Weise darauf zu reagieren.

Und hier ist nun die Preisfrage: Wenn es schon uns fähigen, reifen Erwachsenen nicht gelingt, unsere Emotionen vollständig zu kontrollieren – wie soll ein Kind auch nur im Entferntesten dazu in der Lage sein?

Kann es sein, dass der Mangel an emotionaler Kontrolle die Wurzel für das schlechte Benehmen eines Kindes ist? Kann es sein, dass das Verhalten des Kindes nur das Symptom ist, die tatsächliche Ursache aber seine Unreife ist? Werfen Sie einen Blick in die folgende Liste, die das häufigste kindliche Fehlverhalten beschreibt, und prüfen Sie, ob die einzelnen Verhaltensweisen durch einen Mangel an emotionaler Kontrolle verursacht sein könnten. Ein Mangel an emotionaler Kontrolle ist die Unfähigkeit, mit starken Gefühlen wie Enttäuschung, Wut und Machtlosigkeit umzugehen.

Sind Sie ein bisschen erstaunt, dass ALLE dieser sehr häufigen kindlichen Verhaltensmuster mit großer Wahrscheinlichkeit auf einen Mangel an emotionaler Kontrolle zurückzuführen sind? Ja, so ist es! Jeder einzelne Punkt ist ein Zeichen für noch nicht entwickelte emotionale Kontrolle. Wird auf dieser Welt auch nur ein Kind geboren, das von Anfang an über Reife, Verständnis und emotionale Kontrolle verfügt? Nein, natürlich nicht! Selbst

| Könnte das Verhalten durch einen Mangel an emotionaler Kontrolle verursacht sein? | Ja | Nein |
|---|---|---|
| Widerrede | ☐ | ☐ |
| Einen Spielkameraden beißen | ☐ | ☐ |
| Klammern | ☐ | ☐ |
| Weinen | ☐ | ☐ |
| Einen Elternteil schlagen | ☐ | ☐ |
| Ungeduld | ☐ | ☐ |
| Unterbrechen | ☐ | ☐ |
| Ein Geschwisterkind treten | ☐ | ☐ |
| Schreien und Brüllen | ☐ | ☐ |
| Trennungsangst | ☐ | ☐ |
| Nicht teilen wollen | ☐ | ☐ |
| Dickköpfigkeit | ☐ | ☐ |
| Ärgern und Sticheln | ☐ | ☐ |
| Wut- und Trotzanfälle | ☐ | ☐ |
| Quengeln und Lärmen | ☐ | ☐ |

das klügste, niedlichste, friedlichste Kind besitzt nicht die Weisheit und Fähigkeit, seine Gefühle zu kontrollieren. (Und nicht einmal Erwachsene verfügen über diese Gabe …)

Was aber bedeutet dies für Sie und Ihre Bewertung der Aktionen Ihres Kindes? Sie besitzen jetzt den Schlüssel, um das Fehlverhalten Ihres Kindes zu verstehen; dies erlaubt es Ihnen, sanft zu disziplinieren – und zwar im Sinne einer der ursprünglichen, bereits erwähnten Wortbedeutungen: zu lehren und zu führen.

Das nächste Mal, wenn Ihr Kind einen Wutanfall hat, einen Spielkameraden schlägt oder Sie anschreit, müssen Sie nicht mehr denken »Du ungezogenes Kind!«, sondern sagen sich »Aha, diesem Kind mangelt es noch erheblich an emotionaler Kontrolle.« Spaß beiseite. Treten Sie dann einen Schritt zurück, beruhigen Sie sich und machen Sie sich klar, dass das Fehlverhalten Ihres Kindes weder ein Zeichen dafür ist, dass Sie bei der Erziehungs versagen, noch dass mit Ihrem Kind etwas nicht in Ordnung wäre. Es ist einfach eine Frage menschlicher Entwicklung.

George, Vater zweier kleiner Töchter

### » Bis du heiratest, ist es wieder gut

Es gibt ein altes irisches Sprichwort, das ich zitiere, wenn meine Töchter brüllen und wüten: ›Bis du heiratest, ist es vorbei.‹ Das hilft dem Kind zwar nicht, aber den Erwachsenen. Eines Tages werden all diese Probleme und Belastungen vorbei und vergessen sein. Dieser kleine Spruch zeigt uns, dass irgendwann ein Ende in Sicht ist. Wir haben die Aufgabe, unsere Kinder sicher und gesund ins Erwachsenenalter zu führen.«

## Das Wichtigste zur Erinnerung

Ihr Kind brüllt, weint und wütet nicht, um Sie zu manipulieren. Ihr Kind ist nicht absichtlich »böse«. Ihr Kind verhält sich nicht schlecht, um Sie zu ärgern. Das Fehlverhalten Ihres Kindes ist die direkte Folge der Tatsache, dass es seine Emotionen nicht kontrollieren kann. Das ist biologisch und psychologisch vorgegeben und absolut normal.

Wenn Sie sich diesen überaus wichtigen Umstand immer wieder bewusst machen, garantiere ich Ihnen, dass die nächsten 18 Jahre für Sie und Ihre Familie viel glücklicher und entspannter verlaufen werden. Außerdem versetzt es Sie in die Lage, Ihrem Kind dabei zu helfen, eine angemessene emotionale Kontrolle zu entwickeln.

Ein Kind ist Emotion in Bewegung – ungezügelte Emotion in ständiger Bewegung. In dem Maße, in dem das Kind reift und Erfahrungen sammelt, wird es sich die Werkzeuge und Eigenschaften erarbeiten, die es braucht, um seine Emotionen zu kontrollieren.

## Übung macht den Meister

Sie haben Ihr Kind gebeten, seine Spielsachen aufzuräumen, aber es folgt nicht. Sie bitten Ihre Tochter, nicht mehr zu brüllen, aber das Gekreische geht einfach weiter. Sie bemühen sich permanent darum, dass Ihre beiden Kinder ihre Spielsachen friedlich teilen, aber es gibt ständig Streit um das Spielzeug. Ganz gleich, was Sie tun – die eine kritische Situation entsteht wieder und immer wieder.

Überlegen Sie einmal, ob es in Ihrem Leben Verhaltensweisen gibt, von denen Sie wissen, dass Sie sie ändern sollten. Vielleicht Sport treiben oder sich gesund ernähren. Vielleicht Ordnung auf dem Schreibtisch oder im Kleiderschrank halten. Vielleicht ruhig bleiben, wenn der Flug Verspätung hat oder Sie im Stau stehen. Möglicherweise gelingt es Ihnen nicht immer, in diesen Situationen das Richtige zu tun – obwohl Sie genau wissen, was das Richtige wäre. Wenn es Ihnen als erwachsenem Menschen nicht immer gelingt, in bestimmten Situationen angemessen zu reagieren, können Sie dies erst recht nicht von einem kleinen Kind verlangen.

Erziehung hat mit Lehren und Erlernen zu tun – doch welche Lektion kann man in nur einer einzigen Sitzung lehren und erlernen? Hinzu kommt, dass kleine Kinder das in einer bestimmten Situation Erlernte nicht mühelos auf eine andere Situation übertragen können. Wenn nun durch kleine Abweichungen ein neues Szenario entsteht, stellt sich die Situation für das Kind als völlig andere dar. Wenn Ihr Kind beispielsweise zu Hause mit seinen Geschwistern die Spielsachen teilt, ist das für Ihr Kind etwas ganz anderes, als auf dem Spielplatz eigene Dinge mit »fremden« Kindern zu teilen.

Das bedeutet, dass Sie dieselbe Lektion oder eine ähnliche immer wieder und wieder und wieder lehren müssen – vielleicht auf viele unterschiedliche Arten, bis Ihr Kind das Konzept begriffen hat und es eigenständig umsetzen kann. Und selbst dann, wenn Ihr Kind weiß, was richtig ist, heißt das noch lange nicht, dass es auch das Richtige tut. (Oder halten Sie sich an jede Geschwindigkeitsbeschränkung?) Als Eltern gehört es zu unseren Aufgaben, unseren Kindern den Unterschied zwischen Richtig und Falsch beizubringen und sie zu lehren, im Leben die richtigen Entscheidungen zu treffen. Es geht darum, unsere Kinder zu führen und zu unterrichten, jeden Tag und auf vielfältigste Weise.

Gutes Benehmen hat viel mit Vorbildern zu tun und umspannt deshalb fast jede Interaktion zwischen Eltern und Kind. Wenn Sie Ihre Elternrolle bewusst und engagiert ausfüllen, wenn Sie langfristige Erziehungsziele im Blick haben und Erziehungskompetenz gezielt zum Einsatz bringen, dann ist Ihr elterliches Verhalten auch stimmig. Nur so können Sie Konfrontationen und Tränen vermeiden, und Sie werden Ihre elterlichen Aufgaben als befriedigend und erfüllend wahrnehmen.

# Vier Schritte, um Ihrem Kind das Leben leichter zu machen

**Wir wollen unsere Kinder genießen, wir wollen uns wegen Kleinigkeiten keinen Stress machen, und wir wollen nachsichtig und verzeihend gegenüber unseren Kindern und uns selbst sein. Andererseits sind da viele, viele Dinge, die wir von unseren Kindern verlangen bzw. von denen wir sie abhalten wollen.**

Tagtäglich gibt es viele Aufgaben, die erledigt werden müssen. Und Kinder hören oft nicht auf uns; sie tun nicht immer die Dinge, um die wir sie bitten; ihr Wissen und ihre emotionale Kontrolle sind beschränkt. Meiner Meinung nach führen vier Schritte zu unserem Ziel, nämlich dazu, dass sich unsere Kinder so verhalten, dass wir weniger Auseinandersetzungen mit ihnen haben:

- Unmittelbares Korrigieren des kindlichen Verhaltens durch uns Eltern.
- Dem Kind das nötige Wissen vermitteln.
- Dem Kind Alternativen aufzeigen, die ihm helfen, sich selbst besser unter Kontrolle zu haben.
- In Beziehung treten mit dem Kind, sprich also eine tragfähige Eltern-Kind-Beziehung aufbauen.

Wir wollen untersuchen, wie sich diese Schritte in typischen Situationen anwenden lassen. Sie werden sehen, wie Sie mit dieser Strategie fast jede schwierige Situation lösen können.

## Das geht auch anders: Wutanfall beim Einkaufen

Was ist los: Ihr Kind bekommt in einem Geschäft einen Wutanfall, weil Sie ihm kein neues Spielzeug kaufen.

Unmittelbares Korrigieren: Gehen Sie mit Ihrem Kind auf die Toilette oder in eine ruhige Ecke des Geschäfts. Warten Sie, bis der Wutanfall abflaut.

Dem Kind das nötige Wissen vermitteln: Du kannst nicht immer alles bekommen, was du haben möchtest. Du musst lernen, deine Gefühle angemessen auszudrücken.

Dem Kind Alternativen aufzeigen: Erstellen Sie gemeinsam mit Ihrem Kind eine Liste der Spielsachen, die es sich wünscht, die es aber nicht sofort haben kann und überlegen Sie gemeinsam, wann es sich was wünschen könnte.

In Beziehung treten: Zeigen Sie Führung, Verständnis und Geduld.

## Das geht auch anders: Streit um ein Spielzeug

**Was ist los:** Ihre beiden Kinder streiten sich um ein Spielzeug.

**Unmittelbares Korrigieren:** Legen Sie das Spielzeug hoch auf die Kommode, während Ihre Kinder voneinander ablassen und sich Ihnen zuwenden.

**Dem Kind das nötige Wissen vermitteln:** Kinder müssen lernen, wie man Spielsachen teilt und sich abwechselt.

**Dem Kind Alternativen aufzeigen:** Helfen Sie den Kindern, einen Wecker zu stellen, so dass jedes von ihnen fünf Minuten mit dem Spielzeug spielen darf. Zeigen Sie den Kindern, wie man den Wecker stellt, so dass sie sich beim nächsten Mal selbst organisieren können.

**In Beziehung treten:** Zeigen Sie Ihren Kindern, wie man friedlich zusammen spielt und wie man Konflikte beilegt. Sagen Sie Ihren Kindern, dass sie sich bei Schwierigkeiten hilfesuchend an Sie wenden können.

## Das geht auch anders: Beißen eines Spielkameraden

**Was ist los:** Ihr Kind ist zornig auf einen Spielkameraden und beißt ihn in den Arm.

**Unmittelbares Korrigieren:** Trennen Sie die beiden Kinder. Kümmern Sie sich um das Kind, das gebissen wurde, und schenken Sie ihm Ihre Aufmerksamkeit.

**Dem Kind das nötige Wissen vermitteln:** Begeben Sie sich auf die Augenhöhe Ihres Kindes, legen Sie die Hände auf seine Schulter, schauen Sie ihm in die Augen und sagen Sie: »Beißen tut weh. Wir beißen nicht. Umarme und tröste Emma, vielleicht geht es ihr dann besser.«

**Dem Kind Alternativen aufzeigen:** Geben Sie Ihrem Kind einige Tipps, wie es beim nächsten Mal mit Wut und Frustration umgehen könnte. »Wenn du ein Spielzeug haben möchtest, musst du freundlich fragen. Oder du bittest mich, dir zu helfen.«

**In Beziehung treten:** Zeigen Sie Ihrem Kind, dass Sie es lieben und auf seiner Seite stehen, auch wenn es Fehler macht. Zeigen Sie Ihrem Kind, dass es auf Ihre Unterstützung zählen kann und dass Sie ihm helfen, mit übermächtigen Gefühlen klarzukommen, gerade wenn es sich selbst nicht mehr unter Kontrolle hat.

# Handwerkszeug für liebevolles Erziehen

**Lernen Sie verschiedene Fähigkeiten und Methoden kennen, die Ihnen helfen, Ihre Kinder zu erziehen – und das ganz ohne Tränen.**

# Auf in den Kampf!

**Kinder sind Freude pur. Wir lieben Sie mit jeder Faser unseres Körpers und können uns ein Leben ohne sie nicht vorstellen. Doch das tägliche Leben mit Kindern kann zuweilen auch herausfordernd, anstrengend, frustrierend und ermüdend sein.**

Jeden Tag, den ganzen Tag lang, müssen wir unsere Kinder dazu bringen, so vieles zu tun – oder zu lassen. Es beginnt mit dem morgendlichen Aufstehen und endet mit dem abendlichen Zubettgehen (und nicht selten geht es danach noch weiter). Die Elternrolle erfordert ein unglaubliches Maß an Organisation, Führung, Regie und Korrektur. Ganz unabhängig von unseren Überzeugungen in Sachen Erziehung, von unseren Theorien über Kinder oder unseren Lebenszielen ist es die Essenz des Alltags – die täglichen Routinen und ganz gewöhnlichen Handlungen –, die unser Leben ausmacht.

Wenn Sie kleine Kinder haben, ist der Alltag ein einziges Abenteuer, von Sonnenaufgang bis Sonnenuntergang. Selbst wenn Sie sich bemühen, das große Bild zu sehen, und Ihre Entscheidungen mit Blick auf Ihre langfristigen Zukunftsziele treffen, ähnelt der Alltag einem Wirbelsturm aus Aktivitäten und Emotionen, so dass es schwer fällt, das Hier und Jetzt zu genießen. Stattdessen kämpfen wir uns durch den Tag und versuchen, den vielen Herausforderungen und Frustrationen, die auftauchen könnten, zuvorzukommen.

Sie wollen Ihre Entscheidungen mit Blick auf Ihre langfristigen Ziele treffen, aber Sie können dieses große Bild von der Zukunft Ihres Kindes einfach nicht erkennen, weil so viele kleine Bilder im Weg stehen und die Sicht verdecken. Wer hätte geahnt, dass solch schlichte Aufgaben wie Schuhe anziehen, Zähneputzen oder ein Bad nehmen so viel Vorbereitung und Verhandlung erfordern und so viele Emotionen freisetzen können?

Alexander, Vater zweier Kleinkinder

## » Eine turbulente Achterbahnfahrt

Ich habe mir nicht eine Sekunde eingebildet, dass Kindererziehung leicht ist, aber ich habe auch nicht geahnt, dass es eine so turbulente emotionale Achterbahnfahrt werden würde. Wer hätte geahnt, dass die Erziehung eines so winzigen Wesens Tag für Tag so viele frustrierende Herausforderungen mit sich bringen würde?«

Doch hier ist die gute Nachricht: Es gibt sehr spezifische, wirksame Ansätze, die dazu beitragen, dass Sie ruhig und kontrolliert bleiben, dass Sie gute langfristige Entscheidungen treffen und dass Sie Ihr Kind ermutigen, freiwillig zu folgen. Mit diesen Methoden läuft Ihr Tag reibungsloser ab, und darüber hinaus unterstützen Sie diese Strategien darin, eine enge, liebevolle Beziehung zu Ihrem Kind aufzubauen, die ein Leben lang hält.

Diese Methoden ermöglichen es Ihnen außerdem, den Moment zu genießen, weil Sie nicht mehr mit all den Schwierigkeiten des Alltags jonglieren müssen.

Ein angenehmer Nebeneffekt dieser Ansätze besteht darin, dass sie viele der Wutanfälle, der Kämpfe und Tränen vermeiden helfen, die einen Tag ruinieren können. Denn mit diesen Ansätzen bedient man sich präventiven Maßnahmen. Und je konsequenter Sie diese verwenden, desto eher wird sich Ihr Kind so verhalten, wie Sie sich das wünschen. Und noch weiter gedacht: Ihr Kind wird mit größerer Wahrscheinlichkeit ein hohes Maß an Selbstdisziplin entwickeln.

wichtig

**Sie wären sicher mehr als erstaunt, wenn Sie wüssten, wie viele negative Verhaltensweisen Sie verhindern können, wenn Sie die Art und Weise, wie Sie mit Ihren Kindern interagieren, verbessern.**

Denken Sie daran, dass Kinder sich mit dem Heranwachsen verändern. Strategien, die bei Kleinkindern wunderbar funktionieren, laufen bei Vorschulkindern ins Leere und bringen ältere Kinder zum Lachen. Manche Ansätze funktionieren bei einem Kind jedes Mal, beim Geschwisterkind jedoch überhaupt nicht. Hinzu kommt, dass Eltern ebenso unterschiedlich sind wie Kinder. Deshalb wird sich die eine Methode für ein Elternpaar eignen, bei einem anderen jedoch fürchterlich fehlschlagen. Man muss etwas experimentieren, um herauszufinden, was für einen selbst und die eigene Familie funktioniert und was nicht. Doch wenn Sie sich erst einmal für ein bestimmtes Konzept entschieden haben, werden Sie sich gleich selbstsicherer fühlen und Ihr Familienalltag wird sich deutlich beruhigen. Sie werden im Lauf der Zeit Muster und Routinen etablieren, die Ihnen in den kommenden Jahren bessere kurzfristige und langfristige Entscheidungen ermöglichen.

Lesen Sie sich die folgenden Methoden und Strategien durch und denken Sie über jede einzelne nach. Sie werden sehen, dass es keine Standardmethoden gibt, weil jede Familie anders ist und es keine Werkzeuge gibt, die für jedes Kind taugen. Der Vorteil unterschiedlicher Optionen liegt darin, dass Sie genau jene auswählen können, die Ihrer Eltern-Kind-Konstellation in idealer Weise entsprechen. So können Sie Enttäuschungen und Tränen vermeiden, die oft die Folge sind, wenn Eltern versuchen, den Ratschlägen eines Außenstehenden zu folgen, der zu wissen glaubt, was dieser Familie guttut. Sie kennen sich selbst und Sie kennen Ihr Kind, also werden Sie jene Ansätze auswählen, die Ihnen sympathisch sind. Jeder Ansatz lässt sich »unterwegs« verändern und anpassen. Und schließlich werden Sie Ihren eigenen Rhythmus finden und sich mit Ihrer Strategie sicher und wohlfühlen. Nehmen Sie von Zeit zu Zeit dieses Buch zur Hand, um Ihre Handlungsweisen vielleicht im Detail zu verändern, um sie auf Ihr älter werdendes Kind abzustimmen und um sich selbst an Ihre Ziele zu erinnern. Dieser aktive Erziehungsstil wird Ihren Familienalltag fröhlicher und angenehmer gestalten und dazu führen, dass Sie Ihre langfristigen Erziehungsziele für Ihr Kind erreichen.

# Die wahre Ursache erkennen

**Wenn ein Kind trotzt, Wutanfälle bekommt, sich Kämpfe mit einem Geschwisterkind liefert, schreit, brüllt und nörgelt, ist der Auslöser dieses Verhaltens in den meisten Fällen nichts, was eine Bestrafung durch die Eltern erfordert.**

Ebenso wie wir Erwachsenen mal einen schlechten Tag, miese Laune oder Kopfschmerzen haben und unsere schlechte Laune dann an unserem Partner, am Kind oder an der Katze abreagieren, kämpfen auch Kinder mit Launen oder bestimmten Situationen, was dann zu dem beschriebenen Verhalten führt. Reagiert man dann mit übermäßiger Strenge, kann die Situation eskalieren – es kommt zu Tränen oder gar einem Wutanfall. Aber das Problem ist damit nicht behoben, und keiner kann aus der Situation lernen.

Es geht also nicht immer darum, das Kind zu maßregeln, sondern auch darum, das Umfeld so zu verändern, dass das Kind die Kontrolle über seine Emotionen und Reaktionen zurückgewinnen kann. Indem man das Umfeld verändert, kann sich das Kind beruhigen – und so öffnet sich die Tür zu einer echten Lernerfahrung.

Auf den folgenden Seiten schildere ich einige der häufigsten Auslöser für negative Reaktionen bei Kindern, ebenso wie Lösungsvorschläge, die Ihnen als Leitlinie dienen können und mit denen Sie Ihrem Kind helfen, die jeweilige Situation zu bewältigen. Es sind präventive, proaktive und sanfte Prozesse – die vielleicht sogar dazu beitragen, dass sich das Verhalten Ihres Kindes auch in ganz anderen Situationen bessert.

Beobachten Sie, welche Ansätze Erfolg bringen und wenden Sie sie kreativ an.

## Die wahre Ursache: Schlafmangel

Wie viel und wie gut ein Kind schläft, spielt eine wichtige Rolle für zahlreiche Punkte, angefangen bei schlechter Laune, Nörgeln und Wutanfällen über Hyperaktivität bis hin zum körperlichen Wachstum, zum allgemeinen Gesundheitszustand und zur Lernfähigkeit – sei es, sich den Schuh zuzubinden oder das Alphabet aufzusagen. Schlaf wirkt sich auf einfach alles aus. Eine von der Universität Tel Aviv durchgeführte Schlafstudie hat ergeben, dass selbst eine einstündige Verkürzung der angemessenen Schlafdauer sich auf das Verhalten des Kindes auswirkt. Ausgefallene Mittagsschläfchen, zu späte Zubettgehzeiten, nächtliche Wachphasen oder frühes Aufstehen können sich sehr unerfreulich auf das Verhalten des Kindes bei Tag auswirken.

Noch komplizierter wird die Sache dadurch, dass die Eltern nicht schlafen, wenn das Kind nicht schläft. Wir können als Eltern (und auch als Menschen im ganz Allgemeinen) nicht optimal funktionieren, wenn unser eigener Schlaf auf Dauer gestört ist. Wir leiden unter Übermüdung und werden infolgedessen auch nicht angemessen auf Fehlverhalten des Kindes reagieren. Anstatt unsere Erziehungskompetenz so zu nutzen, dass wir Herr der Situation sind, werden wir aufgrund von Übermüdung keine Geduld mehr aufbringen und versuchen, eine Konfliktlösung aufzuzwingen, was häufig zu einer Eskalation der Situation auf beiden Seiten führt.

...müde?

Maria, Mutter eines kleinen Sohnes

» Müdigkeit macht schlechte Laune

Ich habe beobachtet, dass sich Stephen meist dann schlecht benimmt, wenn er müde ist. Wenn er nur einen einstündigen Mittagsschlaf statt der gewohnten zwei Stunden hält, ist er schlecht gelaunt und nörgelig. Und wenn er gar kein Nickerchen hält, fängt er an zu schlagen oder wirft mit Sachen um sich. Wenn er nicht geschlafen hat, benimmt er sich oft völlig unnötig daneben und ist dann entsprechend frustriert. Deshalb achte ich jetzt darauf, dass er seinen täglichen Mittagsschlaf bekommt, denn auf lange Sicht ist das für uns alle besser.«

## Lösungen für Schlafmangel

Gehen Sie Schlafprobleme an – sowohl wenn es um den Mittagschlaf als auch um den Nachtschlaf geht. Ist Ihr Kind fünf Jahre oder jünger, sollte es täglich ein Nickerchen halten. Natürlich kann man kein Kind zum Schlafen zwingen, aber Sie können eine Situation bzw. ein Umfeld schaffen, das zur Entspannung einlädt und vielleicht zu einem Schläfchen verführt. Der beste Zeitpunkt ist direkt nach dem Mittagessen. Führen Sie nach dem Mittagessen eine feste Routine ein: Ihr Kind legt sich in seinem abgedunkelten Zimmer aufs Bett, hört Musik oder ein Hörbuch. Ist das Kind müde, wird es unter diesen Umständen einschlafen, und wenn es nicht einschläft, ruht es sich zumindest aus, was ihm auch guttun wird.

Wenn Ihr Kind nachts nicht gut schläft, ist es wichtig, dass Sie etwas unternehmen. Hier sind einige Tipps, die Sie vielleicht auf die richtige Idee bringen:

- Bringen Sie Ihr Kind früh zu Bett.
- Dimmen Sie schon eine Stunde vor der Zubettgehzeit die Beleuchtung und fahren Sie die Aktivitäten runter.
- Führen Sie angenehme, entspannende Einschlafrituale ein.
- Achten Sie darauf, dass Ihr Kind jeden Tag zur selben Zeit zu Bett geht, auch am Wochenende und in den Ferien.

Weitere hilfreiche Tipps finden Sie in Teil 4, Kapitel »Spezifische Lösungen für alltägliche Probleme«, und auch mein Buch »Schlafen statt Schreien« kann Ihnen bei der Lösung von Fragen rund um den Schlaf helfen.

## Die wahre Ursache: Hunger

Kleine Kinder können unangenehme Empfindungen wie beispielsweise Hunger nicht immer benennen, auch wenn der Hunger ihre Laune, ihre Energie und ihre Konzentrationsfähigkeit stark einschränkt. Während Erwachsene gelernt haben, Hunger als solchen zu identifizieren und mit Hunger umzugehen, wird es bei Kindern noch etliche Jahre dauern, bis sie diese Fähigkeit entwickelt haben. Und selbst ein leichtes Hungergefühl kann Kinder ziemlich umtreiben.

Auch schlechte Ernährung wirkt sich negativ auf das Kind aus. Vielleicht hat Ihr Kind (wie viele andere) eine Schwäche für Kohlenhydrate – Toast oder Müsli zum Frühstück, Nudeln zum Mittagessen, Cracker als Zwischenmahlzeit und Kartoffeln zum Abendessen. Bei einer solchen Ernährung fehlen Proteine sowie Obst und Gemüse. Eine unausgewogene Ernährung wirkt sich ganz unmittelbar auf die Laune, die Gesundheit und die Verdauung Ihres Kindes aus. Das Kind fühlt sich nicht wohl, ist schlecht gelaunt und leidet unter Energiemangel – versteht aber natürlich nicht, dass es ihm mit einer gesunden Mahlzeit viel besser ginge.

## Lösungen für Hunger

Ein Kind braucht täglich ein Frühstück (am besten gleich nach dem Aufstehen), ein Mittagessen und ein Abendessen sowie zwei oder drei gesunde Zwischenmahlzeiten. Kindermahlzeiten müssen nicht riesig, aber regelmäßig sein.

Neben der Tatsache, dass die Mahlzeiten und Zwischenmahlzeiten regelmäßig sein sollten, spielt auch die Art der Nahrung eine Rolle. Bieten Sie Ihrem Kind eine gesunde, ausgewogene Ernährung? Decken die Mahlzeiten Lebensmittel aus allen Nahrungsgruppen ab? Die Zusammensetzung der Mahlzeiten wirkt sich auch auf das Verhalten Ihres Kindes aus. Ausgewogene Kost, die Produkte aus allen Nahrungsgruppen umfasst, wirkt sich deutlich positiver als einseitige Kost aus. Besteht die Mahlzeiten nur aus Pommes frites oder Keksen, wird sich Ihr Kind kaum besser benehmen, als würde es unter Hunger leiden. Gesunde, ausgewogene, abwechslungsreiche Kost hingegen gibt Ihrem Kind neue Energie und beeinflusst Verhalten und Stimmung positiv.

Kinder, die unter nicht erkannten Lebensmittelunverträglichkeiten oder -allergien leiden, fallen nicht selten durch ihr Verhalten auf. Die Symptome einer Lebensmittelunverträglichkeit oder -allergie treten entweder unmittelbar nach der Mahlzeit oder aber auch noch Stunden später auf. Die häufigsten Symptome sind Durchfall, Erbrechen, Bauchschmerzen, Keuchen und Atemnot, Husten, Rötungen, Unruhe, Blähungen und Schlafstörungen. Das Kind kann nur ein oder zwei dieser Symptome zeigen. Wenn Sie den Verdacht haben, Ihr Kind könnte unter einer Lebensmittelunverträglichkeit oder -allergie leiden, sollten Sie mit ihm einen Arzt aufsuchen.

Martin, Vater des dreijährigen Liam

### »Zu beschäftigt für die Signale der Kinder

Ich bin immer wieder erstaunt zu sehen, wie sich die Lebensweise vieler Eltern verändert hat. Die Menschen sind so beschäftigt, dass sie die Signale, die ihre Kinder aussenden, nicht mehr wahrnehmen. Das endet oft in Frustrationen – seitens der Eltern und der Kinder. Dabei geht es um Probleme, die sich leicht vermeiden lassen.«

Nehmen Sie die Ernährung Ihres Kindes kritisch ins Visier und verändern Sie sie nötigenfalls – es wird sich lohnen! Bieten Sie Ihrem Kind Tag für Tag nicht allzu große Portionen abwechslungsreicher, gesunder Kost an – auf diese Weise können Sie Hunger bzw. unausgewogene Ernährung als Ursache für Fehlverhalten ausschalten. Süßigkeiten oder zu große, zu schwere Mahlzeiten sollten Sie vermeiden.

## Die wahre Ursache: Frustration

In der geistigen Entwicklung sind Kinder oft einen Schritt weiter als in der körperlichen Entwicklung. Sie wollen sich unbedingt die Schuhe selbst zubinden und glauben, dazu in der Lage zu sein, aber wenn sie dann die Schnürsenkel in der Hand haben, müssen sie erkennen, dass es doch noch nicht funktioniert. Diese Enttäuschung – und ihr Wunsch, es zu können – entmutigt sie und macht sie wütend. Es ist ein natürlicher Drang, es immer wieder zu versuchen, auch wenn es nicht klappt. Und Erwachsenen erscheinen Kinder in dieser Situation unvernünftig und dickköpfig.

Natürlich wollen wir unsere Kinder zur Selbstständigkeit erziehen, doch haben wir nicht immer die Zeit, sie in diesem Lernprozess zu unterstützen. Zudem erkennen wir nicht immer den Wunsch der Kinder zu lernen als Ursache für ihr eigensinniges, trotziges Verhalten. Die Folge: Unsere eigene Ungeduld treibt das Kind noch weiter in die verfahrene Situation. Wir wiederum werden noch ärgerlicher – und so dreht sich das Karussell der Emotionen immer schneller.

## Lösungen für Frustration

Denken Sie immer daran, dass Ihr Kind eine Art biologischen Antrieb in sich trägt, der es ihm ermöglicht, seine Welt lernend zu erobern – und trotzdem gelingen dem Kind nicht immer alle Dinge, die es können will.

Meistens kann man dem Kind erlauben, eine neu erworbene Fähigkeit wieder und wieder zu üben. Doch in anderen Situationen ist man in Eile oder das Kind ist frustriert, weil es ihm nicht gelingt – dann sollten Sie ihm helfen, seine Aufgabe zu erfüllen.

Natürlich wollen wir unsere Kinder zur Selbstständigkeit erziehen, aber das ist nicht innerhalb eines Tages möglich. Manchmal ist es besser, wenn Sie dem Kind den richtigen Weg vorgeben und das Üben auf einen späteren, passenderen Zeitpunkt verschieben.

Wenn Sie sich später ein paar Minuten Zeit nehmen, können Sie Ihrem Kind in ruhiger Atmosphäre zeigen und erklären, wie es eine Aufgabe meistert, und mit ihm Situationen durchspielen, in denen es andere Verhaltensweisen ausprobieren kann.

Susan, Mutter zweier Kleinkinder

### » Übung macht den Meister

Meine Tochter ist mit einem Mal sehr selbstständig geworden und wollte sich plötzlich selbst anziehen. Und von da an tobte, wütete und schrie mein sonst so friedliches Kleinkind in seinem Zimmer. Und nicht nur morgens, nein, es waren täglich bis zu sechs Kleiderwechsel angesagt. Zuerst nervten mich ihre frustrierten Anziehversuche; meine Hilfe lehnte sie ab. Dann beschloss ich, die Situation zu entschärfen, indem ich ihr viel, viel Zeit fürs eigenständige Umziehen einräumte. Ich verabschiedete mich von sorgfältig zusammengestellten Outfits und hübsch frisiertem Haar und ließ sie einfach anziehen, was sie wollte. Stolz präsentierte sie ihrer Familie und der ganzen Nachbarschaft ihre einzigartigen Kreationen. Und schon zwei Wochen später hatten sich meine Geduld und meine Bereitschaft, ihr Zeit und Raum für ihre Experimente zu lassen, ausgezahlt. Inzwischen reichen ihr zwei Kleiderwechsel pro Tag, und die schafft sie in weniger als fünf Minuten! Übung macht den Meister – auch wenn Mama sich einige Wutanfälle gefallen lassen musste.«

## Die wahre Ursache: Langeweile

Kinder sind unglaublich neugierig und immer auf der Suche nach neuem Wissen. Neugier ist eine biologische Notwendigkeit und ein so mächtiges Bedürfnis wie Hunger oder Durst. Es ist der Job unserer Kinder, neue Dinge zu lernen, und wenn wir ihnen keine geeigneten Anreize bieten, finden sie sie selbst – oder füllen die Leere mit einem emotionalen Ausbruch. Wenn Ihr Kind Sie beispielsweise auf einer stundenlangen Einkaufstour begleitet hat, sind Nörgeleien oder ein ausgewachsener Wutanfall eine wahrscheinliche Folge. Setzt man das Kind Tag für Tag mit denselben Spielsachen in denselben Raum, wird es sich langweilen; diese Langeweile führt zu der Suche nach Stimulation, die für uns nicht selten so aussieht wie schlechtes Verhalten.

## Lösungen für Langeweile

Stillen Sie den unendlichen Durst Ihres Kindes nach neuem Lernstoff und neuen Erfahrungen – ganz gleich, wo Sie sind. Nehmen Sie für unterwegs eine kleine Tasche mit Spielsachen, Büchern und kleinen Snacks mit. Zeigen Sie dem Kind unterwegs interessante Dinge. Machen Sie kleine Spiele wie »Ich sehe was, was du nicht siehst, und das ist rot« oder »Wie viele Dinge siehst du, die mit B beginnen?« oder »Welches Wort reimt sich auf Katze?« oder »Zähl mal, wie viele Menschen in der Kassenschlange stehen!«

Vertreiben Sie die Langeweile Ihres Kindes, indem Sie es in alles einbeziehen, was Sie gerade machen. Auch ein Kleinkind kann beim Gemüsehändler drei rote Äpfel aus der Kiste nehmen, kann Erbsen schälen und eine Windel anreichen, wenn Sie das kleine Geschwisterkind wickeln. Kinder, die man aktiv in die täglichen Arbeiten einbezieht, sind glücklicher und emotional ausgeglichener als solche, die nicht gefordert werden und sich langweilen.

Tauschen Sie von Zeit zu Zeit die Spielsachen aus. Verteilen Sie das Spielzeug in drei Kisten, und stellen Sie zwei davon beiseite und geben Sie dem Kind immer nur ein Drittel seiner Sachen. Alle paar Tage oder einmal pro Woche öffnen Sie eine andere Kiste. Ab und zu geben Sie ein neues Spielzeug zu den alten. Vermeiden Sie unkreative Spielzeuge mit beschränktem Zweck, und suchen Sie stattdessen nach Dingen mit hohem Spielwert, die sich in unterschiedlicher Weise einsetzen lassen, wie beispielsweise Bauklötze, Stofftiere und Miniatur-Nachbildungen »erwachsener« Gegenstände wie eine Spielküche mit Geschirr, Töpfen etc. oder eine Werkbank mit Werkzeugen.

Oft spielen Kinder immer am selben Ort. Warum richten Sie nicht im ganzen Haus unterschiedliche kleine Spielecken ein. Wechselnde Spielorte bieten neue Reize und sind eine willkommene Veränderung; das Kind wird länger zufrieden bei der Sache sein.

Und an noch etwas sollten Sie immer denken: Auch wenn Sie Ihrem Kind Spielsachen und Ideen liefern, sind Sie trotzdem kein Alleinunterhalter. Geben Sie Ihrem Kind Material und Anregungen – aber fühlen Sie sich nicht verantwortlich dafür, die gesamten Aktivitäten zu leiten. Auch sollten Sie nicht der allgegenwärtige Spielkamerad sein. Unterstützen Sie Ihr Kind dabei, ein eigenständiges Spiel zu entwickeln.

## Die wahre Ursache: Reizüberflutung

Bestimmte Situationen provozieren bei Kindern regelrecht negative Reaktionen. Befindet sich ein Kind oder eine Gruppe von Kindern in einer intensiven, lauten, aktiven Situation, ist es wahrscheinlich, dass dieses Umfeld ansteckend wirkt und dieses Kind oder die Kinder sich ebenfalls intensiv, laut und aktiv verhalten. Solche typischen Situationen bzw. Umfelder sind Kindergeburtstage, Familientreffen, Spielplätze, Fasching oder der Aufenthalt in Einkaufszentren. Kinder saugen optische Reize, Geräusche und Bewegungen förmlich auf, und es scheint, als wären sie nicht in der Lage, all diese Eindrücke zu filtern. Deshalb fließen sie ganz unmittelbar in ihr Verhalten ein. Alles haben, bei allem mitmachen, nichts verpassen wollen – Kinder sind dann das getreue Spiegelbild ihrer turbulenten Umgebung.

## Lösungen für Reizüberflutung

Seien Sie vorbereitet. Ihr Kind sollte sich weder müde noch hungrig ins Getümmel stürzen. Planen Sie zeitlich so, dass die Aktivität nicht mit den Essenszeiten oder dem Mittagsschlaf kollidiert. Soll der Ausflug länger als eine Stunde dauern, nehmen Sie eine Zwischenmahlzeit mit, die man gut unterwegs verspeisen kann, zum Beispiel Brezeln und Käse, Bananen, Äpfel oder Müsliriegel sowie etwas zu trinken.

Auch wenn der geplante Tag verspricht turbulent zu werden, gibt es immer auch ruhige Phasen, beispielsweise das Anstehen und Warten in einer Schlange, die Hin- und Rückfahrt oder das Warten aufs Essen am Tisch. Nehmen Sie deshalb auch einige kleine Spielsachen, Bücher, Papier und Stifte mit – damit können Sie Wartezeiten überbrücken.

Auch eine verbale Vorbereitung auf den Tag kann sehr hilfreich sein. Besprechen Sie mit Ihrem Kind, was Sie beide erwarten wird, wohin Sie gehen und was Sie dort tun werden. Das kann man wunderbar auf dem Weg im Auto oder im Bus machen.

Wenn Ihr Kind »überdreht«, bringen Sie es für ein paar Minuten an einen ruhigen Ort (wie etwa das »stille Örtchen«) oder drehen Sie, mit ihm zusammen, draußen eine Runde um den Block. Auch eine wortlose Umarmung kann ein Kind beruhigen und »runterbringen«. Wenn sich Ihr Kind beruhigt hat, kann es zurück ins Geschehen. Bemühen Sie sich, Anzeichen von Müdigkeit, Hunger oder Frustration frühzeitig zu erkennen.

## Die wahre Ursache: Angst

Manchmal haben Kinder Angst vor etwas, können uns Großen ihre Angst aber nicht mitteilen. Oder das Kind fühlt, dass seine Angst unbegründet ist und kann nicht dazu stehen. Anstatt seinen Eltern von der Angst zu erzählen, legt es unangenehme Verhaltensweisen wie Jammern, Nörgeln, Rangeleien etc. an den Tag, die die Eltern nicht deuten können und als Fehlverhalten wahrnehmen. Typische Situationen für den Ausbruch solcher Ängste ist das Zubettgehen, eine Trennung von den Eltern, der Besuch unbekannter Orte oder das Zusammentreffen mit fremden Menschen.

Angst kann auch bei größeren Veränderungen innerhalb der Familie ausbrechen, wenn beispielsweise ein Geschwisterkind geboren oder adoptiert wird, wenn die Eltern heiraten oder sich trennen oder wenn die Familie in ein neues Haus umzieht. In all diesen Situationen finden Verschiebungen der gewohnten Strukturen und Abläufe statt, und darüber hinaus sind die Eltern oft emotional nicht verfügbar, weil sie selbst mit der Veränderung bzw. der neuen Situation beschäftigt sind; das Kind bleibt dann oft mit seinen vielfältigen Gefühlen und unerkannten Ängsten allein. Sicher ist: Ihr Kind möchte Sie nicht ärgern oder gar tyrannisieren, es fürchtet sich wirklich, wenn es Angst zeigt.

## Lösungen für Angst

Nehmen Sie die Aktionen Ihres Kindes sowie das Familienumfeld unter die Lupe, um herauszufinden, ob Ängste die Ursache des schlechten Betragens sein könnten. Wenn Sie dies für möglich halten, stellen Sie Ihrem Kind gezielte Fragen, um festzustellen, ob Sie die wahre Ursache korrekt erkannt haben. Vermeiden Sie Fragen, die sich mit schnell mit »Ja« oder »Nein« beantworten lassen, sondern bringen Sie Ihr Kind durch Fragen zum Erzählen. Möchte Ihr Kind nicht reden, können Sie Puppen, Stofftiere oder andere Spielfiguren zu Hilfe nehmen und gemeinsam ein Rollenspiel beginnen. Achten Sie ganz genau darauf, was die Figur Ihres Kindes tut und sagt.

Haben Sie die Ängste Ihres Kindes herausgefunden, müssen Sie sich überlegen, wie Sie ihm helfen können. Das kann ein Gespräch oder eine Aktion sein – wie beispielsweise das Aufstellen oder Anbringen einer Nachtleuchte oder das Deponieren einer Taschenlampe neben dem Bett, falls sich Ihr Kind im Dunkeln fürchtet. Es kann aber auch sein, dass Sie eine neue Situation etwas langsamer und vorsichtiger angehen müssen und beispielsweise das neue Haus oder das neue Viertel erst einmal mehrmals besuchen und erkunden müssen, bevor der Umzugswagen kommt. Sie können auch gemeinsam Bücher lesen, in denen es darum geht, wie andere Kinder mit ähnlichen Situationen umgehen.

## Die wahre Ursache: Machtlosigkeit

Kinder haben in der Regel wenig Kontrolle und wenig Mitspracherecht über ihr eigenes Leben. Eltern und andere Personen sagen ihnen, was sie zu tun und zu lassen haben. Das wird meistens als der »Normalfall« hingenommen, aber es gibt im Leben eines Kindes Phasen, in denen es einen starken Wunsch hat, sich jedoch in die entgegengesetzte Richtung gelenkt fühlt. Ein typisches Beispiel: Das Kind fühlt sich auf dem Spielplatz oder im Spiel mit einem Freund pudelwohl und bekommt plötzlich gesagt, dass es nun reiche und man nach Hause gehe. In anderen Situationen erlegen wir dem Kind unerbittlich wenig angenehme Aufgaben auf, deren Sinn und Zweck es oft nicht versteht: Zähneputzen, Baden, Spielsachen teilen und Gemüse essen, um nur einige wenige Beispiele zu nennen.

## Lösungen für Machtlosigkeit

Es gibt mehrere Ansätze, mit dem wir dem Kind das Gefühl der Machtlosigkeit, das es nicht selten zum Explodieren bringt, etwas von den Schultern nehmen können. Zuerst müssen wir ganz einfach die Gefühle des Kindes anerkennen. »Ich weiß, dass du hier Spaß hast und nicht gehen möchtest.« Anschließend können Sie Fakten ins Feld führen. »Aber unser Bus fährt bald.« Manchmal geht es dem Kind schon besser, wenn seine Gefühle wirklich verstanden werden.

Es kann auch helfen, das Kind auf das, was bald kommen wird, vorzubereiten, so dass es von der elterlichen Ansage nicht überrumpelt wird. »In zehn Minuten müssen wir gehen.« Kleineren Kindern gibt man Größen vor, die sie verstehen. »Noch zweimal Rutschen, dann müssen wir gehen.« Wichtig ist, dass Sie nach zehn Minuten oder zweimal Rutschen auch tatsächlich gehen. Beginnen Sie dann ein Gespräch mit einer anderen Mutter oder einem anderen Vater, oder vergessen Sie über Ihrem Buch die Zeit, wird Ihr Kind schnell lernen, dass Vorankündigungen keine Bedeutung haben.

Eine andere Möglichkeit, dem Kind Macht über sein Schicksal zu geben, ist, ihm eine Wahlmöglichkeit zu bieten. Natürlich haben

Sie Ihr Ziel dabei klar vor Augen, bauen aber eine Option ein. »Willst du langsam zur Haltestelle gehen oder wollen wir ein Wettrennen machen?«

Nutzen Sie die vielen Gelegenheiten, bei denen Ihr Kind in gewissem Maß mitbestimmen kann. Mitbestimmung ist für das Kind sehr wichtig und bewirkt, dass es weniger das Gefühl hat, es werde über seinen Kopf hinweg bestimmt. Fragen Sie es beispielsweise nach seinen Wünschen, wenn Sie den wöchentlichen Speiseplan aufstellen. Nehmen Sie Ihr Kind zum Kleiderkauf mit. Oder beziehen Sie es in die Tagesplanung mit ein. Jedes kleine bisschen Mitbestimmung steigert das Selbstvertrauen des Kindes und hat zur Folge, dass es mit den getroffenen Entscheidungen glücklicher ist.

## Die wahre Ursache: Unwissen

Die Menge an Dingen, die Ihr Kind in seinem Leben bis zum jetzigen Augenblick gelernt hat, ist atemberaubend. Ihr Kind hat gelernt, eine Sprache zu sprechen und zu verstehen; es kann Dinge, Gefühle und Gedanken benennen. Es hat seinen Platz in der Welt gefunden und gelernt, mit anderen Menschen in unterschiedlichsten Situationen zu interagieren. Diese Liste ließe sich noch fortsetzen – aber sie ist natürlich längst nicht komplett. Schließlich lernen wir unser ganzes Leben lang. Es ist wichtig, sich klar zu machen, dass das Kind über sehr begrenztes Wissen verfügt. Alles, was Ihr Kind tut, basiert auf seinem unvollständigen Verständnis der Welt und der Tatsache, dass es seine Grenzen noch nicht wahrnimmt. Seine Entscheidungen bzw. seine Verhaltensweisen in bestimmten Situationen können nur auf seinem beschränkten Wissen basieren, und oft besitzt ein Kind noch nicht das nötige Hintergrundwissen, um wirklich zu verstehen, was vor sich geht. Ein Beispiel: Ihr Kind fährt sehr geschickt auf seinem Dreirad, aber selbst der Weltmeister im Dreiradfahren hätte Schwierigkeiten, wenn er plötzlich auf ein Zweirad umsteigen würde.

## Lösungen für Unwissen

Ihr Kind ist erst wenige Jahre auf dieser Welt – vielleicht hilft Ihnen dieser Gedanke ja, den einen oder anderen Wutanfall oder Zusammenstoß besser zu verkraften. Ihr Kind lernt von Tag zu Tag dazu, und auch über Sie bezieht es viele Informationen und viel Wissen. Haben Sie Geduld und Verständnis für die kindlichen Reaktionen.

Sie haben gesehen, dass Fehlverhalten von vielen Ursachen ausgelöst werden kann. Hier sind noch einige mehr, die Sie auf Ihre Liste setzen können:

- Enttäuschung
- Verwirrung
- Aufregung
- Vergesslichkeit
- Ungeduld
- Eifersucht
- Schmerz
- Traurigkeit
- Scham
- Schüchternheit
- Stress

Es ist hilfreich, die vorrangigen Gefühle des Kindes zu ergründen und diese zu berücksichtigen, wenn man mit ungezogenem Verhalten konfrontiert ist. Auf diese Weise findet man bessere Antworten auf das Verhalten des Kindes, denn man sieht nicht nur ein oberflächliches Symptom, sondern die Wurzel, der das Fehlverhalten entspringt.

Karolin, Mutter zweier Kleinkinder

## » Das wahre Problem aufspüren und lösen

Der Gedanke, das wahre Problem zu lösen, hat mir die Kontrolle und Intuition zurückgegeben, die ich durch Attachment Parenting im ersten Jahr mit meinem Baby entwickelt habe. Anstatt egozentrisch zu denken »Warum tut mir mein Kind das an?«, oder mich schlecht zu fühlen, wenn andere denken, mein Kind sei verwöhnt oder manipulativ, versuche ich nun, das wahre Problem aufzuspüren und zu lösen, bevor das ›kritische Stadium‹ erreicht ist. Wenn mir das gelingt, kann ich allen Kritikern die Stirn bieten und ihnen den Grund für das Verhalten meines Kindes nennen. Außerdem lerne ich so mein Kind noch viel besser kennen, und das ist wunderbar. Hier geht es darum, die Themen Erziehung und gutes Benehmen aus einer ganz anderen Perspektive zu sehen. Dazu muss man sich Fragen stellen, bevor man handelt. Und das hebt meine Erziehungskompetenz auf ein ganz neues Niveau.«

Natürlich gibt es Phasen, in denen man dem Auslöser nicht auf die Spur kommt, auch wenn er existiert. Ein Kind hat nicht immer die Worte, seine Gefühle auszudrücken, und manchmal kann man sich einfach nicht vorstellen, was in diesem kleinen Kopf vor sich geht. In solchen Phasen helfen Umarmungen, körperliche Nähe zu dem Kind und bedingungslose Liebe.

# Die Trickkiste – Strategien und Lösungen für alle Fälle

**Ein kleines Kind zur Mitarbeit zu bewegen ist ein bisschen wie Abenteuerurlaub. Sie kaufen das Ticket und machen einen Plan, aber Sie wissen nicht, was dann passiert. Vielleicht machen Sie eine wunderbare neue Erfahrung – oder aber Sie bekommen das Gegenteil von dem, was Sie sich erhofft hatten.**

Jeder Vater, jede Mutter hat eigene Mittel und Wege, das Kind zur Kooperation zu bewegen – eine kleine »Trickkiste«, wenn Sie so wollen. Manche Eltern haben allerdings nur einen Trick in petto, und wenn dieser – zum Beispiel eine kleine Auszeit – nicht funktioniert, stehen sie hilflos mit leerer Trickkiste neben ihrem schreienden Kind.

Doch wenn Eltern andererseits offen und lernbereit sind, wenn sie unterschiedliche Methoden und Strategien ausprobieren, ist die Trickkiste schnell randvoll gefüllt. Sie können aus einer Fülle von Optionen eine der Situation angemessene Strategie auswählen. Und wenn diese nicht funktioniert, wird die nächste ausprobiert – bis man den richtigen Ansatz gefunden und das gewünschte Ergebnis erzielt hat. Ein weiterer Vorteil einer großen Auswahl an Methoden liegt darin, dass man ruhiger reagiert, dass man seinem Ärger nicht gleich freien Lauf lässt und unwirksame Spontanreaktionen anwendet, die nur zu den Tränen führt, die wir ja vermeiden wollen.

Weil menschliche Wesen – Kinder wie Erwachsene – kompliziert sind, gibt es keine Standardlösung, die in allen Situationen und mit allen Beteiligten funktioniert. Deshalb ist gut, eine volle Trickkiste zu haben, aus der man je nach Situation auswählen kann. In diesem Kapitel möchte ich Ihre Trickkiste mit neuen Ideen füllen. Vielleicht lesen Sie ja mit einem Stift in der Hand und notieren sich gleich jene Anregungen, die Ihnen gut und sinnvoll erscheinen. Probieren Sie sie aus und nehmen Sie jene, die sich bewähren, in ihr Repertoire auf. Denken Sie daran, dass vielleicht ein paar »Probeläufe« notwendig sind oder dass Sie die eine oder andere Strategie je nach der Persönlichkeit Ihres Kindes leicht abwandeln müssen. Da Ihr Kind wächst und sich verändert, werden Sie im Lauf der Zeit auch Ihre Trickkiste anpassen müssen.

## Beständigkeit, eine wichtige Orientierungshilfe

Viele Eltern berichten mir, dass ihr Kind im Kindergarten wunderbar beim Aufräumen hilft, sich aber zu Hause weigert, dasselbe zu tun. Viele Eltern sind verwundert, dass ihr Kind in der Vorschule eine Weile still auf seinem Stuhl sitzt – woran zu Hause gar nicht zu denken ist. Viele Eltern sind schockiert, dass ihre Kinder in der Schule die höflichsten Menschen, zu Hause aber das genaue Gegenteil sind. Das alles lässt sich erklären.

In Krippen, Kindergärten, Vorschulen gibt es – teilweise sehr große – Gruppen. Damit die Sache läuft, herrschen klaren Regeln. Bricht ein Kind zu ersten Mal eine Regel, wird es umgehend korrigiert und auf die Regel hingewiesen. Und natürlich sieht das Kind auch, dass alle anderen die Regeln einhalten. Diese Beständigkeit fehlt zu Hause manchmal – und Kinder merken das ganz schnell. Ohne konsistente Reaktionen auf ihr Verhalten lernen sie, dass sie tun können, was sie wollen, ohne dass dies Konsequenzen hat.

Denken Sie über den Stellenwert guten Benehmens innerhalb der Familie nach. Wie sieht es mit »guten Manieren« bei Ihnen zu Hause aus? Nörgeln? Widerrede? Wutanfälle? Brüllen? Dann sollten Sie schnell entscheiden, wie Sie in Zukunft mit diesen Situationen umgehen möchten. Beobachten Sie, zu welchen Tageszeiten besonders oft Schwierigkeiten auftreten. Beim Essen? Beim Baden? Beim Zubettgehen? Machen Sie für diese Momente und Zeiten einen Plan und halten Sie sich daran.

Keine Mutter, kein Vater kann zu 100 Prozent gleichbleibendes, stimmiges Verhalten liefern. Aber je mehr spezifische Entscheidungen Sie in puncto Benehmen und Ihren Erziehungsgrundsätzen treffen und diese konsequent umsetzen, desto leichter wird das Leben für Sie und auch für Ihre Kinder.

## Bieten Sie Wahlmöglichkeiten

Das Anbieten von Wahlmöglichkeiten ist ein wirksames Instrument, das man bei Kindern jeden Alters einsetzen kann. Die Anzahl der Wahlmöglichkeiten richtet sich nach dem Alter des Kindes. Während ein Kleinkind zwischen zwei Optionen wählen sollte, können Grundschulkinder mit drei oder vier Möglichkeiten umgehen. Aber bieten Sie nur Wahlmöglichkeiten, mit denen Sie auch wirklich glücklich werden, wenn Ihr Kind sich dafür entscheidet.

Hier sind einige Beispiele:

- Möchtest du die blaue Hose oder den rosa Rock anziehen?
- Was möchtest du zuerst tun: zähneputzen oder deinen Schlafanzug anziehen?
- Möchtest du zur Tür laufen oder wie ein Känguru hüpfen?
- Möchtest du zehn Minuten länger fernschauen oder lieber eine Geschichte vorgelesen bekommen?
- Möchtest du einen Apfel oder eine Banane?

Der Haken bei diesen Wahlmöglichkeiten ist allerdings, dass das Kind eine eigene Option anbieten kann. Was macht man, wenn die kleine Taylor auf die Fragen »Was möchtest du zuerst tun: zähneputzen oder deinen Schlafanzug anziehen?« antwortet: »Ich möchte fernsehen«? Dann lächeln Sie freundlich und erwidern: »Das stand nicht zur Wahl. Ich habe dich gefragt, was du zuerst tun möchtest, zähneputzen oder deinen Schlafanzug anziehen?«

Wenn sich Ihr Kind immer noch nicht zwischen diesen beiden Möglichkeiten entscheiden kann oder will, fragen Sie es einfach: »Möchtest DU auswählen oder soll ICH für dich entscheiden?« Kommt immer noch keine befriedigende Antwort, sagen Sie: »Also ist es wohl am Besten, wenn ICH für dich entscheide.« Und das machen Sie dann auch. Treffen Sie die Entscheidung und helfen Sie damit Ihrem Kind, Ihnen zu folgen, also mit Ihnen zu kooperieren.

## Spielen, um zu gewinnen: Kooperationsspiele

Für Kinder ist das Leben ein großes Spiel. Warum machen wir uns das nicht zunutze? Fast jede Aufgabe lässt sich ohne großen Aufwand in ein Spiel verwandeln. Manche Spiele können spontan entstehen und einmalig bleiben, andere können zu einem Bestandteil der täglichen Routine werden. Betrachten Sie die folgenden Situationen – zuerst zeige ich Ihnen den ernsten »Standardansatz« und dann die spielerische Version. Wie wird wohl Ihr Kind auf die beiden Varianten reagieren?

Streng: »Sammele deine Spielsachen auf und leg sie in die Spielzeugkiste.«

Spielerisch: »Ich wette, ich sammle alle blauen Autos schneller auf als du die roten.«

Streng: »Zieh deinen Schlafanzug an, aber dalli!«

Spielerisch: »Ich stelle den Wecker auf zehn Minuten. Ich bin gespannt, ob du schneller bist als die Uhr und deinen Schlafanzug anhast, bevor es klingelt.«

Streng: »Iss dein Gemüse. Gemüse ist gesund.«

Spielerisch: »Als ich neulich Gemüse gegessen habe, hat mir jedes Mal, wenn ich mich umgedreht habe, ein kleiner Hase etwas vom Teller weggeschnappt. Ich konnte es gar nicht glauben. Meinst du, das passiert noch mal?«

Streng: »Trink deine Milch!«

Spielerisch: »Trink diese Milch nicht. Denn wenn du sie trinkst, wirst du ganz stark und kannst mich beim Raufen besiegen. Halt, nein, trink deine Milch nicht!«

**Streng:** »Komm schon, lauf ein bisschen schneller. Trödel nicht. Wir müssen nach Hause.«

**Spielerisch:** »Schau mal, ich bin ein Pony! Und ich bin so schnell – ich wette, du kannst mich nicht einholen ...«

**Streng:** »Du musst noch aufs Töpfchen gehen. Leg mal dein Spielzeug beiseite und geh jetzt aufs Töpfchen.«

**Spielerisch:** »Hallo, hier kommt der Töpfchen-Express. Alle Passagiere einsteigen, auf geht's zum nächsten Töpfchen-Halt.« (Geräusche machen wie eine Lok.)

Natürlich können und müssen Sie nicht jede Bitte oder Aufforderung zum großen Spiel machen. Doch lässt sich mit dieser Strategie die eine oder andere schwierige Alltagssituation entschärfen und auf fröhliche Weise meistern.

Klaudia, Mutter zweier Töchter

### » In diesem Haus wird nicht gelacht

Einer meiner Lieblingstricks ist das ›In diesem Haus wird nicht gelacht‹-Spiel. Wenn eines meiner Mädchen miese Laune hat, heitern wir sie auf, indem wir ihr verbieten zu lachen. Fast immer endet dieses Spiel in einem großen Familiengelächter, und auch der Miesepeter lacht mit. Das ist viel besser, als einem verstimmten Kind einen Vortrag über schlechte Laune zu halten.«

## Lassen Sie die Dinge sprechen

Bei Kleinkindern und Vorschulkindern muss man manchmal schon etwas Fantasie einsetzen, um sie zur Kooperation zu bewegen. In diesem Alter können sie das ganze Bild noch nicht begreifen – deshalb hilft es nicht immer, ihnen das Warum und Wieso zu erklären. In »The Funny Side of Parenthood« wird Robert Scotellaro folgendermaßen zitiert: »Mit einem Zweijährigen zu diskutieren ist ungefähr so produktiv, wie auf der »Titanic« die Plätze zu tauschen.« (Er muss zu diesem Zeitpunkt tatsächlich ein Zweijähriges gehabt haben ...)

Indem man seine Strategie verändert, kann man diesen Zustand der Frustration ganz gut umgehen. Lassen Sie uns zwei Situationen betrachten; die erste ist der typische, also der »Titanic«-Ansatz:

**Eltern:** »Ryan, Zeit für eine neue Windel!«

**Ryan:** »Nein, will nicht!« (Läuft davon.)

**Eltern:** »Komm schon, Schatz. Wir müssen gleich weg, und du brauchst davor eine neue Windel.«

**Ryan:** (Versteckt sich kichernd hinterm Sofa.)

**Eltern:** »Ryan, das ist nicht lustig. Wir sind schon spät dran. Komm jetzt bitte.«

**Ryan:** (Ignoriert die Aufforderung und beschäftigt sich mit einem Puzzle.)

**Eltern:** »Komm jetzt!« (Geht in Ryans Richtung.)

Ryan: (Läuft lachend davon.)

Eltern: (Nimmt Ryan am Arm.) »Leg dich jetzt hin und bleib liegen. Hör endlich auf, dich rauszuwinden!« (Während sich der Elternteil umdreht, um nach einer frischen Windel zu greifen, entwischt das Kleinkind.)

Ich bin sicher, diese Situation kommt Ihnen bekannt vor. Dieses Hin und Her kann sehr ermüdend sein, wenn es sich tagtäglich abspielt. Und deshalb habe ich eine viel bessere Methode entwickelt, wie man ein Kleinkind zum Mitmachen bringen kann:

Eltern: (Das Elternteil nimmt eine frische Windel, stülpt sie wie eine Kasperlepuppe über die Hand und spricht mit verstellter, kindlich hoher Stimme.) »Hallo, Ryan! Ich bin Willi, deine Windel! Komm her und spiel mit mir!«

Ryan: (Kommt rüber zu der Windel-Puppe.) »Hallo, Willi-Windel.«

Eltern: (Immer noch mit verstellter Stimme.) »Du bist so ein braver Junge. Gibst du mir ein Küsschen?«

Ryan: »Jaaaa!« (Küsst die Windel.)

Eltern: (Immer noch mit verstellter Stimme.) »Umarmst du mich auch? Und gibst mir auch ein Küsschen?«

Ryan: (Kichert und umarmt die Windel-Puppe.)

Eltern: (Immer noch mit verstellter Stimme.) »Komm, leg dich hier hin, neben mich. Ja, so ist's gut. Kann ich mal auf kitzeln? Ja, fein so. (Die Windel plaudert mit Ryan, während die Mutter oder der Vater Ryans alte Windel entfernt.)

Eltern: (Immer noch mit verstellter Stimme.) »Oh, Ryan, hör mal, ich höre, wie deine Schuhe dich rufen. Ryan, Ryan!«

Das Erstaunlichste ist, dass dieser Ansatz immer wieder funktioniert. Und wenn Sie jetzt denken: »Darauf fällt man doch nicht ein zweites Mal herein!«, dann sage ich Ihnen: »Doch!« Und noch viele weitere Male. Denn die Kleinen genießen die besondere Aufmerksamkeit sehr. Und der schönste Nebeneffekt dieser Strategie sind die gute Laune und die lustige Interaktion, die Sie und Ihr Kind dadurch haben.

Nancy, Mutter zweier Kleinkinder

### » Der faszinierende »Herr Hand«

Wir waren im Urlaub, und unser Sohn Tobias hörte mal wieder nicht. Ich hatte meine Notizen dabei und blätterte sie durch, um ein Instrument zu finden, das in dieser Situation funktionieren könnte. Als ich auf die ›sprechende Windel‹ stieß, dachte ich zuerst, »O nein, keine Chance«, aber dann beschlossen wir, es trotzdem zu versuchen. Meine Hand verwandelte sich in eine Puppe – und ich konnte es kaum fassen. Nicht nur, dass Tobias mir plötzlich zuhörte, nein, er hielt meine Hand tatsächlich für eine andere Person! Diesen Trick wende ich jetzt auch bei meiner Tochter an – und sie ist völlig fasziniert von ›Herrn Hand‹. Sie fordert sogar, ihre Anweisungen von ihm zu bekommen. Ich habe meinen Freundinnen davon berichtet, aber ich habe den Eindruck, manchen ist diese Methode zu dumm oder peinlich. Und mir? Erlaubt ist, was funktioniert. Und dieser kleine Trick funktioniert zu 100 Prozent.«

Wenn Sie ein Klein- oder Vorschulkind haben, kann diese Strategie Ihr Leben retten. Ich erinnere mich an einen ganz bestimmten Tag, mein Sohn war knapp drei. Wir standen in einer langen Supermarktschlange, und er wurde langsam quengelig. Plötzlich begann meine Hand mit ihm zu sprechen; sie stellte ihm Fragen über die Dinge in unserem Einkaufswagen und um uns herum. Mit einem Mal umarmte mein Sohn meine Hand, blickte zu mir auf und sagte: »Mama, ich liebe dich, weil du so tust, als könnte deine Hand sprechen.« Ist das nicht eine wundervolle Aussage?

Es ist herrlich zu sehen, wie man eine negative Situation in eine fröhliche Erfahrung verwandeln kann, indem man nichts weiter tut, als die Aufmerksamkeit des Kindes auf etwas Lustiges, Fantasievolles lenkt. Diese Strategie ist besonders wertvoll, denn wenn man sie einmal beherrscht, kann man sie in einer Vielzahl unterschiedlicher Situationen erfolgreich einsetzen.

Kim, Mutter einer kleinen Tochter

### » Leben muss Spaß machen

Wir lieben Kooperationsspiele – Dinge beginnen zu sprechen, und das Mitmachen ist für das Kind plötzlich interessant und lustig. Wenn das Leben für Kinder kein Spaß ist – warum sollte man dann Kind sein? Die Erwachsenenwelt ist schon ernst genug. Also versuchen wir, das Leben unserer Tochter so fröhlich und unbeschwert wie möglich zu gestalten.«

## Bringen Sie Fantasie ins Spiel

Eine ebenfalls bewährte Variante der »Dinge sprechen lassen«-Strategie besteht darin, sich die lebhafte kindliche Vorstellungskraft zunutze zu machen und damit negative Emotionen zu vertreiben. Sie könnten auf einem Raupenweg zum Supermarkt gehen, zum Auto hüpfen wie ein Känguru oder sich vorstellen, dass man nach dem Verspeisen der Karotte orange wird. Gemüsesuppe kann sich in ein magisches Starkmach-Gebräu verwandeln, und die Zahnbürste kann sprechen und jeden Speiserest, den sie zwischen den Zähnen findet, kommentieren. Oder die Stofftiere erwachen zu Leben und formieren sich zu einer Parade – geradewegs in die Spielzeugkiste.

Kinder lieben es, sich ihrer Fantasie hinzugeben und sich Dinge vorzustellen. Indem Sie sich in ihre Welt der Vorstellungen und des Spiels begeben, können Sie schon im Vorfeld viele tägliche Auseinandersetzungen vermeiden und erkennen, dass es fast keine Situation gibt, die man nicht auch witzig lösen könnte.

## Singen Sie ein Lied

Auch wenn Sie keinen Ton sauber treffen – wenn Sie ein kleines Lied singen, wird Ihnen Ihr Kind lieber und besser gelaunt zuhören. Beim Händewaschen können Sie Ihrem Kind beispielsweise das Lied von den »fleißigen Waschfrauen« vorsingen. Eine fünffache Mutter hat einen tollen Weg gefunden, ihre Kinder auf längeren Autofahrten zu unterhalten. Sie sang sehr gerne und besang alles, was sie rechts und links von der Straße sah, mit Opernarien. Und manchmal fielen ihre Kinder mit eigenen Versionen ein und sie trällerten gemeinsam bis zum Ziel.

Singen Sie immer, wenn Ihnen der Sinn danach steht. Sie können bekannte Lieder auf die aktuelle Situation ummünzen oder sich eigene Werke ausdenken. Sie können aber auch Erkennungsmelodien für bestimmte Situationen einführen, wie zum Beispiel einen »Aufräum-Song«, den Sie immer dann singen, wenn Ihr Kind abends seine Spielsachen wegräumen soll.

Ein toller Nebeneffekt des Singens ist, dass Musik Ihnen und Ihrem Kind gute Laune macht.

Stephanie, Mutter einer kleinen Tochter

### » Lieber kreativ und sanft als hart und streng

Ich habe den Unterschied zwischen dem ernsten, strengen Weg und der verspielten, fröhlichen Variante am eigenen Leib erfahren. Eines Tages ging ich mit meiner Tochter Mary spazieren; wir wollten in den Park. Auf dem Weg warf sie Steine in einen fremden Vorgarten. Ich erklärte ihr, dass man nicht mit Steinen wirft, und drohte ihr: »Wenn du noch einmal mit Steinen wirfst, gehen wir zurück nach Hause und nicht in den Park.« Sie warf erneut mit Steinen, und so machten wir kehrt und gingen zurück nach Hause. Auf dem ganzen Weg schrie sie Zeter und Mordio, und ich war sicher, dass mich die Nachbarschaft mit meinem schreienden Kind beobachtete. Kurz und gut: Ich glaube, dass es gut war, konsequent zu handeln, aber mir wurde klar, dass ich in vielen Fällen viel zu schnell harte Konsequenzen zog, ohne zuvor eine sanftere Methode auszuprobieren. Jetzt bin ich in solchen Situationen kreativer, und es kommt oft vor, dass wir imaginären Raupen folgen oder in einer Parade zum Park marschieren. Das macht uns beiden viel mehr Spaß.«

## Erzählen Sie eine Geschichte

Kinder lieben Geschichten. Geschichten fesseln ihre Aufmerksamkeit und können sie dazu bringen, etwas zu tun, was sie andernfalls verweigert hätten. Geschichten können lehrreich sein, Langeweile vertreiben oder ein Kind konzentriert bei der Sache halten.

Geschichten können auch im Voraus erzählt werden, um das Kind auf ein bestimmtes Ereignis oder eine Situation vorzubereiten. Sie können beispielsweise die Geschichte von einem kleinen Jungen erzählen, der seine Großeltern besucht und beim Essen ganz artig

»bitte« und »danke« sagt. Daraufhin sind die Großeltern sehr, sehr stolz auf ihn. So können Sie Ihr Kind auf das vorbereiten, was Sie beim bevorstehenden Besuch bei den Großeltern von ihm erwarten.

Sie können eine Geschichte von einem Hundewelpen erzählen, der sich vom Hunde-Kinderarzt untersuchen lässt, oder vom Dinosaurier-Kind, das beim Dino-Zahnarzt den Mund aufmacht, oder von Pinguin-Baby, das zum ersten Mal in die Krippe geht. Mit Geschichten können Sie Ihrem Kind von so wichtigen Themen wie dem Teilen, dem Freundlichsein, dem Geduldigsein und vielem anderen erzählen, was Sie ihm beibringen möchten.

Geschichten können Ihr Kind auch ruhiger und konzentrierter machen, zum Beispiel wenn Sie es anziehen, wenn Sie in einer Schlange warten müssen oder wenn Sie es abends ins Bett bringen. Geschichtenerzählen kann in vielen Situationen ein sehr hilfreiches Instrument sein. Wenn Sie ein sehr phantasievolles, mitteilsames Kind haben, können Sie es auffordern, sich eigene Geschichten auszudenken und sie zu erzählen!

Nadine, Mutter eines kleinen Sohnes

### » Kinder lieben Geschichten

Bei Jonas funktionieren Geschichten ausgezeichnet. Es fasziniert ihn, wenn andere Kinder sich daneben benehmen. Wenn er eine solche Situation beobachtet hat, bittet er mich später: »Erzähl mir eine Geschichte darüber.« Das bedeutet, dass ich ihm eine Geschichte über den kleinen Jungen erzählen muss, der die anderen nicht rutschen lässt, oder über das Mädchen, das seine Mutter ungezogen angeschrien hat. Diese Geschichten muss ich immer wieder erzählen. Ich finde es sehr interessant, dass er keine Geschichten über brave Kinder hören will! Aber ich habe das Gefühl, dass er aus dem schlechten Benehmen anderer lernt. Und abends erzählt Jonas diese Geschichten seinem Vater.«

## Seien Sie albern

Experten berichten, dass Kinder täglich bis zu 300 Mal lachen – wir ernste Erwachsene aber nur höchstens 15 Mal pro Tag. Und besonders gestresste Eltern sicher noch seltener. Lachen reduziert nicht nur Stress, senkt den Blutdruck und unterstützt das Immunsystem, nein, es macht Sie auch glücklicher, ermutigt Ihr Kind zur Kooperation und setzt schlechter Stimmung ein Ende. Das sind doch Gründe genug, um jede Gelegenheit zum Albernsein zu nutzen!

Um Kinder zu unterhalten und zum Lachen zu bringen, muss man ihnen keine professionelle Comedy-Show bieten. Ein kleiner Scherz hier und da reicht schon aus. Tun Sie so, als ob Sie stolpern und hinfallen, sprechen Sie mit lustig verstellter Stimme oder witzigem Akzent, ziehen dem Kind den Socken über die Hand statt über den Fuß – scheuen Sie sich vor allem nicht, kindisch und albern zu sein, das bringt Ihr Kind zum Lachen und zum Mitmachen.

Sophie, Mutter zweier Kleinkinder

### » Wohin ist deine Stimme veschwunden?

Wenn mein Kind zu nörgeln beginnt, sage ich: ›Oh, wohin ist denn die Stimme des großen Jungen verschwunden? Wo hat sie sich versteckt? Unter dem Tisch? In deinem Schuh? Vielleicht in deinen Haaren?‹ Nach zwei, drei Fragen finden wir die Stimme normalerweise wieder. ›Da ist sie ja!‹ Ich sage meinem Sohn, dass er sie jetzt gut festhalten soll, bevor sie sich wieder aus dem Staub macht.«

## 5-3-1-GO! Bereiten Sie Ihr Kind rechtzeitig vor

Wenn Kinder in ihr Spiel vertieft sind, sind sie mit Leib und Seele dabei. Es ist diese Intensität, die es ihnen in den frühen Jahren ihres Lebens ermöglicht, so viel über die Welt zu lernen und in sich aufzunehmen. Sie lernen immer und überall, nehmen ständig etwas Neues auf. Aufgrund dieser Intensität fällt es Kindern oft sehr schwer, von einer Aktivität zu einer anderen umzuschalten, wenn sie sich zuvor noch nicht mental darauf eingestellt haben.

Ist ein Kind in ein Puzzle vertieft und die Eltern rufen es zum Essen, wäre es schon ein außergewöhnliches Kind, wenn es von einer Sekunde auf die andere die Puzzleteile fallen ließe und freudig angelaufen käme. (Und auch Erwachsenen fällt es meist schwer, sich so schnell von einer Aktivität zu lösen.)

Helfen Sie Ihrem Kind, sich von einer Aktivität zu trennen, indem Sie ihm Zeit geben, sich mental darauf einzustellen. Bevor Sie eine Aktion von Ihrem Kind erwarten, machen Sie einen 5-Minuten-Aufruf, dann einen 3-Minuten-Aufruf und schließlich einen 1-Minute-Aufruf. So funktioniert's:

Juli und Alex spielen zufrieden im Park, während ihre Mutter ein paar Meter weiter auf einer Bank sitzt. Dann steht sie auf, läuft hinüber zu ihren Kindern, geht in die Knie und spricht auf Augenhöhe mit ihnen: »In fünf Minuten gehen wir.« (Sie hält ihre Hand mit den fünf ausgestreckten Fingern in die Höhe.) Dann geht sie zurück zur Bank und liest weiter. Ein paar Minuten später ruft sie: »Juli! Alex! Wir gehen in drei Minuten.« (Sie hält drei Finger in die Höhe.) Ein paar Minuten später ruft sie: »Noch eine Minute.« (Sie hebt einen Finger in die Höhe.) Eine Minute später ruft sie: » Wollt ihr noch einmal rutschen, bevor wir gehen?« Nach dem letzten Rutschen kündigt sie an, dass es nun Zeit zum Gehen sei. Als ihre Kinder nicht sofort reagieren, stellt sie eine spielerische Alternative zur Wahl: »Wollt ihr zum Auto laufen oder wie Häschen hüpfen?« Und schon beginnen die beiden, wie Hasen zum Auto zu hüpfen.

Dieser Countdown unterscheidet sich ein wenig von der üblichen Version »1 ... 2 ... 3. Okay, jetzt gibt's Ärger!«, an deren Ende eine harte Konsequenz steht. Die »5-3-1-GO«-Methode ist ein respektvoller Weg, Ihr Kind vorab über das zu informieren, was ansteht, und es in Ruhe seine Aktivität beenden zu lassen. Sie können so Ihr Kind Tag für Tag in den unterschiedlichsten Situationen zum Mitmachen bringen – sei es beim Anziehen, beim Essen, beim Aufräumen, beim Baden (sowohl beim Einsteigen in die Badewanne als auch beim Aussteigen, je nach Kind) und beim Schlafengehen.

Megan, Mutter zweier Kleinkinder

### » Die Regel gilt für alle

Ich habe die ›5-3-1-GO‹-Methode mit Anne ausprobiert, und sie funktioniert perfekt. Die größte Schwierigkeit bestand darin, meinen Freundinnen klarzumachen, dass dieser Countdown auch für sie gilt. Als ich schließlich ›go‹ sagte, plauderten meine Freundinnen einfach weiter. Aber inzwischen wissen sie, dass ich es ernst meine und dass das Signal für alle gilt.«

## Gespräche auf Augenhöhe

Oft rufen Eltern ihren Kindern die Anweisungen von einem Raum zum nächsten zu. Die Kinder sind in ihr Spiel vertieft und nehmen die Bitte akustisch kaum wahr – geschweige denn, dass sie sie auf sich selbst beziehen. Oder aber Eltern sprechen über ihre Kinder hinweg, führen einen einsamen Monolog statt einer echten Kommunikation. Kinder jeden Alters reagieren jedoch viel besser auf eine zielgerichtete Kommunikation von Angesicht zu Angesicht.

Sie können die Aufmerksamkeit Ihres Kindes ganz leicht gewinnen, indem Sie sich einen Moment Zeit nehmen, zu Ihrem Kind hinübergehen, sich auf seine Augenhöhe begeben und von Angesicht zu Angesicht mit ihm sprechen. Dann haben Sie die volle Aufmerksamkeit Ihres Kindes; es kann Sie gar nicht ignorieren. Außerdem kann Ihr Kind dann auch nonverbale Kommunikationszeichen wie Ihren Gesichtsausdruck und Ihre Körpersprache lesen. Auf diese Weise versteht es besser, was Sie ihm sagen wollen.

Kinder sind keine kleinen Erwachsenen, aber kleine Menschen. Sie lieben ihre Eltern und wollen sie verstehen. Geben Sie ihnen die Möglichkeit zuzuhören, zu lernen und in einen echten Dialog mit Ihnen zu treten.

Wenn Sie eine Bitte an Ihr Kind haben oder ihm etwas mitteilen möchten, nehmen Sie sich ein, zwei Minuten Zeit, um zu Ihrem Kind zu gehen, sich auf seine Augenhöhe zu begeben und dann das Wort respektvoll und klar verständlich an es zu richten. Erklären Sie ihm, was Sie möchten und warum Sie es möchten. Stellen Sie durch Rückfragen fest, ob Ihr Kind Sie versteht. Dieser Informationsaustausch dauert nicht lange, und die wenigen Minuten, die Sie in eine angenehme Kommunikation investieren, lohnen sich wirklich.

Karolin, Mutter zweier Kleinkinder

### » Wir erwarten oft zu viel

Wir müssen immer daran denken, dass Kinder mehr Erklärungen brauchen. Wir Erwachsenen betrachten so viele Dinge als selbstverständlich und vergessen nur allzu leicht, dass unsere Kinder kein halbes Leben voller Erfahrungen hinter sich haben. Und in Sachen Manieren erwarten wir von unseren Kindern unbewusst oft zu viel.«

| Negative »Kampfwörter« | Positive Kooperationswörter |
|---|---|
| Hör auf, dich um den Laster zu streiten! | Bitte teile den Laster mit deinem Freund. |
| Schlag das Baby nicht! | Streichele das Baby ganz sanft. |
| Nein, du bekommst kein Eis! | Du kannst jetzt gerne eine Banane oder ein Stück Käse haben. |

## Benutzen Sie positive Worte

Einige der am häufigsten benutzten Worte aus dem Mund von Eltern sind »nein«, »nicht« und »Stopp«. Natürlich wollen wir unsere Kinder dazu bringen, Fehlverhalten zu unterlassen – doch wenn bestimmte Wörter überstrapaziert werden, schaffen sie mehr Probleme, als sie lösen. Ich nenne sie »Kampfwörter«, denn beginnt man einen Satz mit ihnen, hört bzw. versteht Ihr Kind schon gar nicht mehr, was dann alles folgt. Denn diese »Kampfwörter« sind der sichere Auslöser eines Wutanfalls.

Wenn möglich, beginnen Sie Sätze mit positiven Formulierungen, nicht mit negativen.

Sobald diese positive Ausdrucksweise in Ihrer Familie zur guten Gewohnheit geworden ist, werden Sie feststellen, dass auch Ihre Kinder sie mehr und mehr anwenden. Also ist diese Ausdrucksweise nicht nur ein Kooperationsinstrument, sondern eine positive Kommunikationsfähigkeit, die Ihre Kinder ein Leben lang begleiten wird.

## Wenn/dann, jetzt/später, du darfst/wenn du

Bei Verboten geht es oft weniger um die Aktion selbst, als vielmehr um den Zeitpunkt. Süßigkeiten vor dem Abendessen sind ein No-Go, aber nach dem Essen sind sie in Ordnung. Im Dunkeln draußen spielen ist nicht erlaubt, aber nach dem Mittagessen ist es prima. Mit der Wenn-/dann-Technik erlernt Ihr Kind den richtigen Zeitpunkt und die richtige Abfolge von Aktionen und Ereignissen. Dieser Ansatz ist sehr hilfreich, denn er respektiert und anerkennt die Wünsche der Kinder, verlagert aber die Aktion des Kindes auf den richtigen Zeitpunkt.

Ein anderer schöner Nutzen dieser Methode ist die Tatsache, dass man damit in vielen alltäglichen Situationen Kampfwörter (nein, nicht, hör auf) umgehen kann. Hier sind einige Beispiele:

- **Wenn** du deinen Schlafanzug anziehst, **dann** können wir eine Geschichte lesen.
- Iss **jetzt** dein Mittagessen, und dann bekommt du **später** ein Stück Schokolade.
- **Du darfst** draußen spielen, **wenn du** deine Spielsachen weggeräumt hast.

Sie werden feststellen, dass dieses Muster einen gewissen Charme besitzt. Ihr Kind darf ja machen, was es möchte, aber es muss zuerst das tun, was Sie von ihm möchten. Oder mit anderen Worten: Ja, du kannst machen, was du magst, aber später.

Christine, Mutter zweier Kleinkinder

### » Kinder an die Macht

Das Tolle an der Wenn-/dann-Technik ist, dass man den Kindern selbst die Macht überträgt, etwas Bestimmtes möglich zu machen. Sie haben die Kontrolle, und sie lernen, dass sie selbst die Verantwortung tragen und gute Entscheidungen treffen können. Man selbst wiederum erreicht sein Ziel und bringt sie zur Mitarbeit … und alle sind glücklich.«

## Ablenkung und Umleitung

Ablenkung kann eine lebensrettende Strategie sein, wenn es um eine unbedeutende Sache geht und Sie zu müde sind, um kreativ zu werden, oder die Sache wirklich zu bedeutungslos ist, um sich darum zu kümmern. Mit Ablenkung kann man aber auch Nörgeleien bis hin zu Wutanfällen im Keim ersticken. Ein nörgelndes Kind lässt sich möglicherweise durch den Hinweis auf die Katze dort drüben auf dem Rasen oder einen gerade vorbeiflatternden Schmetterling ablenken. Oder man drückt dem Kind einen Pfefferstreuer in die Hand und erlaubt ihm, den Pfeffer auf eine weiße Serviette zu streuen – oder man denkt sich eine andere interessante Aufgabe aus.

Man kann Ablenkung in manchen Fällen zum Teil der täglichen Routine machen. Drücken Sie Ihrem Kind beispielsweise beim ungeliebten Windelwechseln eine Taschenlampe in die Hand; halten Sie eine besonders spannende Spielzeugkiste bereit, die Sie aushändigen, wenn Sie ungestört telefonieren möchten, und nehmen Sie für lange Bus-, Bahn- oder Autofahrten einen mit interessanten Spielsachen gefüllten kleinen Rucksack mit. Unter Umleitung verstehe ich das gezielte Umleiten der Aufmerksamkeit des Kindes von einer Sache zu einer anderen. Bei Ihr Kind beispielsweise beim Puzzlen zornig wird und Sie einen Wutanfall nahen sehen, empfiehlt es sich, das Kind von diesem Spiel zu lösen und seine Aufmerksamkeit auf eine Aktivität zu lenken. Wenn zwei Geschwister sich streiten, schicken Sie eines der Kinder in einen anderen Raum, um etwas für Sie zu holen. Wenn Ihr Kind sich langweilt und quengelig wird, gehen Sie mit ihm raus, um eine Runde zu drehen.

Ablenkung und Umleitung sind besonders für Familien mit mehreren kleinen Kindern eine hilfreiche Strategie. Wenn Sie mit mehreren kleinen Kindern auf jedes Gejammer, Genörgel und Weinen eingehen wollten, wären Sie bald am Ende Ihrer Nerven. Greifen Sie stattdessen ab und an auf die Ablenkungs- und Umleitungsmethode zurück – das schont Ihre Nerven und trägt zum Familienfrieden bei.

Johanna, Mutter zweier Kleinkinder

### » Toben an der frischen Luft

Folgende Idee funktioniert bei uns prima: Ich schicke die Kinder raus, damit sie sich draußen nach Herzenslust austoben können. Mit frischer Luft und Bewegung haben Sie bessere Laune – und auch mir geht es besser.«

Lauren, Mutter zweier Kleinkinder

### » Zur Ruhe radeln

Nach einem besonders anstrengenden, angespannten Tag habe ich meine Tochter in den Kindersitz gepackt, und wir sind gemeinsam ein Stück geradelt. Ohne viel zu reden betrachteten wir die Natur um uns herum und spürten den Wind in unseren Haaren. So kamen wir zur Ruhe. Wieder zu Hause angekommen, lächelten wir uns an, gingen noch einmal kurz in den Pool und dann habe ich sie gestillt. So haben wir unsere Probleme überwunden und wieder eine gemeinsame Ebene gefunden.«

## Familienregeln: Grundlagen für Einigkeit

Auch ein sehr kleines Kind versteht, was eine Regel ist. Das kann ein simples, tägliches Ritual sein wie »Vor dem Schlafengehen putzen wir die Zähne« oder »Nach dem Essen tragen wir unseren Teller in die Küche«. Regeln funktionieren am besten, wenn sie kurz und einfach formuliert sind und konsequent befolgt werden.

Zuerst beschließen Sie, welche die wichtigsten Regeln sein sollen. Zu viele Regeln machen das Leben eher komplizierter. Gibt es zu viele Regeln, vergisst man schnell die eine oder andere. Stellen Sie eine Prioritätenliste von etwa zehn Verhaltenspunkten auf, die Ihnen besonders wichtig sind. Anhand dieser Liste formulieren Sie zu jedem Verhaltenspunkt eine entsprechende formale Regel. Diese Regel sollte klar und einfach sein. Gehen Ihre Kinder zum Beispiel grob miteinander um (schlagen sich, ziehen sich gegenseitig an den Haaren, schubsen und raufen, bis Tränen fließen), formulieren Sie eine einfache, verständliche Regel, die ein solches Verhalten adressiert; diese Regel könnte lauten: »Wir tun einander nicht weh.«

Achten Sie beim Aufstellen der Regeln darauf, dass Sie diese auch durchsetzen können und wollen. Es soll keine nette Wunschliste sein, die man sich unters Kopfkissen legt und davon träumt, sondern die Top Ten des guten Benehmens, das Sie von Ihren Kindern erwarten und einfordern werden.

Maria, Mutter eines kleine Sohnes

### » Entwerfen Sie Regeln gemeinsam mit den Kindern

Während meines Lehrerstudiums belegte ich einen Kurs zum Thema Verhaltensmanagement, dabei ging es viel um Regeln. Der Dozent empfahl uns, Regeln von Anfang an zu einer positiven Erfahrung zu machen. Anstatt also selbst die Regeln festzulegen, stellen Sie sie gemeinsam mit Ihren Kindern auf. Sie könnten beispielsweise laut rufen: »Wollen wir zu Hause so miteinander reden?« Ihre Kinder: »Nein, wir sollten leise miteinander reden.« Der Erwachsene: »Und wie sollte unsere Regel dazu lauten?« Die Kinder: »Nicht brüllen.« Bezieht man die Kinder in diesen Prozess mit ein, werden sie die Regeln mit größerer Wahrscheinlichkeit befolgen.«

Familienregeln:
1. WIR TUN EINANDER NICHT WEH!
Auaaa
2. VOR DEM SCHLAFEN GEHEN ZÄHNE PUTZEN!
3. WIR BRÜLLEN NICHT!
ARrrrrr

Eine tolle Methode, neue Regeln in der Familie einzuführen, ist das Basteln von Postern. Benutzen Sie leuchtende Farben und gestalten Sie das Poster mit lustigen Zeichnungen und Dekorationen; hängen Sie es an einem Ort auf, an dem es jeder sieht.

Ein weiterer Vorteil, spezifischer, schriftlich oder bildlich festgehaltener Regeln liegt darin, dass sie zusätzliche Regeln beinhalten. Die Regel »Wir tun einander nicht weh« wurde wahrscheinlich aufgestellt, um körperliche Auseinandersetzungen zwischen den Kindern zu unterbinden – sie kann sich aber ebenso gut auf emotionale Verletzungen beziehen. Regeln spiegeln die Persönlichkeit und Kultur einer Familie wider, jene Werte und moralischen Richtlinien, die ihr Handeln bestimmen und eine Aussage darüber treffen, was in dieser Familie besonders wichtig ist.

## Sagen Sie es klipp und klar

In ihrem Bemühen, gute Eltern zu sein, neigen viele Mensch dazu, viel zu viel zu reden – und so wird aus einer beabsichtigen Lehrstunde ein Monolog leerer Worte und negativer Energie. Oft schalten Kinder schon nach den ersten Sätzen ab. (Das erkennt man normalerweise an ihrem leicht glasigen Blick!) Und während Sie sich abmühen, eine wichtige Lektion zu lehren, und eine lange, ausführliche Ansprache halten, versteht Ihr Kind vielleicht nicht ein einziges Wort davon.

Je knapper Sie sich fassen, desto mehr versteht Ihr Kind – und desto mehr erinnert es. Suchen Sie also den direkten Blickkontakt zu Ihrem Kind und sprechen Sie dann in kurzen, präzisen Worten. Wiederholen Sie nötigenfalls wichtige Punkte, aber geraten Sie nicht ins Schwadronieren.

## Denken, sagen, machen und meinen Sie es

Eine häufige Klage von Eltern lautet , dass das Kind »einfach nicht zuhört« oder »nicht gleich tut, was man ihm sagt«. So frustrierend das auch sein mag, muss ich Ihnen leider sagen, dass der Hauptgrund für dieses Nicht-Hören ist, dass die Eltern kein Zuhören einfordern. Dies ist ein verbreiteter Fehler, der auch erfahrenen Eltern unterläuft. Sie wiederholen die Bitte bzw. das Anliegen wieder und wieder, bis Sie schließlich explodieren – oder aufgeben. Noch schwieriger wird die Sache, wenn die ursprüngliche Bitte nicht gut durchdacht ist und nicht konsequent bis zum Ende verfolgt wird.

Ein Beispiel: Die Mutter ruft dem Kind zu, dass es gleich Zeit zum Gehen sei, dann aber wendet sie sich einer anderen Sache zu, die ihr gerade über den Weg läuft. Ein paar Minuten später ruft die Mutter erneut: »Zeit zum Gehen!«, wird aber auf dem Weg zur Haustür wieder von einer anderen Aktivität abgelenkt. Nach ein paar weiteren Runden dieses lustigen Spiels ist die Mutter schließlich bereit zum Aufbruch. Das Kind aber hat in der Zwischenzeit sämtliche Aufforderungen ignoriert. Noch ein Beispiel: Der Vater bittet sein Kind, die Spielsachen aufzuräumen. Nachdem er die Aufforderung mehrmals wiederholt hat, stellt er fest, dass es schon sehr spät ist, und macht das Kind bettfertig (die Spielsachen räumt er später, wenn das Kind im Bett liegt, selbst weg). Ist das Kind etwas älter, wird es abends zur Aufräumzeit eine Diskussion nach dem Motto »Warum muss ich immer ganz allein aufräumen?« beginnen.

Wäre die Abfolge »auffordern, es nicht ernst meinen und die Durchführung aufschieben« ein einmaliges Ereignis, würde sich daraus kein ernstes Problem ergeben, aber da sie meist ein sich häufig wiederholendes Muster bildet, lernt das Kind, dass die Anweisungen der Eltern nicht so ernst zu nehmen sind.

Wenn Sie sich so häufig wie möglich an das folgende Schema halten, kann dies Ihr Leben erheblich vereinfachen:

- Denken Sie die ganze Sache zuerst bis zum Ende durch.
- Richten Sie eine deutliche, spezifische Bitte oder Anweisung an das Kind.
- Führen Sie Ihre Ankündigung ruhig und zielgerichtet durch, auch wenn Ihr Kind Ihrer Bitte nicht nachkommt.

## Wiederkehrende Abläufe: Der Sieg der Berechenbarkeit

Kinder sprechen auf vorhersagbare Muster in ihrem Leben an. Diese Routinen funktionieren wie unbewusste Stichwörter, die ihnen verraten, was wie zu tun ist. Doch sehr häufig sind diese Routinen, denen sie folgen, mehr oder weniger dem Zufall unterworfen und stehen im Gegensatz zu dem, was die Eltern wirklich wollen. So hat ein Kind beispielsweise die Angewohnheit, auf dem Sofa bei laufendem Fernseher einzuschlafen. Die Eltern bedauern die Tatsache, dass das Kind nicht im Bett einschläft, aber da sie es Abend für Abend auf dem Sofa einschlafen lassen, ist das die Routine des Kindes geworden.

Berechenbarkeit und Routine führen im Leben eines Kindes zu einem Gefühl der Sicherheit und Verlässlichkeit. Die Welt ist so groß, und ein Kind lernt Tag für Tag so viel, dass es schnell von all seinen Eindrücke und Erfahrungen übermächtigt wird. Sind jedoch einige Elemente immer gleich, fungieren diese als eine Art Sicherheitsanker. Kleine Kinder brauchen diese Anker und suchen förmlich nach ihnen. Sie fühlen sich mit Routinen (also immer gleichen, sich regelmäßig wiederholenden Abläufen) wohl und gewöhnen sich mühelos daran. Also ist es am besten, wenn wir Eltern jene Routinen schaffen, von denen wir möchten, dass die Kinder sie annehmen. Wenn wir unseren Kindern keine Routinen anbieten, werden sie sich selbst welche suchen – wie der kleine Junge, der jeden Abend auf dem Sofa vor dem Fernseher einschlief.

Wenn Sie mit Ihrem aktuellen Tagesablauf nicht mehr glücklich sind, sollten Sie ihn verändern – und zugleich die Routinen Ihres Kindes nach Ihren Vorstellungen anpassen. Kinder stellen sich erstaunlich schnell und mühelos um und mögen es, wenn in ihrem Leben Dinge regelmäßig und zuverlässig nach einem bestimmten Schema ablaufen.

Ich erinnere mich an einen Sonntagmorgen, der schon viele Jahre zurückliegt. Mein Mann traf unsere Söhne David und Coleton bereits wach im Kinderzimmer an, während alle anderen noch schliefen. Da beschloss er, mit seinen Jungs frühstücken zu gehen. Am nächsten Sonntag übernachteten unsere Töchter bei Freundinnen, und ich saß schon fleißig am Schreibtisch – also führte mein Mann erneut seine Jungs zum Frühstück aus. Am dritten

Sonntagmorgen erwachten Robert und ich, weil unsere Jungs an unserem Bett standen. »Papa, Papa, wach auf!«, flüsterten sie. »Es ist Sonntag und sonntags gehst du doch immer mit uns zum Frühstücken aus.«

In der Analyse meiner Söhne waren zwei Sonntage in Folge gleichbedeutend mit »immer« – sie hatten eine neue Routine, eine neue Gewohnheit entwickelt. Wenn Sie nachdenken, fallen Ihnen vielleicht ähnliche Geschichten ein, die Sie mit Ihrem Kind erlebt haben – ein bestimmtes Buch, das gelesen werden muss, ein bestimmter Trampelpfad, der beim Spaziergang gegangen werden muss, ein bestimmter Ablauf, den ein Spiel nehmen muss, ein bestimmter Satz, der gesagt werden muss, bevor abends das Licht im Kinderzimmer ausgeht.

Natürlich können wir diesen Wunsch unserer Kinder nach festen Abläufen nutzen, um bestimmte Dinge einzuführen, die uns den Tagesablauf erleichtern. Da die meisten Kinder denselben Zeitbegriff haben wie meine Söhne, für die zwei Sonntage »immer« sind, lassen sich neue Abläufe in erstaunlich kurzer Zeit einführen.

Analysieren Sie die Schlüsselstellen Ihres Tagesablaufs und notieren Sie, wie diese Aktionen zusammenpassen. Stört es Sie beispielsweise, wenn Ihre Kinder den ganzen Vormittag im Schlafanzug herumflitzen? Finden Sie es besser, wenn sie sich vor dem Frühstück anziehen würden? Dann machen Sie diesen Punkt zum Teil Ihrer täglichen Routine. Hassen Sie es, wenn Sie morgens ins Wohnzimmer kommen und erst einmal über Spielsachen stolpern? Dann machen Sie das abendliche Aufräumen zum Teil des Zubettgehrituals. Hat Ihr Kind dieses familiäre Handlungsmuster erst einmal verinnerlicht, wird die Routine ohne Diskussionen, Stress oder Genörgel ablaufen – und für ein Stück mehr Familienfrieden sorgen.

Jeanette und Alexander, Eltern von zweijährigen Zwillingen

### » Schlechte Laune und Wutanfälle in Grenzen halten

Wir arbeiten beide Vollzeit und haben eine Kinderfrau angestellt, die sich tagsüber um unsere Zwillinge kümmert. Sie hat den Tag perfekt durchgeplant. Zuerst haben wir beide an den Wochenenden diesen Ablauf ignoriert, weil wir uns einfach entspannen und mit unseren Kindern spielen wollten. Doch schnell haben wir extreme Verhaltensunterschiede festgestellt. Während der Woche waren die Zwillinge ruhig und glücklich, doch während der Wochenenden waren sie unglaublich nörgelig, anstrengend und wurden oft zornig. Nachdem wir die Zusammenhänge begriffen hatten, hielten wir uns an den Wochenenden an den Ablauf der Werktage. Und wir sehen den Unterschied zwischen einem geregelten und einem ungeregelten Tagesablauf ganz deutlich – beim Aufwachen, beim Essen und beim Schlafengehen. Mit einem geregelten Tagesablauf halten sich schlechte Laune und Wutanfälle in Grenzen.«

Um einen regelmäßigen Tagesablauf einzuführen, schreiben Sie zuerst die ungefähren Uhrzeiten und Aktivitäten nieder, zum Beispiel das Aufwachen, Anziehen, Frühstücken, Mittagessen, Spielen, Aufräumen, und auch die Mittagsschlaf- und Zubettgehzeiten. Gefällt Ihnen dieser Ablauf oder wollen Sie ihn verändern? Fertigen Sie ein Poster an, auf dem Sie die Hauptevents notieren. Wenn Sie einen Schritt weitergehen möchten, fügen Sie außerdem die im vorigen Kapitel besprochenen Familienregeln hinzu. Jetzt haben Sie einen täglichen Leitfaden, dem Sie folgen können.

Denken Sie daran, dass kein Tagesablauf in Stein gemeißelt sein muss; keine Regel ist unumstößlich. Sie können ruhig ein gewisses Maß an Flexibilität zulassen. Keine Sorge, wenn man an bestimmten Stellen bewusst von der Routine oder einer Regel abweicht, fällt man noch lange nicht in unkontrolliertes Chaos.

Und hier noch eine Anmerkung für alle, die nicht nach einer Routine leben und die es prinzipiell ablehnen, Routinen einzuführen. Wie in allen Erziehungsfragen gilt auch hier: Entscheidend ist, was für Sie und Ihre Familie funktioniert.

Lassen Sie es mich so ausdrücken: Wenn Ihr Familienleben auch ohne feste Abläufe und Routinen harmonisch und entspannt läuft – wunderbar! Dann müssen Sie auch nichts verändern. Eine neue Anregung sollte man nur dann aufgreifen und ausprobieren, wenn man sich davon eine Verbesserung verspricht.

## Erfolg mit Lachgesicht-Karten

Viele Kinder brauchen visuelle Gedächtnisstützen, die sie an das richtige Benehmen erinnern. Ein Lachgesicht-Poster ist eine wunderbare Methode, Kindern die Auswirkung ihres Verhaltens vor Augen zu führen. So funktioniert es:

1. Stellen Sie eine Liste Ihrer Top-Fünf-Regeln auf. Wählen Sie wenige klare Worte und schreiben Sie in großen Buchstaben. Zum Beispiel: Anderen nicht weh tun. Tun, was Mama und Papa sagen. Keine Wutanfälle. Kein Gebrüll. Verbildlichen Sie diese Regel durch passende Bilder. Hängen Sie die Liste an der Wand auf Augenhöhe des Kindes auf, an einem Ort, wo sich das Kind tagsüber oft aufhält.
2. Nehmen Sie große Karteikarten oder schneiden Sie dünnen Karton in zehn Rechtecke von je 9 x 13 Zentimeter zu. Auf die Vorderseiten der Karten malen Sie jeweils ein lachendes buntes Gesicht (oder drucken Sie fröhliche Gesichter aus dem Internet aus und kleben Sie sie auf die Karten). Ihr Kind kann Ihnen beim Ausmalen der Gesichter helfen, wenn Sie das möchten. Auf die Rückseite der Karten malen Sie je ein trauriges Gesicht in einer dunklen Farbe. Sie beginnen mit den zehn fröhlichen Gesichtern. Nach zwei Wochen können Sie, wenn Sie möchten, die Anzahl der Karten auf acht und später eventuell auf fünf reduzieren.
3. Hängen Sie die Karten mit der fröhlichen Seite nach vorne neben das Poster mit den Regeln. Jedes Mal, wenn das Kind eine Regel bricht, wird die Karte auf die traurige Seite umgedreht.
4. Zählen Sie jeden Tag nach dem Abendessen gemeinsam mit Ihrem Kind die Gesichter.

Manche Kinder reagieren ohne damit verbundene Konsequenzen wunderbar auf die Bilder – es reicht ihnen schon, das traurige Gesicht zu sehen, um zu verstehen, dass sie Fehler gemacht haben und ihr Verhalten ändern müssen. Andere Kinder reagieren sehr positiv auf kleine Belohnungen. Denken Sie sich ein Belohnungssystem aus, beruhend auf der Anzahl der fröhlichen Gesichter, die abends noch zu sehen sind. So darf Ihr Kind beispielsweise dieselbe Anzahl von Büchern wie die der fröhlichen Gesichter zum Anschauen mit ins Bett nehmen. Oder es darf noch so viele Minuten mit Ihnen spielen. Oder es bekommt nach dem Abendessen als Nachspeise die entsprechende Anzahl an Gummibärchen. Fünf lustige Gesichter – das macht fünf Bücher, fünf Minuten spielen oder fünf Gummibärchen. Auf diese Weise kann Ihr Kind ein konkretes Verständnis dafür entwickeln, wie sich seine Entscheidungen und sein Verhalten auf sein Leben auswirken.

Eine kleine Anmerkung: Wenn Sie eine Karte von der fröhlichen auf die traurige Seite umdrehen, kann Ihr Kind natürlich mit einem Wutanfall reagieren. Vielleicht reißt es sogar die Karte von der Wand. Sollte das passieren, sagen Sie SEHR RUHIG: »Es tut mir leid, dass ich das tun musste, aber du bist selbst daran schuld, dass hier nun ein trauriges Gesicht hängt.« Streichen Sie die abgerissene Karte glatt und hängen Sie sie wieder auf. Ist Ihr Kind sehr unglücklich, wenn Sie eine Karte umdrehen, wissen Sie, dass dieses System tatsächlich funktioniert. Sie wollen ja, dass Ihr Kind spürt, dass schlechtes Benehmen nicht gut ist, und die damit verbundenen Konsequenzen begreift. Das führt letztlich zu größerer Selbstdisziplin .und wird seine zukünftigen Entscheidungen bezüglich seines Verhaltens beeinflussen.

Erklären Sie Ihrem Kind das Lachgesicht-System zu Beginn ganz ausführlich. So könnte sich Ihre Unterhaltung anhören:

Mein Schatz, ich möchte, dass du weißt, dass ich dich sehr lieb habe und dass du sehr wichtig für mich bist. Als Mama ist es mein Job, dafür zu sorgen, dass du später mal ein netter Mensch wirst. Aber manche Dinge, die passieren, machen mich sehr traurig, zum Beispiel wenn du mir nicht zuhörst oder wenn du deine Schwester schlägst. Ich möchte dir helfen, dass du dich in Zukunft besser benimmst. Dazu hänge ich zwei Dinge an die Wand. Das erste ist dieses Poster mit unseren Regeln. (Lesen Sie sie vor und besprechen Sie sie mit Ihrem Kind.) Und das zweite sind Karten mit Lachgesichtern. Das Lachgesicht bedeutet, dass du alles richtig machst. Das traurige Gesicht auf der Rückseite bedeutet, dass du etwas falsch gemacht hast. Wir wollen versuchen, dass wir nur Lachgesichter sehen. Nach dem Abendessen zählen wir gemeinsam die Lachgesichter. Und dann darfst du dir so viele Bücher zum Vorlesen aussuchen, wie wir Lachgesichter zählen. Verstehst du, wie das mit den Lachgesichtern funktioniert?

Haben Sie dieses kleine System erst einmal eingeführt, halten Sie es konsequent einen Monat lang jeden Tag durch. Beobachten Sie die Veränderungen im Verhalten Ihres Kindes.

Wenn alles gut läuft, können Sie das System so lange fortführen, bis sich Ihr Kind so verhält, wie Sie es sich wünschen. Dann nehmen Sie das Poster und die Lachgesichter ab und beobachten, wie sich die Dinge entwickeln. Verschlechtert sich das Benehmen Ihres Kindes, starten Sie das Programm erneut.

## Auszeit: warum, wann und wie

Die Auszeit ist eine bewährte und oft angewandte Erziehungsmethode. Aber die Auszeit ist dennoch keine Geheimwaffe gegen jedes unerwünschte Verhalten des Kindes, und wenn man sie überstrapaziert, kann sie auch schnell ihre Wirkung verlieren. Richtig und wohldosiert eingesetzt, ist sie jedoch ein wertvolles, positives Erziehungsmittel, das sich mit den anderen in diesem Buch beschriebenen Instrumenten kombinieren lässt.

Die Auszeit funktioniert, weil sie den negativen Verhaltensstrudel des Kindes unterbricht, weil sie dem Kind einen Abstand von dem Auslöser der Stresssituation, der die negativen Gefühle verursacht hat, erlaubt und es ihm ermöglicht, sich zu beruhigen. Auch für Eltern ist die Auszeit hilfreich, weil man sich von dem Kind, dessen Verhalten einen auf die Palme bringt, entfernen und sich ebenfalls beruhigen kann.

## Tipps, wenn Sie Ihr Kind in die Auszeit schicken

Legen Sie für sich fest, auf welches Fehlverhalten eine Auszeit folgt, und teilen Sie das dem Kind mit. Eine Auszeit eignet sich für Verhaltensweisen wie Widerworte, Schlagen oder Dinge zerstören. Bei Wut- und Trotzanfällen eignet sich die Auszeit weniger, als man gewöhnlich annimmt. Zuerst müssen Sie ein tobendes, um sich schlagendes und tretendes Kind zum Auszeit-Ort ziehen – und dann ist es fraglich, ob es dort bleibt.

Wählen Sie einen langweiligen, ruhigen Ort für die Auszeit. Ein kindersicheres Bad oder die Diele sind geeignete Orte. Sehr kleine oder sehr sensible Kinder empfinden die »Verbannung« jedoch als bedrohlich oder verstörend, so dass die Situation eskaliert. In diesem Fall können Sie einen Stuhl, eine Treppenstufe oder eine leere Zimmerecke wählen. Wählen Sie zu diesem Zweck nach Möglichkeit nicht das Kinderzimmer, das Spielzimmer oder den Lieblingsstuhl des Kindes aus, denn Sie wollen im Spiel- oder Kinderzimmer keine negativen Assoziationen entstehen lassen.

Es gibt zwei Wege, die angemessene Dauer einer Auszeit zu bestimmen. Die gewöhnliche Faustregel lautet: eine Minute pro Lebensjahr des Kindes, und dies entspricht in der Regel dem altersgemäßen Reifegrad des Kindes. Die

### WICHTIG

### Auszeitregeln

Die Auszeit soll keine Bestrafung darstellen, sie ist vielmehr eine Methode zum Beenden eines spezifischen Fehlverhaltens, und gibt dem Kind die Möglichkeit zu lernen, wie es sich selbst beruhigen und sein Verhalten in den Griff bekommen kann.

- Eine Auszeit beendet Fehlverhalten, korrigiert es aber nicht automatisch. Haben sich Eltern und Kind beruhigt, muss der letzte Schritt erfolgen, nämlich dem Kind zu erklären, was es falsch gemacht hat und wie es sich in derselben Situation richtig verhält.
- Erklären Sie dem Kind in sachlichen und freundlichen Worten, warum es in der Auszeit war und wie es die Auszeit beim nächsten Mal vermeiden kann. Fassen Sie die Erklärung kurz und knapp – halten Sie keine lange Predigt oder Belehrung. Nachdem Sie ihm sein Fehlverhalten erklärt haben, bitten Sie um eine Entschuldigung.
- Sie müssen Ihrem Kind jetzt nicht mehr grollen; die Auszeit hat ihren Zweck erfüllt, nämlich dem Kind seinen Fehler klarzumachen. An diesem Punkt dürfen Sie Ihr Kind ruhig umarmen und ihm sagen, dass Sie es lieb haben. Ihr Kind soll verstehen, dass es Fehler machen darf, aus denen es lernt. Und noch wichtiger: dass es geliebt und respektiert wird, auch wenn es Fehler macht.

zweite Möglichkeit besteht darin, das Kind so lange in der Auszeit zu lassen, bis es sich beruhigt hat – so kann die Auszeit länger oder kürzer als nach der »Lebensjahre-in-Minuten«-Faustregel ausfallen.

Weigert sich Ihr Kind, in der Auszeit zu bleiben, lassen Sie sich nicht auf einen Kampf ein, zwingen Sie das Kind nicht mit körperlicher Gewalt und schließen Sie es nicht ein. Versuchen Sie es lieber mit einer der folgenden Ideen:

- Stellen Sie sicher, dass Sie ihm ausreichend erklärt haben, was die Auszeit bedeutet, und dass das Kind alt genug ist, um diese Erklärung zu verstehen.
- Üben Sie die Auszeit zuerst einmal, wenn sich Ihr Kind nicht schlecht benommen hat, so dass es weiß, was im »Ernstfall« auf es zukommt. Sie können die Auszeit auch in einem Rollenspiel üben, indem Sie die Rolle des Kindes übernehmen. Zeigen Sie ihm genau, was während der Auszeit von ihm erwartet wird.
- Bringen Sie Ihr Kind selbst zu dem Ort der Auszeit. Bitten Sie es ruhig, sich hinzusetzen. Wenn es wieder aufsteht, sagen Sie: »Nein, bleib sitzen.« Führen Sie es wieder zurück an den Ort der Auszeit. Das wiederholen Sie sooft es nötig ist.
- Setzen Sie sich mit Ihrem Kind in einen kleinen Raum. Reden Sie nicht, halten Sie ihm keine Vorträge – sitzen Sie nur still dabei.
- Führen Sie die Auszeit durch – wo auch immer Ihr Kind hin entwischt. Stellen Sie sich vor Ihr Kind, verschränken Sie die Arme vor dem Körper, machen Sie ein ernstes Gesicht und sagen Sie: »Du bist jetzt in der Auszeit.«
- Hat sich Ihr Kind beruhigt, beenden Sie die Auszeit – auch wenn noch zehn Sekunden übrig sind. Denn schließlich ist das der Sinn einer Auszeit – unangemessenes Benehmen zu beenden.

Wenn Ihr Kind während der Auszeit weiter tobt, brüllt und mit den Füßen stampft – lassen Sie es. Es ist wütend und darf es auch sein. Lassen Sie es toben und seinem Zorn Ausdruck verleihen, aber unterbinden Sie Flüche oder zerstörerisches Verhalten.

Kommt Ihr Kind gerade aus der Auszeit und wiederholt das Verhalten, das ihm die Auszeit eingetragen hat, schicken Sie es zurück in die Auszeit. Und wieder und wieder und wieder, falls es nötig sein sollte. Das kommt nicht selten vor, denn Kinder müssen ihre Lektionen oftmals wiederholen, um sie zu lernen. Wenn Sie konsequent handeln, wird Ihr Kind umso eher lernen, dass sein Verhalten nicht akzeptabel ist und Sie meinen, was Sie sagen.

Wenn die Auszeit bei Ihrem Kind nicht wirkt, kann es sein, dass sie in der Vergangenheit überstrapaziert wurde, d. h. zu oft bei zu vielen Gelegenheiten eingesetzt wurde, oder aber auf eine Weise eingesetzt wurde, die in keinem klaren Verhältnis zum Zweck stand. Entweder denken Sie neu darüber nach, wie Sie die Auszeit einsetzen, oder Sie streichen sie aus Ihrem Erziehungsrepertoire und verwenden andere Instrumente.

## Der rote Faden zum Erfolg

Sie müssen nicht immer eine List anwenden, um Ihr Kind zur Mitarbeit zu bewegen. Es gibt viele Situationen, in denen Sie geradeheraus sagen dürfen, was Sie erwarten und was geschehen soll. In diesen Situationen sollten Sie die folgenden Regeln einhalten:

**Nehmen Sie Blickkontakt auf.** Erinnern Sie sich, was wir bereits festgestellt haben: Rufen Sie keine Aufforderungen von Zimmer zu Zimmer, von einem Stockwerk zum anderen.

**Sagen Sie, was Sie meinen.** Sprechen Sie keine Drohungen aus, benutzen Sie keine leeren Worte. Sie verlieren sonst an Glaubwürdigkeit.

**Sprechen Sie klar und deutlich.** Äußern Sie keine vagen Bitten; lassen Sie Ihr Kind nicht erraten, was Sie wohl meinen könnten, sondern sagen Sie ihm, was Sie von ihm erwarten.

**Seien Sie freundlich und respektvoll.** »Bitte« und »danke« heißen die berühmten Zauberwörter, die auch Eltern benutzen sollten.

**Bleiben Sie ruhig.** Wut macht den Konflikt nur noch schlimmer.

**Lassen Sie Taten folgen.** Nehmen Sie Ihr Kind bei der Hand, ziehen Sie ihm die Schuhe an, legen Sie das Spielzeug weg. Helfen Sie Ihrem Kind, das zu tun, worum Sie es gebeten haben.

**Seien Sie konsequent.** Je entschlossener Sie diese Schritte in die Tat umsetzen, desto leichter ist es für Sie beide.

## Bleiben Sie entspannt

Der Wunsch, eine perfekte Mutter, ein perfekter Vater zu sein, setzt viele Eltern und damit die ganze Familie unter enormen Druck – weil es schier unmöglich ist, dieses Ziel der Perfektion zu erreichen. Doch wie in vielen anderen Lebensbereichen gibt es auch in Sachen Elternschaft keine Patentlösungen – es gibt immer viele unterschiedliche Möglichkeiten, mit einer Situation umzugehen. Man muss nicht die perfekte Mutter, der perfekte Vater sein, um sein Kind zu einem wunderbaren Menschen zu erziehen.

Verbannen Sie mal all die Emotionen und Analysen, die Ihnen den Kopf verstopfen, und versuchen Sie, die täglichen Situationen nüchtern als das zu betrachten, was sie sind. Ein verschüttetes Glas Milch heißt nicht, dass Ihr Kind ungeschickt, unachtsam oder gar verantwortungslos ist – es ist einfach nur ein kleines Missgeschick. Schwamm drüber – wortwörtlich. Geht mal ein Pipi in die Hose, heißt das nicht, dass ihr Kind noch in der ersten Klasse Windeln tragen wird. Und es heißt genauso wenig, dass Sie bei der Sauberkeitserziehung versagt haben oder dass das Kind Sie damit ärgern wollte. Die Erklärung ist denkbar einfach: Ihr Kind war so sehr in sein Spiel vertieft, dass es es nicht mehr rechtzeitig auf die Toilette geschafft hat und jetzt eine frische Hose braucht. Nicht mehr und nicht weniger. Wenn sich zwei Geschwister um ein Spielzeug streiten, heißt das nicht, dass sie sich hassen; es heißt nicht, dass sie selbstsüchtig oder neidisch sind, und genauso wenig heißt es, dass Sie Ihre Erziehungsaufgabe verfehlt haben. Es heißt einfach nur, dass beide zum selben Zeitpunkt dasselbe Spielzeug haben möchten und nicht wissen, wie sie den Konflikt angemessen lösen können.

Reagieren Sie entspannt. Sie müssen sich nicht in jeden Konflikt korrigierend einmischen. Kleinigkeiten kann man ruhig durchgehen lassen, ohne langfristige negative Auswirkungen befürchten zu müssen. Tatsache ist, dass Sie sich selbst und Ihre Kinder verrückt machen, wenn Sie glauben, jede winzige Episode von beliebigem Fehlverhalten auf der Stelle ahnden zu müssen! Ab und zu ist es dem Familienfrieden ausgesprochen zuträglich, wenn Sie sich einfach umdrehen und so tun, als hätten Sie nichts gesehen. Atmen Sie einfach tief durch und wenden Sie sich einer anderen Sache zu.

Für die meisten der wichtigsten Erziehungsfragen gibt es heute keine Patentrezepte mehr; sie können auf unterschiedliche Weise gelöst werden. Ganz gleich, welchen Ansatz man wählt – ist eine Hürde genommen, taucht auch schon die nächste auf. Wenn Sie sich im Lauf des Tages immer wieder an die wichtigsten Erziehungsinstrumente und -strategien erinnern, wenn Sie sich bemühen, flexibel und entspannt zu reagieren und auch mal nicht zu reagieren, werden Sie feststellen, dass Ihr Kind in vielen Punkten wesentlich besser kooperiert. Und zugleich sind Sie selbst ruhiger, gelassener und kontrollierter. Und das Beste ist: Sie werden es viel, viel mehr genießen, Ihr Kind zu erziehen und aufwachsen zu sehen.

John, Vater dreier Kinder (2–7 Jahre)

### » Ich war viel zu bestimmend

Endlich habe ich den Stress hinter mir gelassen. Ich habe erkannt, dass ich gegenüber meinen Kindern in vielen Situationen zu bestimmend war. Ganz gleich, was sie gesagt oder getan haben – ich musste ihnen immer einen noch besseren Weg zeigen. Als ich schließlich beschloss, mich ein bisschen zurückzunehmen und mich nur in die wirklich wichtigen Fragen einzumischen, brach kein Chaos aus, kam es nicht zu Katastrophen – aber wir alle waren viel entspannter.«

## Lob, Ermutigung und nette Worte

Kinder reagieren – wie alle anderen Menschen auch – positiv auf freundliche Worte. Die Welt eines Kindes wird zu einem großen Teil bestimmt durch negativen Input: Befehle, Zurechtweisungen und Kritik. Wenn Kinder Lob, Ermutigung und nette Worte bekommen, fühlen sie sich gleich viel besser und glücklicher; es lässt ihr Selbstvertrauen wachsen und bestätigt sie in dem Verhalten, für das sie das positive Feedback bekommen.

Wir nehmen unsere Elternrolle oft so ernst, dass wir verbissen versuchen, den allgegenwärtigen Lehrer zu spielen. Wir wollen, dass unsere Kinder »richtig« aufwachsen – also ergreifen wir jede Gelegenheit, ihren Weg zu korrigieren. Doch wir sollten uns darüber klar werden, dass gute Worte oft viel mehr nutzen als Zurechtweisungen. Es hat bisher kein Kind Schäden durch zu viel Ermutigungen und Zuspruch davongetragen – und genauso wenig durch das Gefühl, dass die Eltern es vielleicht ein bisschen zu viel lieben. Entspannen Sie sich also und nehmen Sie ein bisschen Abstand von all den vernünftigen, zweckgerichteten Gedanken, die in unablässig Ihrem Kopf kreisen.

Während ihres Wachstums und ihrer Entwicklung durchlaufen Kinder viele Stadien von Selbstzweifeln. Sie vergleichen sich mit anderen, sie messen sich an den Erwartungen, die ihre Eltern an sie stellen, und sie betrachten sich häufig als die Unterlegenen.

Als Eltern können wir diesen natürlichen Tendenzen in unseren Kindern gegensteuern, indem wir sie ermutigen und unterstützen, was ihnen langfristig ein positiveres Selbstbild vermittelt – und dieses wiederum lässt sie bessere Entscheidungen in puncto ihres Verhaltens und Benehmens treffen. Aus den Interaktionen mit ihren Eltern ziehen Kinder viele Informationen in Bezug auf ihr Selbstbild. Und wir wünschen uns doch so sehr, dass unsere Kinder sich als verantwortliche, fähige Menschen sehen, die die richtigen Entscheidungen treffen und in der Lage sind, sich angemessen zu verhalten.

Der in Amerika sehr bekannte Fred Rogers, der in seiner Fernsehshow »Mister Roger's Neighborhood« über 30 Jahre lang die Sorgen und Nöte des Alltags durchleuchtete, sagte einmal:

> **»Ich glaube nicht, dass sich Kinder gesund entwickeln können, wenn sie nicht ihren eigentlichen Wert ganz unabhängig von ihren persönlichen Eigenschaften und erlernten Fähigkeiten spüren. Sie müssen spüren, dass sie das Leben eines anderen bereichern und dass sie gebraucht werden. Und wer könnte sie das besser spüren lassen als die Eltern?«**

## Liebe, Vertrauen und Respekt: Die Grundlagen des Lernens

In ihrem Bemühen, gute Lehrer zu sein, behandeln viele Eltern ihre Kinder so, wie sie keinen guten Freund behandeln würden. In der Anstrengung, die Kinder zu respektablen Menschen zu erziehen, fokussieren sich viele Eltern so sehr auf ihr langfristiges Ziel, dass sie gar nicht bemerken, dass sie ihren Kindern auf dem Weg dorthin keine besonders erfreulichen Botschaften senden.

Stellen Sie sich vor, Sie sind bei einem Freund zum Essen eingeladen. Ihr Freund begrüßt Sie an der Tür und lässt Sie eintreten. Plötzlich ruft der Gastgeber: »Was ist denn hier los! Deine Schuhe sind ja schmutzig, du hast den ganzen Teppich verdreckt!« Peinlich berührt murmeln Sie: »Tut mir leid«, und ziehen die Schuhe aus. In diesem Moment entdecken Sie ein Loch in Ihrem Socken – das auch Ihrem Freund nicht verborgen bleibt. »Hallo! Hättest du dich für die Einladung nicht angemessen kleiden können? Du läufst herum wie ein Penner.« Nachdem Sie sich gesetzt haben, stößt Ihr Gastgeber Ihre Ellbogen vom Tisch und zischt Ihnen zu: »Tssss, wo sind nur deine Manieren?« Im Tischgespräch berichtet Ihr Freund von einem Gast, der kürzlich bei ihm war und perfekte Manieren sowie intakte Socken an den Tag gelegt habe. Diese Geschichte ist gespickt mit Seitenhieben, in denen sich Ihr Freund über Ihr Benehmen und Ihre Manieren bei Tisch mokiert. Als Sie sich nach dem Essen erheben, hören Sie Ihren Freund sagen: »Es wäre nett, wenn mir irgendjemand beim Abräumen helfen könnte.«

Nehmen Sie einmal Ihre eigenen täglichen Interaktionen mit Ihrem Kind unter die Lupe. Und prüfen Sie, ob Sie vielleicht so sehr auf perfekte Umgangsformen fokussiert sind, dass Ihre Erziehungsansätze unsensibel und unnachgiebig geworden sind. Achten Sie darauf, dass bei Ihren Botschaften immer im Vordergrund steht: »Ich hab dich lieb, ich glaube an dich und ich respektiere dich.« Kinder, die auf die Liebe und den Respekt seitens der wichtigsten Bezugspersonen in ihrem Leben vertrauen können, werden sehr viel freudiger folgen.

Wie können Sie Ihrem Kind diese wichtige Botschaft vermitteln? Zuallererst, indem Sie Ihrem Kind das geben, was es sich am meisten von Ihnen wünscht: Ihre Zeit. Zweitens, indem Sie zuhören. Kinder blühen auf, wenn Ihnen jemand aufmerksam zuhört. Manchmal ist es nicht so wichtig, Tipps und Ratschläge zu geben, sondern einfach nur zuzuhören. Drittens, loben und ermutigen Sie Ihr Kind täglich. Geben Sie Ihrem Kind positive Rückmeldungen – bei kleinen wie großen Anlässen. Und viertens, sagen Sie ihm, dass Sie es lieben. Sagen Sie ihm, dass Sie an es glauben und ihm vertrauen. Sagen Sie ihm, dass Sie es respektieren. Geben Sie ihm mit Worten, aber auch mit Taten zu verstehen: Ich liebe dich, ich glaube an dich und ich respektiere dich.

# Liebevoll erziehen (Kleines Memo)

Hier finden Sie noch mal in aller Kürze eine Auflistung der Fähigkeiten und Methoden, die Ihnen dabei helfen können, Ihre Kinder ohne Frust und Tränen zu erziehen:

- Lösen Sie zuerst das wahre Problem: Müde? Hungrig? Frustriert? Gelangweilt? Reizüberflutet? Verängstigt? Verwirrt?
- Seien Sie beständig und konsequent.
- Bieten Sie Wahlmöglichkeiten.
- Setzen Sie ein Kooperationsspiel ein.
- Lassen Sie Ihr Kind sprechen.
- Arbeiten Sie mit Phantasie.
- Singen Sie ein Lied.
- Erzählen Sie eine Geschichte.
- Seien Sie kindisch.
- Arbeiten Sie mit 5-3-1-GO! (Machen Sie faire Ankündigungen.)
- Führen Sie Dialoge mit Blickkontakt.
- Verwenden Sie positive Wörter. (Vermeiden Sie nein, lass das, hör auf ...)
- Arbeiten Sie mit der Wenn/dann-, Jetzt/später- und du darfst/wenn du-Technik
- Lenken Sie ab und leiten Sie um.
- Legen Sie Familienregeln fest.
- Sprechen Sie klar und deutlich.
- Denken Sie es, sagen Sie es, meinen Sie es und tun Sie es.
- Führen Sie tägliche Routinen ein.
- Arbeiten Sie mit Lachgesichter-Karten.
- Arbeiten Sie mit Auszeiten, um schlechtes Benehmen zu beenden und die Gemüter zu beruhigen.
- Seien Sie konsequent.
- Seien Sie flexibel, ärgern Sie sich nicht und reagieren Sie entspannt.
- Loben Sie, ermutigen Sie und benutzen Sie nette Worte.
- Schaffen Sie ein Fundament aus Liebe, Vertrauen und Respekt.

# Wutanfälle, Jammern und Nörgeln

**Diese Verhaltensweisen strapazieren unsere Nerven aufs Äußerste und lassen aus unseren süßen kleinen Kindern schreckliche Monster werden. Darum ist es wichtig, dass wir diese drei Gesellen näher betrachten und Möglichkeiten ausloten, sie in den Griff zu bekommen.**

## Das Trio Infernale

Wutanfall: unkontrollierter Ausbruch negativer Gefühle oder schlechter Laune.

Jammern: übermäßiges und unbegründetes Weinen, Meckern und Protestieren.

Nörgeln: mit leidender, jammernder (und extrem nerviger) Stimme seinen Unmut ausdrücken.

Fragt man Eltern und andere Betreuungspersonen nach den frustrierendsten, nervigsten Verhaltensweisen von kleinen Kindern, tauchen diese drei Punkte regelmäßig ganz oben auf der Liste auf. Bei manchen Kindern beginnt dieses Verhalten schon mit zwei Jahren, bei anderen erst mit vier. Manche Kinder sind ausgemachte Nörgler, die jedoch eher selten Trotzanfälle bekommen, andere trotzen heftig und jammern dafür aber weniger. Doch gibt es wohl kein Kind, dass alle drei Punkte auslässt – das bedeutet, dass jede Mutter, jeder Vater in irgendeiner Weise mit diesen Verhaltensformen konfrontiert wird.

## Gefühle kontrollieren

Meistens werden Wutanfälle, Jammern und Nörgeln dadurch verursacht, dass kleine Kinder noch nicht in der Lage sind, ihre Gefühle zu kontrollieren. Dieser Umstand wird weiter erschwert durch äußere Umstände und die Anforderungen, die andere Menschen an das Kind stellen. Äußere Umstände wie Müdigkeit, Hunger, Frustrationen und andere mehr, die Missverhalten verursachen, lassen sich beeinflussen, vermeiden oder abstellen. Wenn Sie den verursachenden Faktor der Missstimmung Ihres Kindes herausgefunden haben und diesen Umstand umgehend adressieren, lässt sich das Kind in der Regel schnell beruhigen, bevor die Situation eskaliert. Wenn Sie ein aufmerksamer Beobachter sind und lernen, die emotionalen Triebkräfte Ihres Kindes zu identifizieren, bevor sie richtig Fahrt aufnehmen, können Sie so manche unangenehme Situation im Vorfeld verhindern.

Zeigt Ihr Kind Anzeichen eines bevorstehenden Wutanfalls, halten Sie inne und überlegen Sie, was der Auslöser sein könnte. Bei vielen Kindern haben Wut- und Trotzanfälle immer dieselbe Ursache. Wenn Sie diesen Mechanismus einmal durchschaut haben, können Sie die Situation rechtzeitig und mühelos entschärfen. Die folgende Übersicht umfasst zahlreiche mögliche Ursachen und bewährte Lösungen.

### Ursachen für Fehlverhalten

| Ursachen von Wutanfällen, Jammern und Nörgeln | Lösungsvorschläge |
|---|---|
| Übermüdung | - Schlagen Sie dem Kind eine ruhige, entspannende Aktivität vor, zum Beispiel lesen, Hörbücher anhören, puzzeln, entspannende Filme anschauen.<br>- Das Kind zum Ausruhen aufs Sofa oder zum Mittagsschlaf ins Bett legen.<br>- Die täglichen Schlafenszeiten (Mittags- und Nachtschlaf) sowie die Schlafdauer überdenken.<br>- Einschlaf- bzw. Durchschlafprobleme oder andere Schlafstörungen angehen und beheben. |
| Hunger und/oder Durst | - Bieten Sie dem Kind einen nahrhaften, ungesüßten Snack an.<br>- Bieten Sie etwas zu trinken an (Milch, ungesüßten Früchtetee, verdünnten Saft oder Wasser).<br>- Überdenken Sie Ihren täglichen Essensplan und die Zwischenmahlzeiten. |
| Frustration | - Helfen Sie Ihrem Kind, seine Ziele zu erreichen (helfen Sie ihm zum Beispiel beim Puzzeln oder beim Milcheingießen).<br>- Bieten Sie Ihrem Kind Anleitung (evtl. auch in Form von Kursen), so dass es die ihm fehlende Fähigkeit, die zur Frustrationen führt, erlernen kann.<br>- Beseitigen Sie die Quelle der Frustrationen. |

| Ursachen von Wutanfällen, Jammern und Nörgeln | Lösungsvorschläge |
|---|---|
| | - Arbeiten Sie mit der Ablenkungstechnik (ziehen Sie Ihr Kind in eine andere Aktivität). |
| Furcht/Angst/Befangenheit | - Umarmen und küssen Sie Ihr Kind, kuscheln Sie mit ihm.<br>- Befreien Sie Ihr Kind aus der schwierigen Situation.<br>- Helfen Sie ihm, seine Ängste zu identifizieren und zu verstehen (erklären Sie ihm, was wirklich passiert).<br>- Zeigen Sie dem Kind Wege auf, mit seinen Gefühlen zurecht zu kommen. |
| Bedrückung, nachdem das Kind ein Verbot erhalten hat | - Lassen Sie es unglücklich sein (wenn es beispielsweise keinen Keks bekommen hat, nicht mehr rennen oder springen darf).<br>- Erlauben Sie ihm, seine Gefühle darüber auszudrücken, dass es nicht tun darf, was es möchte. |
| Unfähigkeit zur Kommunikation | - Versuchen Sie zu ergründen, was Ihr Kind möchte.<br>- Spricht das Kind nicht gerne, bringen Sie ihm eine einfache Zeichensprache bei.<br>- Fordern Sie es ruhig und geduldig auf, Ihnen zu sagen oder zu zeigen, was los ist.<br>- Helfen Sie ihm, indem Sie ihm den ersten Satz vorsagen: »Sag einfach ›Mama, bitte hilf mir.‹« |
| Widerstand gegen Veränderung (zum Beispiel einen Ort zu verlassen oder ein Spiel abzubrechen) | - Machen Sie dem Kind die 5-3-1-Minuten-Ankündigung. Das gibt dem Kind die nötige Zeit, sich auf die bevorstehende Veränderung einzustellen. (siehe 5-3-1-GO auf Seite 64).<br>- Bieten Sie eine Wahlmöglichkeit an: »Möchtest du zum Auto laufen oder rennen?«<br>- Teilen Sie in Zukunft Ihrem Kind den Zeitplan mit, so dass es sich darauf einstellen kann. |
| Reizüberflutung | - Bringen Sie Ihr Kind aus dem Trubel weg an einen ruhigen Ort (zum Beispiel auf die Toilette oder in die Küche).<br>- Gehen Sie auf Augenhöhe des Kindes, halten Sie Blickkontakt und sprechen Sie sanft und beruhigend mit ihm.<br>- Nehmen Sie Ihr Kind auf den Schoß und umarmen Sie es sanft. |
| Langeweile | - Geben Sie ihm ein Spielzeug.<br>- Beginnen Sie ein Reim- oder Wortspiel oder »Ich sehe was, was du nicht siehst ...«<br>- Erzählen Sie eine Geschichte.<br>- Gehen Sie mit dem Kind zum Spielen nach draußen.<br>- Geben Sie Ihrem Kind eine kleine Aufgabe, wie: »Kannst du mir bitte die Nudelpackung holen?«, »Kannst du diese Bohnen abknipsen?«, »Holst du mir bitte meine Hausschuhe?«, »Kannst du dem Baby ein neues Spielzeug aussuchen?« |

| Ursachen von Wutanfällen, Jammern und Nörgeln | Lösungsvorschläge |
|---|---|
| Unbehagen | - Versuchen Sie, die Ursache herauszufinden und falls möglich abzustellen (Drückt der Schuh? Werfen die Socken im Schuh Falten? Ist es zu heiß? Zu kalt? Ist der Kindersitz im Auto unbequem?) |
| Schmerz oder Krankheit | - Beobachten Sie Ihr Kind. Zeigt es Krankheitssymptome? (Eine unerkannte Ohrenentzündung? Zahnen? Kopfschmerzen? Bauchweh? Verborgene Allergien oder Asthma?) |
| Verwirrung oder Unbeständigkeit | - Prüfen Sie, ob Sie von Ihrem Kind jeden Tag etwas anderes erwarten und es daraufhin zu dem entsprechenden Missverhalten neigt.<br>- Führen Sie feste Abläufe und Routinen für alltäglich wiederkehrende Aktivitäten ein.<br>- Legen Sie Familienregeln fest und machen Sie diese auf einem Poster für alle sichtbar. |
| Bedürfnisse/ Aufmerksamkeit | - Stellen Sie sicher, alle Bedürfnisse Ihres Kindes erfüllt sind. Ist dies der Fall, stellen Sie das Missverhalten ab und geben Sie ihm dann die Aufmerksamkeit, die es sucht. (Ist ein Bedürfnis nicht erfüllt, finden Sie die richtige Ursache heraus: Langeweile? Bieten Sie dem Kind eine Aktivität an. Schüchternheit? Gewöhnen Sie das Kind langsam an die neue Situation. Müdigkeit? Legen Sie das Kind schlafen.) |

Kim, Mutter einer kleinen Tochter

### » Ihr geht es genau wie mir

Wenn ich wütend auf meine Tochter war, habe ich ihr gesagt: »Entschuldige, mein Schatz, Mama ist wirklich müde und das macht mich noch ärgerlicher.« Bis mir eines Tages auffiel: Das ist ja auch der Grund dafür, dass sie so zornig ist. Ich habe völlig außer Acht gelassen, dass Kinder auch nur Menschen sind – mit Bedürfnissen, Wünschen und Frustrationen, die ihr Verhalten bestimmen.«

## Schluss mit Wutanfällen, Jammern und Nörgeln

Ganz gleich, wie gut Sie Ihr Kind kennen, wie sensibel Sie auf seine Bedürfnisse und Gefühle eingehen – es wird immer wieder zu Wutanfällen und anderen Formen von Missverhalten kommen. Die folgenden Tipps sollen Ihnen helfen, diese unvermeidlichen Hürden zu nehmen. Lesen Sie sie in Ruhe durch und markieren Sie sich diese Seiten, wenn Sie möchten, damit Sie die Punkte schnell zur Hand haben, falls Sie sie brauchen sollten.

Denken Sie daran, dass alle Kinder und Eltern unterschiedlich sind und dass auch keine Situation wie die andere ist. Deshalb werden Sie das Instrument von Situation zu Situation, von Kind zu Kind und von Tag zu Tag verändern und anpassen müssen. Seien Sie deshalb flexibel und wählen Sie jenes Instrument, das Ihnen unter den jeweiligen Umständen am passendsten erscheint.

### Bieten Sie Wahlmöglichkeiten an

Viele Schwierigkeiten lassen sich im Vorfeld vermeiden, wenn Sie Ihrem Kind mehr Mitspracherecht einräumen. Sie können Ihr Kind mitbestimmen lassen, aber immer noch die Kontrolle behalten, indem Sie ihm, wie bereits zuvor beschrieben, mehrere Wahlmöglichkeiten bieten. Kinder, die mitreden dürfen, sind so beschäftigt mit ihrer Entscheidung und abgelenkt, dass sie gar keine Zeit für Wutausbrüche haben.

### Begeben Sie sich auf Augenhöhe Ihres Kindes

Eine Bitte aus fast zwei Meter Höhe und über drei Räume hinweg an das Kind zu richten kann keinen Erfolg haben. Das Kind wird Sie und Ihre Aufforderung ignorieren. Das wiederum lässt bei Ihnen Stress entstehen, der sich negativ auf Sie sowie auf das Verhalten des Kindes auswirkt. Damit Ihr Kind Sie auch wirklich wahrnimmt, begeben Sie sich stattdessen auf Augenhöhe des Kindes, nehmen Sie Blickkontakt auf und formulieren Sie Ihre Bitte klar und deutlich. Bei dieser Art der Kommunikation können Sie sich der Aufmerksamkeit Ihres Kindes sicher sein.

### Erkennen Sie die Gefühle Ihres Kindes an

Helfen Sie Ihrem Kind, seine Gefühle zu identifizieren und zu verstehen. Benennen Sie seine Gefühle. »Du bist jetzt traurig. Du möchtest lieber hier bleiben und weiter spielen anstatt mit Mami nach Hause zu gehen. Ja, ich weiß.« Dieses Anerkennen bedeutet nicht, dass Sie dem Wunsch Ihres Kindes nachkommen müssen, aber Sie signalisieren ihm dennoch, dass Sie sein Problem sehen und verstehen. Oft reicht das schon, um die Situation zu beruhigen.

### Lassen Sie den Dingen ihren Lauf

Wenn sich Ihr Kind trotz sanfter Bemühungen Ihrerseits nicht beruhigt, dann ist es manchmal nicht das Schlechteste, dem Wutanfall seinen natürlichen Lauf zu lassen. Kinder haben starke Emotionen, und ab und an brauchen sie einfach ein Ventil. Lehnt Ihr Kind Ihre Hilfe ab und stellt der Zornesausbruch keine Gefahr für das Kind oder umliegende Dinge dar, sagen Sie: »Ich gehe aus dem Zimmer. Du kannst zu mir kommen, wenn du fertig bist.« Und genau das tun Sie. Beschäftigen Sie sich mit etwas anderem (während Sie das Kind natürlich im Blick behalten) und warten Sie geduldig ab, bis sich Ihr Kind wieder beruhigt hat.

### Richten Sie einen »Beruhigungsraum« ein

Wenn Sie täglich mit Wutanfällen, Überreaktionen, Genörgel und ähnlichem »Theater« konfrontiert sind, sollten Sie Ihrem Kind klar machen, dass sich dieses Verhalten in einem speziellen Raum abspielt wie beispielsweise im Badezimmer oder im Wäschekeller. (Nutzen Sie dafür jedoch nicht das Kinder- oder Spielzimmer.) An diesem Ort kann das Kind seinen Gefühlen freien Lauf lassen und erst dann wieder hervorkommen, wenn es sich beruhigt hat. Sie können diesen Raum »Beruhigungsraum« oder »friedlichen Raum« nennen und sollten nicht mit ihm drohen.

Statten Sie den Raum mit ein paar Dingen aus, die Ihrem Kind die Situation erleichtern, zum Beispiel Stofftiere, ein Kuschelkissen oder eine weiche Decke. Vielleicht stellen Sie auch einen CD-Player mit sanfter Musik oder »weißen Geräuschen« (Geräusch von Wellen oder fallendem Regen) in den Raum – dies kann der Entspannung dienen. Stellen Sie die Musik oder die weißen Geräusche an, wenn Ihr Kind den Raum betritt oder besser noch: Zeigen Sie Ihrem Kind, wie es die CD selbst starten kann.

Vielleicht hat Ihr Kind sehr häufig Wutanfälle. Wählen Sie einen Zeitpunkt, zu dem Sie beide entspannt sind, und erklären Sie Ihrem Kind, dass Sie einen speziellen Raum ausgesucht haben, in den es sich zurückzieht, wenn es zornig ist und sich nicht mehr unter Kontrolle hat. Erklären Sie ihm genau, wie ein Wutanfall aussieht (geben Sie ihm eine Demonstration!). Erklären Sie Ihrem Kind, dass es sich bei einem solchen Wutanfall zurückziehen und beruhigen soll. Zeigen Sie ihm, wie es den CD-Player bedienen kann. Kündigt sich ein Wutausbruch an, begleiten Sie Ihr Kind mit einem kurzen Kommentar in den Raum: »Wenn du fertig bist, kannst du rauskommen.« Wenn das Kind noch während des Ausbruchs den Raum verlässt, führen Sie es zurück und wiederholen: »Wenn du fertig bist, kannst du rauskommen.« Vielleicht bleiben Sie auch bei Ihrem Kind.

Hat sich das Kind beruhigt und verlässt den Raum, kümmern Sie sich um die Ursache des Ausbruchs – falls das noch nötig ist. Hatte der Ausbruch einen völlig trivialen Auslöser, ist es besser, die Sache auf sich beruhen zu lassen. Vielleicht wird Ihr Kind anfangs viel Zeit in dem Beruhigungsraum verbringen, aber mit der Zeit lernt es, seine Gefühle in den Griff zu bekommen – eine Fähigkeit, die in seinem zukünftigen Leben wertvoll ist.

### Tiefenatmung und Entspannung (»Stilles Häschen«)

Wenn Kinder in Wut geraten, wird ihre Atmung oft schneller und flacher und ihr Körper versteift sich. Diese physiologischen Symptome halten das Kind in dem Erregungszustand fest und stehen einer Entspannung im Weg. Sie können Ihrem Kind beibringen zu entspannen und diese Technik nutzen, wenn sich ein Wutausbruch ankündigt.

Je vertrauter Ihr Kind mit diesen Techniken ist, desto besser wird es sie in Stresssituationen anwenden können. Es ist deshalb eine gute Idee, jeden Tag mit einer gemeinsamen kurzen Entspannungssitzung zu beginnen und zu beenden. Wenn Sie Yoga praktizieren, können Sie einige vertraute Asanas einbauen;

oder Sie werfen einen Blick in eines der zahlreichen Kinder-Yoga-Bücher.

Diese Technik kann für Kinder sehr hilfreich sein, wenn sie auf die sanften Anweisungen positiv reagieren. Ist Ihr Kind mit dieser Entspannungsübung vertraut, können Sie im Bedarfsfall immer darauf zurückgreifen, also dann, wenn das Kind (oder Sie!) angespannt oder aufgewühlt ist. Gehen Sie in die Knie, legen Sie die Hände auf die Schultern Ihres Kindes, schauen Sie ihm in die Augen und sagen Sie: »Lass uns das stille Häschen machen.« Dann führen Sie Ihr Kind durch die Übung. Mit der Zeit wird Ihr Kind Ihre Anleitung immer weniger brauchen. Allein schon die Erwähnung der Übung und die Aufforderung, die Augen zu schließen, werden zur Entspannung führen.

Wenn das »Stille Häschen« Ihrem Kind keine Entspannung bringt, führen Sie Ihr Kind in den Beruhigungsraum.

### Helfen Sie Ihrem Kind, seine Gefühle auszudrücken

Das Verhalten von Kindern ist Schwankungen unterworfen, weil sie ihre Gefühle nicht exakt beschreiben können. Hinzu kommt, dass Kinder noch nicht begreifen, wie sich ihr Verhalten auf andere auswirkt. Helfen Sie Ihrem Kind, seinen Gefühlen Ausdruck zu verleihen. Versuchen Sie, sich vorzustellen, was Ihr Kind fühlen könnte, und finden Sie Worte dafür. Verbalisieren Sie auch, was Sie angesichts seines Verhaltens empfinden. Drücken Sie sich ruhig und klar aus; benutzen Sie kurze, einfache Sätze. Es ist auch in Ordnung, es dem Kind mitzuteilen, wenn Sie ärgerlich werden – und ihm zugleich zeigen, wie man mit intensiven Emotionen umgeht.

### Sagen Sie Ihrem Kind, was Sie wollen

Anstatt sich übermäßig auf das Missverhalten des Kindes zu fokussieren und ihm mitzuteilen, was es nicht tun soll, erklären Sie Ihrem Kind lieber ganz genau, was es tun oder sagen soll. Respektieren Sie die Empfindungen des Kindes und geben Sie ihm die Instrumente an die Hand, mit denen es sich selbst beruhigen und seine Emotionen in Worte fassen kann. Sie helfen Ihrem Kind, indem Sie ihm genau sagen bzw. demonstrieren, was Sie von ihm sehen oder hören wollen. Hier dazu drei Beispiele.

## WICHTIG

### Hilfe vom »Stillen Häschen«

Wenn Sie einen einfacheren Ansatz bevorzugen, führen Sie Ihr Kind durch eine kurze Übung, die ich »Stilles Häschen« nenne:

- Lass uns ein Stilles Häschen sein.
- Schließ die Augen.
- Entspann dich.
- Atme ein. Atme aus.
- Jetzt entspannt sich das Häschen.
- Wackel mit der Häschennase. Jetzt entspann dein Häschengesicht und lass alles locker.
- Wackel mit den Zehen. Jetzt entspann deine Zehen und lass sie locker.
- Wackel mit deinen Fingern. Jetzt entspann deine Finger und lass sie locker.
- (Sie können nach Belieben noch mehr Körperteile durchspielen, zum Beispiel die Arme, die Schulter und die Beine, wenn Ihr Kind die nötige Geduld aufbringt oder das Bedürfnis danach hat.)
- Atme ein. Atme aus.
- Entspann dich.
- Jetzt bist du das stille Häschen.

| Beispielsituation | Vorschlag für Reaktion der Eltern |
|---|---|
| Ihre beiden Kinder streiten sich um ein Spielzeug. Beide zerren an dem Spielzeug und schubsen sich gegenseitig. | Sie gehen neben den Kindern in die Hocke, nehmen das Spielzeug an sich und sagen: »Ihr wollt beide mit dem Spielzeug spielen, aber wir haben nur eines davon. Herumreißen und schubsen ist kein schönes Spiel. Es ist besser, wenn man Worte benutzt und einen Plan macht. Soll ich euch einen Wecker stellen, so dass Ihr abwechselnd spielen könnt, oder soll ich das Spielzeug ganz weglegen?« |
| Sie sind vor dem Abendessen mit Ihrem Kind im Supermarkt. Ihr Kind möchte einen Keks, Sie lehnen dies ab – es folgt ein Wutausbruch des Kindes. | »Ich weiß, dass du gerne einen Keks möchtest und dass du dich ärgerst, wenn ich es nicht erlaube. Aber um groß und stark zu werden, musst du zum Abendessen etwas Gesundes essen. Danach bekommst du einen Keks. Kannst du das freundlich sagen? Sag: Mama, können wir einen Keks kaufen, den ich später esse? |
| Ihr Kind möchte, dass Sie ihm ein Glas Milch einschenken; dies artet in Gejammer aus. | Gehen Sie neben Ihrem Kind in die Hocke, schauen Sie ihm in die Augen und sagen Sie: »Ich verstehe nicht, warum du so jammern musst. Sei ein großes Mädchen und sprich mit deiner normalen Stimme. Sag einfach: Mama, kann ich bitte ein Glas Milch haben? |

## Weitere Tipps zum Umgang mit zornigen Kindern

### Lenken Sie Ihr Kind ab, beziehen Sie es ein

Kinder sind schnell abgelenkt, sobald eine neue, spannendere Aktivität auf dem Plan steht. Nörgelt oder jammert Ihr Kind, betrachten Sie dies als seine gegenwärtige »Aktivität«. Kinder sind nicht gut in Multitasking (sie neigen dazu, sich nur auf eine Sache zu konzentrieren) – also dürfte es Ihnen nicht schwerfallen, die unliebsame Aktivität zu beenden, indem Sie etwas anderes vorschlagen. Ignorieren Sie das Gejammer oder Genörgel für einen Augenblick und bieten Sie etwas Neues an. Nörgelt Ihr Kind zum Beispiel im Supermarkt, sagen Sie: »Sei so lieb und hol mir drei grüne Äpfel aus der Kiste dort drüben.« Erscheint Ihr Angebot dem Kind interessanter als die eigene Missstimmung, wird es Ihrer Aufforderung sicher sofort folgen.

### Arbeiten Sie mit der Fantasie Ihres Kindes

Ist Ihr Kind wütend, weil etwas nicht nach seinem Kopf geht, hilft es, wenn Sie seine Vorstellung dessen, was idealerweise passieren sollte, verbalisieren:

»Ich wünschte, wir könnten all die Spielsachen in diesem Laden kaufen.« Oder: »Wäre es nicht lustig, wenn Gemüse Kekse wäre? Dann würde ich jetzt sagen: Iss deine Schoko-Brokkoli.« Oder: »Ich wünschte, wir könnten heute zu Hause bleiben und eine riesige Lego-Burg bauen!«

Kinder mit viel Fantasie spinnen dieses Spiel weiter und setzen die Geschichte kreativ fort. Das kann die Richtung seines emotionalen Ausbruchs komplett verändern.

### Gehen Sie präventiv vor

Sprechen Sie mit Ihrem Kind das gewünschte Verhalten (zum Beispiel bei einem Behördenbesuch oder Kindergeburtstag) durch, bevor Sie gemeinsam das Haus verlassen. Auf diese Weise kann man Nörgeleien oder Wutausbrüchen wirksam vorbeugen. Formulieren Sie Ihre Erwartungen deutlich und positiv (sagen Sie, was Sie möchten, und nicht, was Sie nicht möchten). Bevor Sie mit Ihrem Kind ein Geschäft betreten, könnten Sie sagen: »Eric, wir gehen jetzt in diesen Laden. Wir kaufen hier ein Geburtstagsgeschenk für Troy. Heute kaufen wir nichts für uns. Wenn du etwas siehst, das dir gefällt, sag mir Bescheid, und ich setze es auf deine Wunschliste. Denk bitte daran, dass du in meiner Nähe bleibst, dass du mit normaler Stimme sprichst und dass du nicht alles anfasst.«

### Machen Sie eine klare Ansage

Wenn sich Ihr Kind mit jammernder, leidender Stimme an Sie wendet, sagen Sie ihm: »Wenn du normal redest, höre ich dir auch zu.« Dann drehen Sie dem jammernden Kind den Rücken zu und zeigen ihm deutlich, dass Sie sein Gejammere ignorieren. Jammert das Kind weiter, wiederholen Sie Ihren Satz ganz ruhig. (Diskussionen oder Appelle an seine Vernunft würden das Gejammer nur noch steigern.)

### Seien Sie albern

Kleine Kinder können wegen der trivialsten Dinge Wutausbrüche bekommen – wenn zum Beispiel der Toast in die falsche Form geschnitten wurde, Sie etwas nicht gleich finden, oder die Mine des Buntstifts abbricht. Für Sie jedoch besteht kein Anlass, eine solche Sache ernst zu nehmen. Natürlich sollten Sie Verständnis dafür haben, dass die Angelegenheit für Ihr Kind in diesem Augenblick das Wichtigste der Welt ist, aber: Es ist nur so lange die wichtigste Sache der Welt, bis die nächste wichtigste Sache der Welt auftaucht. Und eine lustige Mutter oder ein witziger Vater können auch mal die nächste wichtigste Sache der Welt sein. Legen Sie also Ihren ganzen Humor an den Tag und lenken Sie Ihr Kind mit Grimassen, einem lustigen Lied oder einer anderen kleinen Albernheit ab, anstatt sich von dem Negativstrudel aus Genörgel und Wutausbrüchen mitreißen zu lassen. Auf diese Weise geht es Ihnen beiden besser.

---

Alice, Mutter zweier kleiner Töchter

### » Der ›Spaß-Ansatz‹ wirkt wahre Wunder

Ich arbeite oft mit dem ›Spaß-Ansatz‹, um meine Tochter vom Jammern und Nörgeln abzubringen. Für uns beide wirkt diese Methode wahre Wunder. Ich spreche mit verstellter Stimme, ich kitzle sie, ich schneide Grimassen und bringe die Plüschtiere zum Sprechen – das bringt Lara wieder runter. Lachen vertreibt bei uns beiden die Frustrationen und ist ein guter Übergang zu einer neuen Aktivität, die wir dann gut gelaunt angehen.«

### Lassen Sie negative Gefühle zu!

Manchmal jammert Ihr Kind, weil Sie ihm etwas verboten haben oder es unglücklich über etwas ist, das es tun soll. In diesem Fall sollten Sie seine Frustration zulassen. Denn schließlich können Sie nicht erwarten, dass es wirklich glücklich ist, wenn Sie ihm das Eis verboten haben, wenn es nicht auf den Tisch klettern darf oder sich von seinen Spielkameraden verabschieden muss.

Findet Ihr Kind auch nach längerer Zeit keinen Weg aus seiner negativen Stimmung, kündigen Sie ihm an, dass Sie den Wecker auf drei Minuten stellen. Sagen Sie dem Kind, dass es noch drei Minuten nörgeln kann und dann aufhören muss. Manche Kinder werden sich beschweren: »Das ist nicht lange genug.« In diesem Fall antworten Sie: »Wie lange brauchst du denn noch? Vier Minuten oder fünf?« Typischerweise wird sich das Kind für fünf Minuten entscheiden. Stellen Sie dann gestenreich den Wecker auf fünf Minuten, und sagen Sie Ihrem Kind, dass es auch tatsächlich aufhört, sobald der Wecker klingelt. Meiner Erfahrung nach hören die meisten Kinder schon vor dem Klingeln auf.

Madeline, Mutter zweier Kleinkinder

## » Nachgeben ist nicht die Lösung

Ich war lange Zeit sehr darauf fixiert, mein Kind nicht weinen zu lassen. Dabei bin ich manchmal zu weit gegangen und habe dem Genörgel und Gejammer oft nachgegeben, nur damit keine Tränen fließen. Aber das hat die Sache manchmal nur schlimmer gemacht. Jetzt weiß ich, dass es in Ordnung ist, wenn Kinder ab und zu weinen und unglücklich sind.«

**Sensibilisieren Sie Ihr Kind**

Oft sind sich Kinder nicht bewusst, dass sie jammern, oder sie wissen gar nicht genau, was Sie mit »Wutanfall« meinen. Erklären und demonstrieren Sie ihm, wie sich sein Verhalten anhört. (Machen Sie eine eindrucksvolle Show daraus!) Und demonstrieren Sie ihm auch, wie es sich anhört, wenn man mit normaler Stimme spricht. Sagen Sie Ihrem Kind, dass Sie ihm dabei helfen wollen, nicht zu jammern oder zu wüten, und dass Sie ihm deshalb ein Zeichen geben, wenn es wieder einmal so weit ist. Sagen Sie Ihrem Kind, dass es bei Ihrem Zeichen tief durchatmen und mit seiner normalen Stimme sprechen soll. Denken Sie sich ein lustiges, spielerisches Zeichen aus, das zur Beruhigung der Situation beiträgt. Sie könnten sich beispielsweise die Finger in die Ohren stecken, die Augen schließen und dabei eine witzige Grimasse ziehen oder selbst einen übertrieben tiefen Atemzug machen – als Erinnerung, was Ihr Kind nun zu tun hat.

Wenn Sie mit Ihrem Kind die »Stille Häschen«-Methode benutzen, könnten Sie mit Ihren Händen Hasenohren andeuten, mit der Nase wackeln oder kleine Hasensprünge machen.

Julia, Mutter zweier Kleinkinder

## » Jammern lohnt sich nicht

Wenn William jammert, schaue ich ihm direkt in die Augen, sage nichts, sondern ziehe einfach nur meine Augenbrauen hoch. Je mehr er jammert, desto höher wandern meine Augenbrauen. Wenn ihm dann sein Verhalten bewusst wird und er ganz normal um das bittet, was er haben möchte, bekommt er es in der Regel auch – oder zumindest sprechen wir darüber. Inzwischen versteht William, was Jammern ist und dass es sich nicht lohnt.«

**Jammern Sie selbst nicht**

Achten Sie ganz genau darauf, nicht selbst zu jammern oder mit wehleidiger Stimme zu sprechen. Gestresste Eltern jammern nämlich selbst nicht selten – beim Anblick des verwüsteten Kinderzimmers, wenn sich die Geschwister streiten und vor allem – wenn die Kinder jammern. Überprüfen Sie Tonfall und Lautstärke Ihrer eigenen Stimme und verbannen Sie einen möglichen jammernden Unterton. Kinder imitieren das Verhalten der Eltern – und nicht selten senden wir die falschen Botschaften aus. Sind Sie sich Ihrer eigenen Verhaltensweisen klar bewusst, können Sie Ihrem Kind als positives Vorbild dienen und sein Verhalten entsprechend formen.

**Beenden Sie öffentliche Wutausbrüche**

Alle bisher besprochenen Methoden lassen sich auch bei Wutanfällen in der Öffentlichkeit anwenden. Die größte Herausforderung besteht dann für die Eltern darin, ruhig zu bleiben und auch bei größerem Publikum angemessen zu reagieren. Häufig steht unser Schamgefühl einer angemessenen Reaktion im Weg – was wiederum ein Muster für zukünftige ähnliche Situationen etabliert. Wenn Sie die neugierigen Blicke Ihrer Mitmenschen ignorieren und sich ganz auf das Kind konzentrieren, wird der unliebsame Zwischenfall viel, viel schneller beendet sein.

Denken Sie daran, dass die meisten Wutanfälle in der Öffentlichkeit durch Emotionen wie Müdigkeit, Hunger oder Frustration verursacht werden. Wenn Sie die Ursache also erkennen, können Sie Ihrem Kind schneller helfen, sich zu beruhigen.

Wenn bei Ihrem Kind öffentliche Wutausbrüche häufig vorkommen und Sie darunter leiden, sollten Sie eine Übungseinheit planen. Hier ein Beispiel: Ihr Kind jammert, nörgelt oder wütet bei jeder Einkaufstour. Gehen Sie gemeinsam in ein Geschäft und kaufen Sie eine Kleinigkeit, zum Beispiel Büroklammern, und legen Sie noch ein paar Lieblingssüßigkeiten Ihres Kindes in den Wagen. Drehen Sie so lange Ihre Runden durch die Regalgänge, bis es bei Ihrem Kind zu dem erwarteten Fehlverhalten kommt. Schieben Sie dann den Wagen zur Kasse und sagen Sie der Kassiererin, dass Sie die Waren leider im Laden zurücklassen müssen, weil Sie schnell mit Ihrem nörgelnden (oder tobenden) Kind nach Hause wollen. Dann gehen Sie nach Hause. Ihr Kind wird sicher eine Bemerkung über die zurückgelassenen Süßigkeiten machen. Sagen Sie einfach nur: »Ach, vielleicht ein anderes Mal.« Zwar müssen Sie bei Ihrem Kind jetzt mit einer längeren »Negativphase« und den damit verbundenen Reaktionen rechnen – aber denken Sie an den langfristigen Lerneffekt!

---

Charlotte, Mutter einer kleinen Tochter

### » Das unsichtbare Schild

Wenn meine zweijährige Tochter in aller Öffentlichkeit einen Tobsuchtsanfall bekommt, stelle ich mir vor, dass ich ein Schild trage, auf dem steht: ›Ich bin eine wohlerzogene, friedliche Person, eine rechtschaffene Bürgerin, eine liebevolle, engagierte Mutter und Ehefrau. Mit mir stimmt alles – leider ist nur mein Kind hungrig und müde und überhitzt – sonst nichts!‹«

### Seien Sie nicht nachtragend. Was vorbei ist, ist vorbei

Hat sich das Kind beruhigt, ist die Sache ausgestanden und vergessen. Sie müssen Ihrem Kind keine Lektion erteilen, indem Sie ihm sein Fehlverhalten ewig vorhalten. Kinder vergessen in der Regel schnell – und genau so sollten auch Sie es halten.

### Loben und belohnen Sie

Loben Sie die Bemühungen Ihres Kindes, mit normaler Stimme zu sprechen. Versuchen Sie, Ihrem Kind wenn möglich jede Bitte, die es in normaler, freundlicher Stimme vorbringt, zu erfüllen. Wenn Ihr Kind normalerweise vor dem Essen regelmäßig um etwas Süßes bettelt und jammert und heute freundlich danach fragt, geben Sie ihm wenigstens ein kleines Stück als Anerkennung für sein gutes Benehmen. Erklären Sie ihm aber auch, warum das heute ausnahmsweise in Ordnung ist. »Ja, du bekommst einen kleinen Keks. Heute erlaube ich das, weil du höflich und ohne zu jammern gefragt hast. Gut gemacht!«

### Beugen Sie vor

Sie können unkontrollierten Gefühlsausbrüchen bei Ihrem Kind vorbeugen, wenn Sie die Situation entsprechend gestalten. Hier finden Sie zusätzliche Tipps zu diesem Thema:

- Halten Sie Tag für Tag mittags wie abends feste Schlafenszeiten ein. Konsequente Schlafenszeiten sind von entscheidender Bedeutung für die Laune des Kindes – den ganzen Tag lang.
- Sorgen Sie für regelmäßige Mahlzeiten. Kindermägen sind klein und müssen in kürzeren Abständen gefüllt werden, damit der Blutzuckerspiegel konstant bleibt. Fünf nicht allzu große Mahlzeiten oder drei Hauptmahlzeiten plus zwei kleine gesunde Zwischenmahlzeiten halten das Kind bei guter Laune.
- Geben Sie Ihrem Kind altersgerechte Spielsachen und Spiele.
- Kündigen Sie Ihrem Kind rechtzeitig an, wenn es sein Spiel abbrechen muss, damit es sich darauf einstellen kann. (»Noch einmal schaukeln, dann gehen wir nach Hause.«)
- Haben Sie Geduld mit Ihrem Kind, wenn Sie es einer neuen Situation aussetzen oder mit unbekannten Menschen konfrontieren. Drängen Sie es nicht, etwas zu tun, das es nicht will.
- Seien Sie vorbereitet. Wenn Sie den ganzen Tag unterwegs sind, oder sich längere Zeit mit anderen Erwachsenen unterhalten müssen, nehmen Sie etwas zu essen, Bücher und Spielzeuge mit.
- Planen Sie Pausen ein. Von einem Zweijährigen gute Laune zu erwarten, während Sie sich den ganzen Tag abhetzen, ist wohl etwas zu viel verlangt. Planen Sie wann immer möglich Pausen ein, zum Beispiel einen Besuch im Park.
- Seien Sie, zur Mittagsschlaf- und Zubettgehzeit zu Hause. Mit einem müden Kind unterwegs zu sein macht niemandem Spaß. Natürlich lässt sich das nicht immer vermeiden, aber versuchen Sie, solche Situationen in Grenzen zu halten.
- Helfen Sie Ihrem Kind beim Erlernen neuer Fähigkeiten, bevor es sie selbstständig ausführt (zum Beispiel Saft eingießen, anziehen, Puzzles zusammensetzen).
- Halten Sie Ihre Erwartungen realistisch; erwarten Sie nicht mehr von Ihrem Kind, als es erfüllen kann.
- Unterschätzen Sie Ihr Kind und seine Fähigkeiten nicht. Erlauben Sie ihm altersgemäße Dinge und Aktivitäten.
- Halten Sie mit Ihrem Kind so weit wie möglich feste, verlässliche Tagesabläufe ein.
- Bleiben Sie so ruhig wie möglich, wenn Ihr Kind einen Gefühlsausbruch hat.
- Sprechen Sie mit leiser, ruhiger Stimme; auch das »Stille Häschen« hilft, Ihr Kind zu beruhigen. Das kann es noch nicht allein – dazu braucht es Ihre Hilfe.

# Wutanfälle, Nörgeln und Jammern

## (Kleines Memo)

Hier finden Sie noch mal in aller Kürze welche Schritte Ihnen dabei helfen können, einen Schlussstrich unter Wutanfälle, Genörgel und Gejammer zu setzen:

- Finden Sie die Ursache heraus und lösen Sie das Problem.
- Machen Sie klare Ansagen („Sprich mit deiner normalen Stimme, damit ich dich verstehen kann.“).
- Bieten Sie Wahlmöglichkeiten an.
- Gehen Sie auf Augenhöhe Ihres Kindes.
- Respektieren Sie die Gefühle Ihres Kindes.
- Lassen Sie Wutausbrüchen ihren Lauf.
- Bringen Sie Ihr Kind in einen Beruhigungsraum.
- Machen Sie das „Stille Häschen“.
- Erklären, beschreiben und verbalisieren Sie.
- Sagen Sie Ihrem Kind, was Sie wollen.
- Lenken Sie Ihr Kind ab, beziehen Sie es mit ein.
- Nutzen Sie die Phantasie Ihres Kindes („Ich wette, du wünscht dir ...“).
- Gehen Sie präventiv vor – drücken Sie Erwartungen im Vorfeld deutlich aus.
- Seien Sie albern.
- Stellen Sie einen Wecker und erlauben Sie Genörgel für drei Minuten.
- Zeigen Sie Ihrem Kind, wie sich Wüten, Jammern und Nörgeln anhören.
- Jammern Sie nicht selbst.
- Beenden Sie Wutanfälle in der Öffentlichkeit.

RUHE
BEWAHREN

# Ein friedliches Zuhause

**In einem friedlichen Umfeld fällt es Kindern viel leichter, zu folgen und sich erziehen zu lassen. Aber mal ehrlich: Sind wir selbst immer ausgeglichen und freundlich? Hier finden Sie Tipps und Tricks die helfen, ruhig zu bleiben und eigene Wutausbrüche zu vermeiden.**

# Die Suche nach Frieden

**Wäre es nicht wunderbar, wenn jeder Tag des Familienlebens fröhlich und entspannt verliefe? Wenn Ihre Kinder genau das täten, worum man sie bittet (und zwar schon beim ersten Mal!)? Und wie schön wäre es, wenn man jeder Auseinandersetzung mit kühlem, klarem Kopf begegnete und immer die richtigen Entscheidungen träfe?**

So himmlisch sich das auch anhört, wissen wir doch genau, dass das Leben kein Rosengarten ist. Und selbst falls es so wäre: Rosen haben Dornen. Wut ist solch ein hässlicher Stachel – aber es ist unmöglich, ihr während der ersten Jahre mit einem Kind nicht zu begegnen.

Familienleben ist kompliziert und unvorhersagbar. Tagtägliche Erfahrungen und Verantwortungen können in Eltern wie Kindern Gefühle der Wut entstehen lassen. Ganz gleich, wie groß Ihre Erziehungskompetenz ist, ganz gleich, wie wunderbar Ihre Kinder sind – Sie werden die unerfreulichen Situationen, die in jeder Familie vorkommen, auch in Ihrer nicht vermeiden können. Doch wenn Sie durchschaut haben, woher die Wut rührt, und Wege kennenlernen, Ihre Reaktionen zu steuern, dann wird Wut ein viel kleineres Eckchen Ihres Zuhauses besetzen – ein Eckchen, das überschaubar und kontrollierbar ist.

Mutter zweier Kinder

### » Ich fühle mich so schrecklich

Wie ich mich nach einem Wutausbruch fühle? Ich fühle mich schuldig, traurig, beschämt, bedrückt, angewidert und leer. Ich bin voller Selbstanklagen, Angst und Sorge und oft weine ich. Es kommt mir vor, als hätte ich meine Kinder beschädigt. Ich fühle mich schrecklich und habe den Eindruck, dass ich als Mutter versagt habe. Nach jedem Mal nehme ich mir ganz fest vor, dass mir so etwas nie wieder passiert. Aber es passiert doch wieder.«

## Elterliche Wut – ein Tabuthema

Machen wir uns doch nichts vor: Auch Eltern sind »nur« Menschen. Wir wissen es oft besser und sind doch nicht in der Lage, uns angemessen zu verhalten, wenn eines unserer Kleinen uns mal wieder an genau den Punkt gebracht hat, an dem unsere Selbstkontrolle versagt. Unsere Kinder sind so liebenswert, unschuldig und wertvoll. Mit nur einem Lächeln geben sie uns unglaubliche Freude. Sie lieben uns von ganzem Herzen – und wir lieben sie mit einer einzigartigen Intensität, die es nur zwischen Eltern und Kindern gibt. Wir würden uns vor einen Bus werfen, um unser Kind zu schützen – ohne eine Sekunde zu zögern. Und doch können uns genau diese Kinder zur Weißglut treiben. Manchmal machen sie uns so wütend, dass wir brüllen, toben, drohen, ausflippen, fluchen, ja sogar zupacken, schubsen, klapsen oder schlagen. Und danach – leiden wir.

Die ungezügelte Macht unserer Wut auf unsere Kinder verblüfft uns und macht uns Angst. Wir wissen, dass unser Handeln falsch ist, aber wir wissen nicht, wie wir es kontrollieren können – und so passiert es immer wieder. Wir schämen uns schrecklich für unsere Wuthandlungen. Wir möchten mit keinem anderen Menschen darüber sprechen, was wir getan haben, noch zugeben, wie grob wir uns unseren Kindern gegenüber verhalten haben. Wir rationalisieren, entschuldigen uns und machen uns zugleich Vorwürfe. Und dann leiden wir still. Vielleicht glauben Sie, dass Sie der einzige Mensch sind, der jemals so unglaublich wütend auf sein eigenes Kind war – vielleicht glauben Sie, dass kein anderer Mensch so unkontrolliert reagiert wie Sie. Aber ich sage Ihnen, dass Sie nicht allein sind. Ganz im Gegenteil. Wahrscheinlich gibt es auf der ganzen Welt seit Anbeginn der Menschheit keine Mutter, keinen Vater, die oder der nicht mindestens einmal vor lauter Wut auf sein Kind explodiert ist (und wahrscheinlich deutlich mehr als nur einmal.)

Elternsein kann die schönste Erfahrung des Lebens sein. Doch ein Kind zu erziehen ist eine der kompliziertesten, zeitaufwendigsten, erschöpfendsten und herausforderndsten Aufgaben überhaupt – und das heftige Gefühl der Wut ist die natürliche Folge dieser intensiven Herausforderung. Die engagiertesten, bemühtesten Eltern sind diejenigen, die nach einem Wutausbruch am zerknirschtesten sind. Bevor ich Ihnen erkläre, wie Sie Ihre Wut verstehen und kontrollieren können, erlaube ich Ihnen, auf jegliche Scham- und Schuldgefühle zu verzichten. Seien Sie sicher, dass alle Eltern schon mit Wut zu tun hatten. Dagegen ist niemand immun.

wichtig

**Wut ist für Eltern so normal wie das Windelwechseln. Über die Windeln machen wir uns keine Gedanken – wir wechseln sie, wenn es nötig ist. Doch mit Wut kommen die meisten Eltern nicht gut zurecht – und wir machen uns darüber zu viele Gedanken. Die gute Nachricht ist, dass wir lernen können, mit unserer Wut umzugehen und sie zu kontrollieren.**

Auch wenn Wut auf unsere Kinder normal und weit verbreitet ist, steht sie natürlich unserer Erziehungskompetenz im Weg. Wut hindert uns daran, die richtigen Entscheidungen zu treffen, und Wut hilft uns nicht gerade dabei, unseren Kindern die Dinge beizubringen, die sie lernen sollen. Wut beeinflusst unser Denken, unser Verhalten und unser tagtägliches Leben. Wut schafft Stress, Traurigkeit und Unzufriedenheit – bei uns und bei unseren Kindern. Ungelöste und unkontrollierte Wut wird immer größer und wächst sich zu einem Verhaltensmuster aus, das gefährlich werden kann – sowohl seelisch als auch körperlich.

Die gute Nachricht ist, dass Sie lernen können, mehr Kontrolle über Ihre seelischen Zustände zu gewinnen. Wenn Sie erst einmal begriffen haben, woher die Wut rührt, und spezielle Schritte im Umgang mit dieser Wut erlernt haben, werden Sie feststellen, dass Wut ein immer seltenerer Gast in Ihrem Haus sein wird und Sie mehr und mehr Raum für positive, fruchtende Erziehung sowie liebevolle Kommunikation zwischen sich und Ihren Kindern gewinnen.

Amelie, Mutter zweier Kleinkinder

## » Ich muss mit der Wut klarkommen

Eigentlich bin ich total cool. Droht ein Streit mit meinem Mann, drehe ich mich um und verlasse den Raum, weil ich nicht gerne wütend werde. Ich rege mich lieber ab und spreche später noch einmal in Ruhe über das Thema – oder begrabe es. Aber mit einem Kind geht das nicht. Man muss der Situation gerecht werden. Und muss infolgedessen auch mit der Wut klarkommen – jetzt. Aber ich weiß nicht, wie ich das machen soll. Ich lerne noch. Jedes Mal, wenn ich wütend werde, schäme ich mich dafür. Ich weiß glücklicherweise, dass das ganz normal ist – sowohl die Wut als auch das Scham- und Schuldgefühl. Vielleicht nimmt mir das beim nächsten Wutausbruch den Druck von den Schultern.«

# »Ich platze gleich!« – Warum eigentlich?

**Es ist sehr hilfreich, die Gründe herauszufinden, warum Eltern Wut gegenüber ihren Kindern empfinden. Kennt man die Gründe, ist oft schon der erste Schritt gemacht, mehr Kontrolle über seine Wutgefühle zu gewinnen, Lösungen zu finden und Vorbeugungsstrategien zu entwickeln. Lassen Sie uns gemeinsam die häufigsten Ursachen für Wut bei Eltern herausfinden.**

## Erziehung: kein leichter Job

Elternsein und Erziehung ist ein komplizierter Job, der niemals endet – 24 Stunden, an sieben Tagen in der Woche, mit wenig Kaffeepausen und keinem Urlaub. Auch wenn sich das Kind woanders befindet, beispielsweise in der Krippe oder im Kindergarten, beansprucht es nicht selten unsere Gedanken und verzehrt unsere Energie. Viele Herausforderungen halten uns permanent auf Trab, ohne dass wir sie jemals wirklich lösen. Und mehr noch: Kaum haben wir ein neues Stadium der kindlichen Entwicklung gemeistert oder schließlich doch das eine oder andere Problem gelöst, müssen wir feststellen, dass schon wieder ganz andere, neue Themen auf den Plan treten. Jeder Job dieses Ausmaßes würde eine Fülle von Emotionen hervorrufen – auch Wut.

Und um die Sache noch etwas komplizierter zu machen, ist das Elternsein ja nicht unser einziger Job. Unsere Tage sind angefüllt mit den unterschiedlichsten Verpflichtungen, die nicht nur viel Zeit und Energie in Anspruch nehmen, sondern uns zusätzlichen Stress aufbürden. Das hat zur Folge, dass wir noch weniger Geduld mit unseren Kindern haben.

## Mangelnde Übung

Elternsein ist zwar ein schwieriger, komplexer Job, doch keiner bildet einen dafür aus, noch gibt es klare Anweisungen. Selbst wenn man Erziehungsratgeber liest oder Elternkurse besucht, reagiert doch jedes Kind individuell und auch die Familiendynamik verändert sich täglich. Wie gut vorbereitet man auch ist, Elternsein ist »learning by doing« – und das in einem Job, der sich tagtäglich verändert! Deshalb ist perfektes Elternsein unmöglich – und wir fühlen uns, als würden wir einem ständig davonlaufenden Ziel hinterherjagen. Die mangelnde Übung und die fehlende »Ausbildung« verursachen angesichts der enormen Aufgabe, die wir vor uns haben, Unsicherheit und Hilflosigkeit. Wenn wir die Dinge in die Richtung zwingen wollen, die wir für richtig halten, kann dies Wut in uns verursachen.

Mia, Mutter einer kleinen Tochter

### » Dieser kleinen Person vertrauen lernen

Bis vor einigen Monaten habe ich jeden Aspekt in Olivias Leben fast zwanghaft kontrolliert. Erst als sie dagegen rebellierte, begriff ich, dass sie ein eigenständiger Mensch ist und eigene Ideen, Vorlieben und Ansichten hat! Erst heute wurde mir klar, dass ihr Verhaltenswandel sich nicht nur darauf bezog, was sie anziehen wollte oder dass sie nicht mehr auf mich hörte, sondern dass sie begann, eine eigene Persönlichkeit zu entwickeln. Ich denke, dass ein Teil meiner Wut daher rührt, dass ich Olivia nicht mehr allumfassend kontrollieren kann. Sie ist eine komplett andere Persönlichkeit als ich und als die Erwartung, die ich von ihr hatte – und dadurch habe ich mich infrage gestellt gefühlt. Es kommt mir vor, als wäre die Nabelschnur ein weiteres Mal durchtrennt worden. Ich muss jetzt begreifen, dass ich dieser kleinen Person, über die ich immer weniger Kontrolle habe, vertrauen muss, dass sie ihre eigenen richtigen Entscheidungen trifft – auf der Grundlage jener Instrumente, die ich ihr in den vergangenen zweieinhalb Jahren beigebracht habe. Dieser Gedanke lässt mich schlucken. Zum einen deshalb, weil ich es kaum glauben kann, dass sie eines Tages selbst fliegen können wird; zum anderen deshalb, weil ich das schon vor Monaten hätte erkennen können, als meine Wut und meine Frustrationen ihren Höhepunkt erreicht hatten.
Die erste Hälfte von Olivias zweitem Lebensjahr war ein Kinderspiel – ich verstand überhaupt nicht, warum alle Welt einen solchen Wirbel um dieses Alter veranstaltet. Nicht dass Olivia ein Engel war, aber wir kamen gut miteinander zurecht. Doch die zweite Hälfte ihres zweiten Lebensjahres war, nun, sagen wir schwierig und interessant. Plötzlich verwandelte sich mein kleines braves Mädchen in eine Diva, die nur machte, was ihr in den Kram passte. Der Vergleich mit einem sich bewegenden Ziel ist sehr zutreffend. Wenn ich gerade ein Problem gemeistert und Ungezogenheiten ausgemerzt hatte, ließ sie sich etwas Neues einfallen, und ich stand wieder ganz am Anfang. Ich bin wirklich dagegen, Kinder zu schlagen, aber ich muss gestehen, dass ich einige Male kurz davor war, es zu tun. Und auch das hat mich wütend gemacht.
Es ist hilfreich, die Ursachen dieser Wut zu ergründen, das hat mir inzwischen schon sehr geholfen. Ich bin in der Lage, mich zu bremsen und zu fragen, woher die Wut in dieser Situation kommt. Dann erinnere ich mich immer wieder daran, dass mein Kind jetzt selbstständig wird – und dass dies ja eine wirklich gute Sache ist.«

## Fehlende Unterstützung

In der Vergangenheit lebten die Menschen in Großfamilien zusammen und verließen ihre Geburtsorte oft ihr Leben lang nicht. Deshalb hatten junge Eltern ihre Großeltern, Tanten, Onkel, Geschwister und Freunde in ihrer Nähe, die sie in ihrer neuen Rolle unterstützten. Tauchte eine Schwierigkeit auf, waren gleich viele Helfer zur Stelle. Bei den heutigen Kleinfamilien und der erhöhten Mobilität hat man oft keine Verwandten in Reichweite – vielleicht lebt man sogar in unterschiedlichen Kontinenten. Häufige Umzüge bedeuten, dass enge Freundschaften seltener werden.

Hinzu kommt, dass die Zahl der Alleinerziehenden stetig wächst; dieser Elternteil trägt die Hauptverantwortung für die Erziehung und den Haushalt, dazu kommt der finanzielle Druck. Fehlende Unterstützung und erhöhter Druck öffnen Stress und Wut die Pforten.

Emma, Mutter zweier Kleinkinder

» Elternsein – ein einsamer Job

Eltern von heute stehen unter enormem Druck, als perfekte Eltern zu funktionieren, haben aber nicht den notwendigen Rückhalt durch Freunde und Verwandte. Ihnen fehlen Unterstützung, erfahrener Rat und Menschen, die einfach da sind, wenn man sie braucht. Elternsein kann ein sehr einsamer, schwieriger Job sein.«

## Frustration, Konfusion und Enttäuschung

Aufgrund des Drucks von vielen Seiten, über den wir gerade schon gesprochen haben, läuft vieles im Haushalt nicht immer rund und planmäßig. Wir können versuchen, uns der vielfältigen Erziehungsinstrumente aus unserem Repertoire zu bedienen; wir haben durchgeplante Tagesabläufe, wir handeln überlegt – und doch stehen wir plötzlich vor einem Kind, das nicht so will, wie wir wollen. Das führt zu Bestürzung und Frustrationen: »Warum benimmt sich mein Kind nicht?« »Warum um alles in der Welt bekomme ich die Situation nicht in den Griff?« Solche Szenarien können auch zu Enttäuschung im Hinblick auf das Kind und sich selbst führen. Und all diese negativen Emotionen können schließlich in Wut münden.

Emotionale Tunnelvisionen tragen weiter dazu bei, die Wut zu vergrößern. Wir sehen, hören und begreifen nicht, was die Ursache dieser Wut sein könnte, und dieser Umstand bläst die Wut, die Bestürzung, die Enttäuschung und die Frustrationen weiter auf, bis diese negativen Emotionen wie ein mächtiger Berg vor uns stehen.

## Unrealistische Erwartungen

Es gibt drei Situationen, in denen die Erwartungen nicht mehr in Einklang mit dem echten Leben stehen. Die erste Situation ist unsere Vision von Familienleben. Viele Menschen malen sich in ihrem Kopf ein Bild von Familie, noch bevor sie Kinder haben. Während der Schwangerschaft oder des Adoptionsverfahrens hängen die werdenden Eltern Tagträumen von ihrer zukünftigen Familie nach. Diese Tagträume konzentrieren sich auf die Freuden des Elternseins und klammern die unangenehmen Seiten, die ja einen beträchtlichen Teil des echten Lebens ausmachen, meist aus. Doch die Realität macht den Erwartungen schon von Anfang an den Garaus – sei es durch eine schwere Geburt, durch postnatale Depressionen, durch Verzögerungen im Adoptionsverfahren, durch Nächte ohne Schlaf, durch ein Baby, das unter Koliken leidet und so weiter und so fort.

Sienna, Mutter dreier Kleinkinder

## » Zu sehr mit mir selbst beschäftigt

Als meine Große zwei war, wurde ich mit unserem zweiten Kind schwanger. Als wir eines Tages einen Ausflug auf den Spielplatz planten, bestand meine Tochter darauf, ihr kleines Tretauto mitzunehmen. Doch der Spielplatz ist zehn Gehminuten entfernt. Also sagte ich ihr, dass sie es nur mitnehmen dürfe, wenn sie ganzen Hin- und Rückweg mit dem Tretauto fährt und ich es nicht tragen muss. Sie willigte natürlich ein. Den Hinweg schaffte sie auch, aber auf dem Rückweg war sie so müde, dass sie sich weigerte, mit dem Tretauto zu fahren. Spätestens an diesem Punkt hätte ich erkennen müssen, dass ich viel zu viel von meiner Tochter erwartet hatte, aber ich war so sehr mit meiner eigenen Erschöpfung beschäftigt, dass ich wahnsinnig wütend auf sie wurde. Ich schnappte das Tretauto und hielt ihr den ganzen Weg lang einen Vortrag über Verantwortung. Ja, ich weiß, dass das verrückt ist. Sie war ja erst zwei! Aber ich habe es getan! Keine andere Erinnerung ist mir so peinlich wie diese. Ich denke, wir müssen die Erwartungen an unsere Kinder realistisch halten, aber das fällt uns Eltern in manchen Situationen einfach nicht leicht.«

Ein anderer Bereich, in dem die Erwartungen überborden, ist der des Benehmens im Alltag. Auch wenn wir bei anderen Kindern schon viele Trotzanfälle beobachtet haben, auch wenn wir viele Kinder kennen, die ihren Eltern widersprechen und nicht gehorchen, auch wenn wir wissen, dass Kinder jammern, nörgeln und weinen, und auch obwohl jeder von uns ein Kind war, das sich nicht immer gut benommen hat, hat es sich irgendwo in unserem Unterbewusstsein festgesetzt, dass »mein Kind doch ganz anders als alle anderen sein wird«. Wir glauben, dass, wenn wir unser Kind nur genug lieben, es uns auch lieben und brav sein wird. Wenn unser Kind nun einen Wutanfall bekommt, sein Essen auf den Boden wirft oder absichtlich Regeln bricht, dann erfahren wir den himmelweiten Unterschied zwischen Erwartungen und Realität.

Die Letzte unserer übertriebenen Erwartungen hat mit unserem Selbstbild als Eltern zu tun. Wir selbst setzen unsere Messlatte extrem hoch und sind uns dessen noch nicht einmal bewusst. Wir legen unsere Erwartungen fest, indem wir unsere eigenen Eltern betrachten, andere Eltern betrachten, Erziehungsratgeber lesen und/oder Elternkurse besuchen. Wir haben es wahrscheinlich gehasst, wenn uns unsere Eltern angeschrien haben, und haben uns geschworen, niemals selbst so zu werden. Wir beobachten andere Eltern, wie sie betteln und drohen, schimpfen und toben – und wir denken zu wissen, dass wir niemals so handeln würden. Von ganzen Herzen stimmen wir sanften, positiven Erziehungsmethoden zu und wollen auch nur solche anwenden. Doch dann müssen wir erkennen, dass es Situationen gibt, in denen auch wir betteln und drohen, schimpfen und toben und dass auch wir jene Methoden, an die wir fest glauben, nicht immer umsetzen können.

Diese Diskrepanz zwischen Erwartungen und Realität lässt ein Vakuum entstehen, das sich oft ungewollt mit Wut füllt. Je größer das Vakuum, desto mehr Raum kann die Wut greifen. Mit anderen Worten: Je weiter Erwartungen und Realität auseinanderklaffen, desto größer ist die Gefahr, dass diese Lücke sich mit Wut oder anderen negativen Emotionen füllt.

Mama, Arm!

## Unsere Kinder als Blitzableiter

Manchmal hat die Wut, die wir gegen unsere Kinder richten, gar nicht mit ihnen zu tun. Vielleicht haben wir uns mit unserem Partner gestritten, hatten Ärger im Büro, hatten ein Computerproblem oder wurden mit einem von vielen anderen Ärgernissen konfrontiert. Und dann ist da unser Kind, das sich wie ein ganz normales Kind verhält, nur leider im falschen Moment, und schon bekommt es unseren ganzen Ärger ab.

In einem anderen Moment hat sich unser Kind vielleicht wirklich schlecht benommen. Dieses Fehlverhalten löst unseren Wut-Knopf aus – das Verhalten unseres Kindes addiert sich zu dem bereits vorhandenen Haufen an Zorn, und so sind wir nur noch zu verzerrten Reaktionen fähig.

Anstatt also angemessen auf die Situation zu reagieren, explodieren wir.

Kim, Mutter einer kleinen Tochter

### » Meinen Stress lass ich vor der Haustür

Wenn ich einen schlechten Tag hatte, muss ich mich immer daran erinnern, meinen Stress nicht mit nach Hause zu meiner Tochter zu nehmen. Ich sage mir immer wieder, dass meine schlechte Laune das Problem ist und weniger das Verhalten meines Kindes. Also sage ich mir in meinen Kopf immer wieder ›Lass deine miese Laune nicht an Evelyn aus.‹ An schlechten Tagen hilft das wirklich.«

## Erwischt: Die wahren Ursachen

Menschen sind komplexe Kreaturen. Die Gefühle, die wir nach außen tragen, sind nicht immer die, die sie zu sein scheinen. Was sich der Außenwelt manchmal als Wut präsentiert, kann etwas ganz anderes sein. Manchmal verstecken sich hinter augenscheinlicher Wut andere Empfindungen wie Sorge, Angst, Scham, Frustrationen oder Hilflosigkeit. Hier einige Beispiele: Ihr Kind verschwindet im Supermarkt plötzlich (Sorgen), läuft ohne zu schauen über die Straße (Angst), hat in der Öffentlichkeit einen Wutanfall (Scham), setzt sein störendes Verhalten trotz unseres Einschreitens fort (Frustration) oder benimmt sich anderen gegenüber respektlos und gemein (Hilflosigkeit). Die Wut, die bei uns Eltern in solchen Situationen herausbricht, verhindert, dass wir uns mit den schmerzhaften Empfindungen auseinandersetzen müssen, die der eigentliche Grund allen Übels sind.

## Wut: Eine ganz normale Reaktion

Die Palette der menschlichen Emotionen ist sehr breit; Wut ist nur eine Empfindung von vielen. Menschsein bedeutet, als Reaktion auf internen Stimulus und externe Ereignisse einen Strom an Emotionen zu erfahren. Jeder Mensch kennt Wut. Sie ist eine natürliche biologische Antwort auf Schmerz (körperlichen wie seelischen), auf Bedrohung und Frustration. Wut führt zu starken, fokussierten, zielgerichteten Verhaltensweisen, die Menschen in gefährlichen Situationen zur Selbstverteidigung einsetzen. In früheren Zeiten war Wut ein rettender Überlebensmechanismus. Leider ist Wut keine selektive Empfindung – wir werden in Situationen wütend, die wir auf andere Weise viel besser lösen könnten.

Auch hängt es von der individuellen Persönlichkeitsstruktur ab, wie schnell, wie oft und wie heftig ein Mensch wütend wird. Jeder geht unterschiedlich mit diesem Gefühl um. Manche Menschen brüllen, andere schlagen um sich, wieder andere reagieren nervös und reizbar. Bei manchen richtet sich der Zorn nach innen; sie schmollen oder köcheln leise vor sich hin, was zu Kopfschmerzen, Magenweh und Schlimmerem führen kann.

Vergessen Sie nie, dass auch unsere Stimmungen und Launen bestimmen, wie wir auf unsere Kinder reagieren. Wenn wir an einem guten Tag bestens aufgelegt sind, lässt uns das verschüttete Müsli völlig kalt. Wenn wir an einem schlechten Tag miese Laune haben, kann die gleiche Situation jedoch der Auslöser für einen schlimmen Wutausbruch bei uns sein. Wir sind nicht perfekt, und wir sollten von uns auch keine Perfektion verlangen – ebenso wenig wie wir von unseren Kindern verlangen können, dass sie jeden Tag Engel sind.

Wir können lernen, unsere Gefühle zu identifizieren und zu kontrollieren, so dass unsere Reaktionen nicht eskalieren, aus dem Ruder laufen und die Situation noch schlimmer machen, als sie ohnehin ist. Wir können lernen, unsere Wut als Hinweis darauf zu deuten, dass etwas nicht stimmt und verändert werden muss. Und wir können sie tatsächlich zum Anlass nehmen, praktische Schwierigkeiten zu lösen.

**Die Wut selbst lässt sich nicht abschaffen – und das muss auch gar nicht sein. Wut ist nicht das eigentliche Übel. Das Schlimme, wenn wir wütend sind, sind unsere Reaktionen.**

Bridget, Mutter einer kleinen Tochter

## » Es liegt an der Angst zu versagen

Ich glaube, Wut hängt manchmal eng mit unserer eigenen Versagensangst zusammen. Ich empfinde Frustration und Wut, wenn sich mein Kind in der Öffentlichkeit oder gegenüber Freunden oder Verwandten nicht gut benimmt. Es ist manchmal schwer, mit einer Situation umzugehen, wenn man die Blicke der anderen spürt. Man fürchtet ihr Urteil, man fürchtet, dass sie einen für eine schlechte Mutter halten. Auch wenn einem das nichts ausmachen sollte, sieht die Realität doch anders aus.«

## Bleiben Sie cool

Wenn Ihr Kind im Einkaufszentrum einen Wutanfall von olympischen Ausmaßen hinlegt, das Sofa bemalt, Saft auf Ihrem Computer verschüttet oder die kleine Schwester schlägt, ist Ihre natürliche, automatische und unvermeidbare Reaktion: Wut. Manche Menschen raten, Wut nicht aufzustauen, sondern herauszulassen. Psychologen hingegen halten diesen Ansatz für gefährlich, denn er kann die Wut steigern und zu ernsten Aggressionen führen. Außerdem lenkt er von der tatsächlichen Problematik ab.

Anstatt zu versuchen, nicht wütend zu werden – was fast unmöglich ist – oder die Wut zurückzuhalten (was auf andere Weise nach hinten losgehen kann), sollten Sie sich darauf konzentrieren, die Gefühle zu erkennen, auf die Ihre Wut gründet, und eine angemessene Reaktion für diese Emotionen zu finden. Mit anderen Worten: Je mehr Sie versuchen, in ärgerlichen Situationen nicht mehr wütend zu werden, desto eher werden Ihre Emotionen aus dem Ruder laufen.

Ihr Ziel ist es also, Strategien zu entwickeln und anzuwenden, die es Ihnen erlauben, mit Wutgefühlen umzugehen, ohne dass andere Personen oder Dinge Schaden nehmen. Gleichzeitig gelingt es Ihnen, das aktuelle Problem zu erkennen und zu lösen. Darüber hinaus wird Ihnen bewusst, dass nicht Ihr Kind, sondern Sie selbst für Ihren eigenen Unmut verantwortlich sind.

Melissa, Mutter einer kleinen Tochter

### » Ich möchte Wege finden, den Kreislauf zu durchbrechen

Wenn ich müde, hungrig, in Eile oder gestresst bin, bin ich nicht mehr in der Lage, die einfachste Erziehungsstrategie abzurufen. Ich kann kindisches Verhalten dann nicht ertragen und werfe mit Befehlen und Kommandos um mich. Ich habe meinem Kind auch schon einen Klaps auf das Bein oder die Hand gegeben, und danach habe ich mich schrecklich gefühlt. Weil dieses Verhalten meilenweit von dem entfernt ist, was ich mir ursprünglich vorgenommen habe, schäme ich mich sehr dafür. Ich fühle mich schuldig und befürchte, dass ich die Beziehung zu meinem Kind – oder schlimmer noch: seine Psyche – beschädigt habe. Meine eigenen Eltern haben mir nie einen Klaps gegeben, aber wenn man sie zum Äußersten getrieben hat, hat meine Mutter uns manchmal in die Beine oder den Po gekniffen. Ich muss leider feststellen, dass ich manchmal ähnlich reagiere. Ich sollte wahrscheinlich dankbar sein, dass ich keine schlagenden Eltern hatte, denn ich stelle es mir sehr schwierig vor, diesen Kreislauf zu durchbrechen. Es ist ganz klar, dass weder Wut noch Gewalt bei der Erziehung helfen. Deshalb möchte ich noch mehr Wege finden, diese negativen Gefühle zu kontrollieren. Ich wünschte, man hätte mir beigebracht, wie man Wut in konstruktive Bahnen lenkt, wie man sich schnell beruhigt und die Situation positiv handhabt.«

## Packen Sie den Stier bei den Hörnern

Wahrscheinlich wurde Ihnen niemals beigebracht, wie man konstruktiv mit Wut umgeht. Wahrscheinlich haben Ihnen Ihre Eltern dies nicht in Ihrer Kindheit beigebracht, und in der Schule lernt man so etwas normalerweise auch nicht. Schlimmer noch: Womöglich haben Sie den mangelhaften, unzulänglichen Umgang mit Wut von Ihren eigenen Eltern und anderen Bezugspersonen aus Ihrer Kindheit übernommen. Kinder (und auch Sie waren früher einmal ein Kind) kopieren häufig das Verhalten ihrer Bezugspersonen, und das gilt auch für den Umgang mit Wut und anderen negativen Emotionen. Das, was Kinder beobachten, fließt in ihre eigenen Verhaltensmuster ein und verfestigt sich im Laufe ihres Lebens – es sei denn, sie ergreifen als spätere Erwachsene die Initiative und verändern diese Verhaltensmuster.

Typischerweise trifft man in Kursen zum besseren Umgang mit Wut und Aggression fast ausschließlich Erwachsene an, die in einer Familien- oder Paartherapie sind, oder die wegen ihres extremen Gewaltpotentiales von einem Gericht dazu verurteilt wurden, diese Kurse zu besuchen. Das ist wirklich mehr als schade, denn jeder Mensch könnte von besserem Umgang mit der Wut profitieren. Auf den folgenden Seiten vermittle ich Ihnen spezifische Strategien, wie Sie als Eltern Ihre Gefühlsausbrüche unter Kontrolle bringen, und ebenso Tipps, wie Sie Ihren Kindern einen konstruktiveren Umgang mit diesen heftigen Emotionen beibringen können.

Ein weiterer Punkt, den man berücksichtigen muss, ist die Tatsache, dass jeder Mensch unterschiedlich auf Stresssituationen reagiert; wir haben sozusagen alle individuelle »Wut-Persönlichkeiten«. Manch einer reagiert seine Wut durch Brüllen und Aufstampfen mit den Füßen ab, andere fressen die Wut eher in sich hinein und/oder meiden den Menschen oder die Situation, der oder die die Wut auslöst.

Denken Sie darüber nach, wie Sie typischerweise in einer Wut-Situation reagieren – was sind Ihre spontanen Gedanken und Reaktionen? Wenn Sie diese identifizieren und begreifen, wird es Ihnen viel leichter fallen, Ihr Verhalten und Handeln zu verändern.

## Selbstverleugnung, Schmerz oder Erschöpfung

Eltern sind in der Regel permanent eingespannt und entsprechend gestresst. Sie kümmern sich um die Wünsche und Bedürfnisse ihrer Kinder und vernachlässigen dabei ihre eigenen. Vielleicht kommt die gesunde Ernährung zu kurz, und für Sport bleibt auch keine Zeit mehr. Ganz zu schweigen von dem Schlafmangel, unter dem viele Eltern leiden.

Während viele Eltern sich dieser Situation nicht bewusst sind, kann die ständige Sorge um die Bedürfnisse der Kinder bei gleichzeitiger Vernachlässigung der eigenen Bedürfnisse zu unterbewusster Verbitterung führen. Diese verborgenen Emotionen können jedoch auch an die Oberfläche gelangen – befeuert durch die tägliche elterliche Frustration können sie in einem Moment der Wut leicht ausbrechen.

Eltern müssen funktionieren – ganz gleich, wie sie sich fühlen. Die Kinder versorgen, sich um den Haushalt kümmern und im Beruf seinen Mann bzw. seine Frau stehen halten sie von früh bis spät auf Trab. Und nicht selten gehören nicht einmal die Nächte ihnen, weil das Kind nicht durchschläft. Eltern müssen sich durch Schlafmangel und Schmerzen wie Kopfweh, Rückenschmerzen oder Erkältungen, möglicherweise durch weitere Schwangerschaften, postnatale Depressionen oder andere Beschwerden kämpfen. Menschen neigen eher zu Wut und Jähzorn, wenn sie körperlich nicht auf der Höhe sind.

Kinder jedoch verstehen die körperlichen Beschwerden ihrer Eltern noch nicht. Also setzen sie ihr Jammern, Nörgeln und ihre Wutausbrüche fort und treiben ihre Eltern an den Rand ihrer Kräfte. In einer solchen Situation kann selbst das ganz normale Spiel der Kinder, das nun einmal laut und turbulent ist, bei einer erschöpften Mutter oder einem müden Vater zu einer überzogenen Reaktion führen. Sind bei den Erwachsenen dann noch Medikamente, Drogen oder Alkohol im Spiel, werden die normalen Reaktionen zusätzlich verzerrt, so dass es zu Wutreaktionen kommen kann.

Wiederholte heftige Wutausbrüche führen bei Eltern zu einem unberechenbaren, willkürlichen Verhalten, das die Eltern-Kind-Beziehung langfristig schädigen kann.

## Sie schaffen das: Ruhe bewahren

Sie können Ihre Wut kontrollieren. Sie kontrollieren Ihre Wut die ganze Zeit. Sie glauben mir nicht? Überlegen Sie mal, wie oft Sie sich in einem Geschäft über einen Verkäufer ärgern, im Lokal über eine Bedienung, im Büro über Ihren Chef, über Ihren Nachbarn, einen Beamten, andere Verkehrsteilnehmer. Wie oft schlucken Sie Ihren Ärger hinunter und benehmen sich zivilisiert? Und denken Sie mal daran, wie oft sich Ihr Kind schon schlecht benommen hat, Sie aber Ihren Ärger zurückgehalten haben, weil es sich in der Öffentlichkeit, im Beisein Ihrer Schwiegermutter oder des Lehrers abspielte. Sie waren sehr wohl in der Lage, Ihre Wut unter Kontrolle zu halten, denn Sie hätten einen hohen Preis zahlen müssen. Ihr Ruf hätte gelitten, Sie hätten sich geschämt oder wären schlimmstenfalls polizeilich belangt worden.

Wenn Sie wütend auf Ihr Kind sind, ist das Schlimmste, was passieren kann, dass Ihr Kind Ihnen dies mit Wut oder Tränen heimzahlt. Auch wenn sich wirklich niemand eine solche Situation wünscht, ist dies dennoch oft genug keine ausreichende Motivation, die eigene Wut zu stoppen. Es handelt sich dabei um eine unbewusste Entscheidung, aber es passiert.

Hat man erst einmal erkannt, dass Wut keine wirksame Erziehungsmethode ist und die Eltern-Kind-Beziehung belasten, oder gar schädigen kann, während andere Methoden langfristig zu positiven Ergebnissen führen, bringt man gerne die Motivation auf zu lernen, wie man mit der Wut richtig umgeht.

Dabei werden Sie mit Methoden vertraut gemacht, wie Sie Ihre Wut zugunsten besserer, wirksamerer Reaktionen kontrollieren können; Sie trainieren diese Methoden und lernen, sie in der entsprechenden Situation umzusetzen.

Alexander, Vater zweier Kleinkinder

» Ich flüchte mich in die Garage

Schlechter Tag in der Arbeit, viele Anrufe, etliches ging schief, Lärm, Kopfschmerzen ... das führt zu Stress, und der führt zu WUT! Dann komme ich nach Hause und statt das bisschen Zeit, das ich mit meinen Kinder verbringen kann, zu genießen, nervt mich ihre Unruhe und ihr Lärm. Und bei der erstbesten Gelegenheit motze ich sie an – oder suche das Weite, indem ich mich in meine Garage flüchte.«

## Der ganz normale Wahnsinn

Die meisten von uns haben eine klare Vorstellung, wie Haushalt und Familienleben idealerweise ablaufen sollten. Wir haben ein Bild von Ordnung, gut geplanten Abläufen und einer friedlichen Atmosphäre vor Augen (mit selbst gebackenem Apfelkuchen, wenn möglich). Doch Tatsache ist, dass es in den meisten Familien lauter, unordentlicher und chaotischer zugeht, als sie es sich wünschen. Wir leben Tag für Tag damit, obwohl wir uns etwas anderes ersehnen. Wenn Sie dann eines Tages – während der Fernseher dröhnt und das Baby brüllt – über einen Puppenbuggy stolpern oder einen zerbrochenen Teller entdecken, bricht all Ihr Unglück auf einmal heraus.

In dieser Situation ist es hilfreich zu akzeptieren, dass man es mit kleinen Kindern im Haus eher nicht auf das Cover von »Schöner wohnen« schafft. Setzen Sie Prioritäten, etablieren Sie feste Abläufe und Routinen und sehen Sie vielleicht gewisse Dinge etwas entspannter, um Ihre Nerven zu schonen.

Wenn Ihr Kind in einigen Jahren das Haus verlässt, wird Ihr Heim so aussehen, wie Sie es sich schon die ganze Zeit wünschen: sauber, ordentlich, gepflegt. Und Sie werden Ihr Kind dann so sehr vermissen, dass Sie sich fragen, warum Ihnen solch unbedeutende Kleinigkeiten wie Ordnung und klinische Sauberkeit jemals so wichtig sein konnten.

## Kinder sind kindisch

Kinder sind unberechenbar, naiv und narzistisch. Sie wissen nicht viel von sozialen Regeln und Verhaltensnormen. Außerdem sind sie von uns Eltern unabhängige Wesen mit einem eigenen, freien Willen. Sosehr man sich auch bemüht – man kann kein Kind zum Essen, Schlafen, Aufräumen, Bitte- und Dankesagen oder Töpfchengehen zwingen. Man kann es höchstens bitten. Man kann betteln und meckern, drohen und schimpfen – aber ein Kind ist ein eigenständiger Mensch, der völlig losgelöst von seinen Eltern »funktioniert«. Kinder sind weder weise noch rational handelnd noch reif. Sie wollen tun, was sie tun wollen, und sie kümmern sich nicht um die Vergangenheit oder die Zukunft. Und es tangiert sie auch nicht, wie ihr Handeln sich auf andere Menschen oder Dinge auswirkt.

Kinder begreifen die Dinge nicht immer so, wie wir annehmen, dass sie es täten. Wir gehen davon aus, dass sie ihre Lektion ge-

# Ruhe bewahren...

lernt haben oder dass sie eine Aufforderung verstanden haben, aber oftmals ist dies nicht der Fall. Das ist besonders für Eltern sehr frustrierend, die glauben, ein Thema in aller Deutlichkeit auf den Punkt gebracht zu haben – doch das Kind ist (im übertragenen Sinne) in einer ganz anderen Richtung unterwegs.

Wir können Kinder nicht zwingen, weniger kindisch zu sein, und wir können auch ihren Reifeprozess nicht beschleunigen. Und das wollen wir letztlich auch gar nicht, denn das, was uns so frustriert, bringt uns doch die meiste Freude: nämlich zu beobachten, wie fröhlich, unvoreingenommen und offen unser Kind auf die Welt zugeht. Wenn jedoch diese kindliche Existenz bedeutet, dass unsere Kinder nicht das tun wollen oder können, das wir von ihnen fordern, und wir keinen Weg finden, sie dazu zu bringen, dann ist elterliche Wut das unvermeidliche Resultat.

## So viele Gründe für Wut bei Eltern

Jetzt, wo Sie wissen, wie viele Ursachen unsere Wut haben kann, kommt es Ihnen vielleicht unmöglich vor, einen Tag ohne Wutausbruch zu überstehen. Angesichts der zahlreichen Anforderungen und schwierigen Situationen, mit denen wir tagtäglich konfrontiert sind, ist es tatsächlich eine größere Herausforderung, ruhig zu bleiben. Ja, so ist es, und deshalb dürfen Sie sich ruhig für jedes Mal, wenn Sie eine Sache konstruktiv lösen, loben und auf die Schulter klopfen. Lassen Sie uns nun beginnen, Strategien zu beleuchten, wie Sie mit Ihrer Wut umgehen können, wenn sie sich das nächste Mal bei Ihnen ankündigt.

# Die sechs Stufen der Wut

**»Wut« ist ein Begriff, der ein breites Spektrum von Emotionen beschreibt – angefangen von leichtem Ärger bis hin zu rasendem Zorn. Nicht alle dieser Empfindungen sind schlecht oder gefährlich. In schwächerer Ausprägung können sie als Anstoß für Veränderungen und konstruktive Problemlösungen dienen.**

Ein schwaches Gefühl von Ärger hält uns fokussiert und führt dazu, dass uns auch die Kinder aufmerksamer betrachten. Emotionen wie Unzufriedenheit oder Gereiztheit können uns darauf hinweisen, dass da etwas Dunkles lauert; aber sie führen nicht dazu, dass wir die Kontrolle über unser Handeln verlieren. Doch je stärker Emotionen allerdings werden, desto schwieriger lassen sie sich kontrollieren – und desto größer wird die Gefahr, dass unsere Reaktionen negativ aus dem Ruder laufen.

*wichtig*

**Eine erhobene Stimme ist nicht automatisch etwas Schlimmes – solange man sich kontrolliert und respektvoll ausdrückt.**

Eine weitere Schwierigkeit in Zusammenhang mit Wut besteht darin, dass sie sich sehr schnell von einer geringen Stufe bis hin zu rasendem Zorn steigern kann, wenn man sie nicht von Anfang an in Schach hält. Hinzu kommt: Je wütender Eltern werden, desto mehr gerät ihnen das Kind außer Kontrolle. Man muss sich das wie zwei Schneebälle vorstellen, die aufeinander zurollen und am Fuße des Berges zusammenrauschen. Die Eskalationsstufen von Wut könnten wie folgt aussehen:

- Stufe 1 – Irritation
- Stufe 2 – Verstimmung
- Stufe 3 – Gereiztheit
- Stufe 4 – Ärger
- Stufe 5 – Wut
- Stufe 6 – Rasender Zorn

Elterliche Wut nimmt oft in einem milden Stadium seinen Lauf und wächst sich dann zu unkontrollierbarem Zorn aus. Die folgende Übersicht zeigt, wie dies ablaufen kann:

### Wie elterliche Wut eskalieren und außer Kontrolle geraten kann

| Was macht das Kind | Was macht das Elternteil | Elternteil fühlt sich ... |
|---|---|---|
| Spielt mit seinen Spielsachen. | Bemerkt, dass es Schlafenszeit ist und bittet das Kind, die Spielsachen wegzuräumen: »Zeit, ins Bett zu gehen.« | Ruhig |
| Hört, aber ignoriert die Bitte der Eltern, spielt weiter. | Bemerkt, dass das Kind nicht auf die Bitte eingeht, und wiederholt die Bitte: »Hast du mich nicht gehört? Räum deine Sachen weg.« | Irritiert |

| Was macht das Kind | Was macht das Elternteil | Elternteil fühlt sich ... |
|---|---|---|
| Räumt die Sachen weg, aber holt neue Spielzeuge hervor und fängt an, damit zu spielen. | Bemerkt, wie die Zeit vergeht, und fordert das Kind auf: »Mach mal! Zeit zum Aufräumen.« | Gereizt |
| Quengelt nach mehr Spielzeit. | Verlangt Gehorsam: »RÄUM' JETZT AUF!« | Ärgerlich |
| Jammert und weint. | Erhebt die Stimme und droht Strafe an: »Hört auf zu nörgeln und räum' auf, sonst gibt es keine Gute-Nacht-Geschichte!« | Wütend |
| Wirft sich auf den Boden, heult und ignoriert das rundum verstreute Spielzeug. | Brüllt das Kind an und feuert wütend die Spielsachen in die Kiste: »Warum tust du nie, was ich dir sage? Du machst mich so wütend!« | Zornig |
| Reißt die Spielsachen aus der Kiste, stampft mit den Füßen auf und weint. | Verliert die Kontrolle, gibt dem Kind einen Klaps, zerrt es ins Kinderzimmer und brüllt es dabei an: »Ich hab das so satt! Ab jetzt ins Bett, SOFORT!« | In wilder Rage |
| Weint sich in den Schlaf, fühlt sich ungeliebt und einsam. | Fühlt sich frustriert, schuldig und voller Scham. | Schuldbewusst |

Die Emotionen zwischen Eltern und Kind können sich ziemlich zuspitzen. Wir können eine solche Eskalation vermeiden, indem wir lernen, Wut in ihrem Anfangsstadium zu erkennen und sie ganz bewusst rechtzeitig zu entschärfen. Gehen wir einen Schritt weiter, können wir auch lernen, wie wir mit unserem Kind kommunizieren sollten, um es zur Mitarbeit zu bewegen. Doch zunächst schauen wir einmal, warum und wie Wut sich hochschaukelt.

# Machen Sie es schlimmer, als es ist?

**Viele Eltern bringen ihren Ärger unwissentlich und unbeabsichtigt zum Anschwellen. Während die Wut im Innern zu wachsen beginnt, verhindert sie vernünftiges Denken – sie schaltet die rationale Hirnhälfte ab.**

Die Gedanken, die einem in Momenten der Wut durch den Kopf schießen, sind unangemessen, irrational und basieren auf falschen Annahmen. Man betrachtet Situationen als endgültig und verurteilt die Aktionen des Kindes als absichtliches Fehlverhalten und nicht als das, was es tatsächlich ist: Teil des natürlichen Entwicklungsprozesses des Kindes.

Lassen Sie uns im Folgenden einige der verbreitetsten Irrtümer untersuchen, die dazu führen, dass unsere Wut aus dem Ruder läuft.

Im Anschluss werden wir diese Irrtümer zurechtrücken und zu einer angemesseneren Sichtweise gelangen. Damit schaffen wir die Grundlage für ein friedlicheres Miteinander.

## Musterknabe statt Rabauke?

»Meine Kinder dürfen sich niemals danebenbenehmen – und wenn sie das doch tun, dann macht mich das wütend.« Beim Lesen dieses Satzes haben Sie wahrscheinlich gedacht: »Das stimmt natürlich nicht!« Ihr aktueller ruhiger Gemütszustand erlaubt es Ihnen, die Dinge so zu sehen. Aber wenn Sie sich mit schlechtem Benehmen Ihres Kindes konfrontiert sehen, können Sie nur noch den Kopf schütteln und sich fragen, was mit Ihnen oder Ihrem Kind nicht stimmt. Kinder benehmen sich nicht immer gut. Es ist die Aufgabe der Eltern, ihren Kindern beizubringen, sich gut zu benehmen. Würden Kinder mit diesem Wissen geboren, bräuchten sie keine Eltern, nicht wahr?

Hinter der zweiten Hälfte dieses Irrglaubens versteckt sich die überraschende Auffassung: dass uns unsere Kinder mit ihrem schlechten Benehmen wütend machen. Es ist nämlich nicht das Verhalten des Kindes, das uns in Rage bringt, denn die Aktionen eines Kindes können Sie nicht dazu veranlassen, etwas zu fühlen oder etwas zu tun. Sie selbst sind Herr über Ihre Gefühle und Ihr Handeln. Nur Sie selbst bestimmen, ob Ihr Zorn eskaliert oder nicht. Deshalb schaffen Sie selbst Ihre Wut, und zwar durch die Art und Weise, wie Sie das Verhalten Ihres Kindes interpretieren. An diesem Punkt stehen Sie nicht allein da, denn hier liegt die Wurzel für viel Aggressionspotenzial bei Eltern. Und hier ist ein erster Schritt, um diese Wut zu kontrollieren: Sie müssen die Verantwortung für Ihre eigenen Gefühle und Reaktionen übernehmen.

*wichtig*

**Es ist nicht das Verhalten meines Kindes, das meine Wut verursacht. Ich selbst schaffe dieses Gefühl durch meine Interpretation des Verhaltens meines Kindes; meine Wut ist meine Reaktion auf diese Interpretation.**

Indem Sie mehr über die kindliche Entwicklung lernen, können Sie vermeiden, normales altersgemäßes Verhalten Ihres Kindes als Fehlverhalten zu interpretieren. Zum Thema kindliche Entwicklung gibt es zahlreiche gute Bücher. Sie beschreiben die typischen Verhaltensweisen und Merkmale der unterschiedlichen Altersstufen. Auch in Gesprächen mit Eltern ähnlich alter Kinder erfahren Sie etwas über typische Verhaltensweisen. Elternzeitschriften, Gespräche mit dem Kinderarzt oder Familienberatungsstellen können ebenfalls sehr hilfreich sein.

Wenn Sie wissen, wie die kindliche Entwicklung verläuft und altersgemäßes Verhalten aussieht, können Sie Wut vielleicht sogar ganz aus Ihrem Leben streichen – oder zumindest manchmal. Beispiel: Wenn Sie wissen, dass kleine Kinder besonders dann zu Wutanfällen neigen, wenn sie müde und/oder hungrig sind, und Ihr Kind eine halbe Stunde vor dem Essen einen Wutanfall bekommt (nachdem es schon keinen Mittagsschlaf hatte), können Sie die Ursachen gut nachvollziehen und das daraus erwachsende kindliche Verhalten realistisch einschätzen. Das bedeutet nicht, dass Sie das Verhalten akzeptieren oder ignorieren sollen – aber es wird Ihnen leichter fallen, damit umzugehen, denn Sie wissen, dass es sich weder um ein Defizit der Persönlichkeit Ihres Kindes noch um von Ihnen verursachte Erziehungsfehler Ihrerseits handelt. Und besser noch: Mit diesem Wissen werden Sie den einen oder anderen Wutausbruch verhindern können.

## Steter Tropfen formt das Kind

Menschen sind nicht so gemacht, dass sie eine Sache schon in der ersten Lehrstunde lernen. Das gilt für Kinder wie auch für Erwachsene. Schüler lernen, Studenten studieren, Sportler trainieren und Orchester, Tänzer und Schauspieler proben. Wie sagt man doch so schön: Übung macht den Meister. Kinder müssen unendlich viele Dinge lernen, und sie sind noch nicht in der Lage, einmal Gelerntes auf einen anderen Bereich zu übertragen. So lernen sie beispielsweise, nicht auf die Straße zu laufen, aber sie begreifen nicht automatisch, dass man auch auf einem Parkplatz aufpassen muss. Ihr Kleinkind lernt, die Finger von der TV-Fernbedienung zu lassen, greift aber immer wieder nach der Fernbedienung des DVD-Players oder nach der Computertastatur. In den ersten Jahren stürmen jede Menge Informationen auf Ihr Kind ein; es gibt sehr viel zu verarbeiten, abzuspeichern und zu erinnern.

Die Sache wird noch erschwert durch den Umstand, dass, selbst wenn ein Kind eine Regel lernt, dies nicht bedeutet, dass es sie immer anwendet. Dies gilt für Familienregeln, soziale Regeln und Naturregeln. Kinder testen immer wieder aus, ob die Regeln noch gelten oder man sie ein wenig »dehnen« oder sogar brechen kann, ohne dass sich negative Konsequenzen ergeben. Oft glauben Kinder, dass sie gute Gründe haben, die Regeln zu brechen. Oder sie halten eine Regel für ungerecht, oder sie fühlen sich unbeobachtet, oder sie verstehen die Regel nicht bzw. verstehen nicht, wie man sie in der jeweiligen Situation anwendet. Oder aber sie finden es aufregend, gegen Regeln zu verstoßen.

Leah, Mutter einer kleinen Tochter

### » Es ist nicht ihre Absicht, mich wütend zu machen

Ich bin im achten Monat schwanger, und meine Zweijährige ist gerade etwas schwierig. Gestern, während ihrer Bade- und Zubettgehzeit, war ich ziemlich müde. Auch sie war müde und wurde etwas quengelig. Also bat ich sie, den Stopfen herauszuziehen und aus der Wanne zu steigen. Sie zog den Stopfen heraus, stieg aber nicht aus. Sie legte sich in die Wanne, während um sie herum das Wasser abfloss. Ich kann mich nicht mehr vorbeugen und sie herausheben, also sagte ich ärgerlich. ›Gut, steig nicht aus, dann bleib in der Wanne. Ich kann dich nicht mehr herausheben.‹ Ich setzte mich auf den Stuhl neben der Wanne, ließ den Kopf hängen und schaute sie nicht mehr an. Dann stand sie auf und sagte: ›Mama, geht es dir besser, wenn ich dir einen Kuss gebe?‹ Und wie es mir da besser ging!
Manchmal ist es wirklich nicht einfach zu realisieren, dass man es mit einer kleinen Persönlichkeit zu tun hat. Sie hat ihre eigenen Ideen und Vorstellungen und Pläne – aber es ist nicht ihre Absicht, mich wütend zu machen. Manchmal reicht schon ein Kuss, um wieder einen klaren Kopf zu bekommen und die Situation zu retten!«

Halten Sie sich immer an die Geschwindigkeitsbegrenzung? Nein? Studien zeigen, dass 70 Prozent aller Autofahrer Geschwindigkeitsüberschreitungen zugeben.

Man kann zu schnell fahren,

- weil man verabredet und spät dran ist (Sie haben also einen »guten Grund«),
- weil man der Meinung ist, die vorgeschriebene Geschwindigkeit sei für diese Straße zu langsam (Die Regel ist »ungerecht«),
- weil man weiß, dass an dieser Stelle nie gemessen wird (Sie fühlen sich unbeobachtet),
- weil man das Schild übersehen hat (Sie kannten die Regel nicht),
- weil man mit einem neuen Auto einfach schnell fahren muss (Sie konnten der Versuchung nicht widerstehen).

Sie können die Chancen verbessern, dass Ihr Kind die Regeln schnell lernt, indem Sie sie einfach und eindeutig halten und sie konsequent durchsetzen. Und indem Sie mit gutem Beispiel vorangehen.

## Mein Kind ärgert mich absichtlich

Benimmt Ihr Kind sich nicht so, wie Sie sich das erwünscht hätten, ist das so, als würde es einen Knopf drücken und Sie damit in Rage bringen. »Warum tut mir mein Kind das an?«, fragen Sie sich. In Wirklichkeit denkt Ihr Kind dabei gar nicht an Sie – außer vielleicht, dass Sie ihm bei der Verwirklichung seiner Pläne im Weg stehen. Kinder benehmen sich nicht schlecht, um die Eltern auf die Palme zu bringen – sie wollen Sie ja gar nicht schimpfen hören, und sie wollen auch nicht bestraft werden; das würden sie viel lieber vermeiden. Ihr Kind hat ganz einfach seinen eigenen Kopf – es will, was es will und wann es will – so einfach ist das!

## Muss ich immer böse werden?

Viele Eltern halten diese Aussage für wahr, weil sie für sie selbst gilt. Denn Tatsache ist, dass viele Eltern das Thema »gutes Benehmen« erst dann ernst nehmen, wenn die Situation eskaliert und sie wütend werden.

In meinem Buch »Hidden Messages: What Our Words and Actions Are Really Telling Our Children« erzähle ich die Geschichte eines Vaters, der dieses Dilemma kennt:

Vater von 2 Kindern

### » Warum können die Kinder nie auf mich hören

Noah sitzt am Küchentisch und beschäftigt sich mit dem, was ihm am wenigsten Spaß macht: die Steuerunterlagen ausfüllen. Er ist umgeben von Rechnungsunterlagen, Taschenrechner und einer Menge Formulare; vor ihm steht eine Tasse Kaffee. Seine Kinder Amy und Ben spielen im benachbarten Wohnzimmer. Alles ist ruhig an diesem Samstagvormittag – zumindest bis das schrille Kichern der beiden die Stille zerreißt.
Noah blickt über seinen Brillenrand hinüber zum Quell der Heiterkeit. ›Hey, Kinder, ich versuche hier zu arbeiten!‹ Daraufhin herrscht wieder Ruhe – aber nicht lange. Ohne

überhaupt in die Richtung der Kinder zu schauen, poltert Noah: ›Ihr seid schrecklich laut!‹ Die Kinder senken ihre Stimmen, und Noah konzentriert sich erneut auf seine Arbeit.
Kaum fünf Minuten später geraten die Kinder in Streit, die Auseinandersetzung endet in lautem Geschrei. Noah packt seinen Ärger in zwei Worte: ›Amy! Ben!‹ Kopfschüttelnd murmelt er: ›Warum können diese Kinder nie auf mich hören?‹ Und wieder versucht er, sich auf seine Steuerformulare zu konzentrieren. Als er langsam beginnt, die Steuersachverhalte zu verstehen, beginnen seine Kinder ein neues Spiel, bei dem sie unter lautem Gekreische durchs Zimmer jagen.
Noah ist mit seiner Geduld am Ende. Und um dieser Tatsache Ausdruck zu verleihen, schleudert er seinen Stift auf den Tisch, fährt sich ärgerlich durch die Haare und stampft in den Nachbarraum zu seinen Kindern. Mit vor Zorn gerötetem Gesicht und weit aufgerissenen Augen bellt er die beiden an: ›Amelia Elizabeth! Benjamin James! Mir reicht's! Bei diesem Lärm kann ich nicht arbeiten. Entweder ihr seid auf der Stelle ruhig, oder ihr geht raus und spielt dort weiter!‹
›Entschuldige, Dad‹, murmeln die Kinder und trotten hinaus in den Garten zur Schaukel. Noah geht zurück zu seinem Tisch und fährt sich dabei immer noch nervös mit der Hand durchs Haar. Er fragt sich, warum seine Kinder erst folgen, wenn er böse wird.

Lassen Sie uns untersuchen, was hier tatsächlich passiert ist. Dem Vater fehlt zu Beginn der Situation Entschlossenheit und Durchsetzungskraft. Seine ersten drei Ansagen macht er vom Nebenraum aus; außerdem fehlen dabei spezifische Aufforderungen oder Handlungsanweisungen. Er gibt vage Kommentare ab, ohne den Kinder zu sagen, was er von ihnen erwartet. (Was wäre eine passende Erwiderung auf den Satz »Hey, Kinder, ich versuche hier zu arbeiten!«? Vielleicht »Wie schön für dich, Dad. Schließlich muss ja irgendjemand in dieser Familie die Steuern zahlen.«) Tatsache ist: Erst in dem Moment, in dem Noah wütend wird, legt er die richtigen Erziehungsmaßnahmen an den Tag. Erstens: Er geht hinüber in den Raum, in dem sich die Kinder aufhalten. Zweitens: Er spricht das Problem klar an: »Bei diesem Lärm kann ich nicht arbeiten.« Und drittens: Er gibt eine Lösung vor: »Entweder ihr seid auf der Stelle ruhig, oder ihr geht raus und spielt dort weiter!«

Eigentlich war Noahs Wut nicht nötig – und es war nicht die Wut, die die Lösung präsentiert hat. Es waren drei spezifische Erziehungsfähigkeiten, die er unbewusst nutzte. Wenn Noah in seinem gewohnten Muster fortfährt, werden seine Kinder ihn erst ernst nehmen, wenn er richtig böse wird. Und so besteht die Gefahr, dass Noah unwillentlich in das Schema »Erziehung durch Wut« fällt.

## Wutanfälle sind giftig

Fast alle Eltern lieben ihre Kinder mit einer Intensität, an die nichts auf dieser Welt heranreicht. Ihre Kinder sind ein Teil ihrer selbst. Und viele Eltern befürchten nicht zu Unrecht, dass sie mit ihren Wutanfällen diese kostbare Eltern-Kind-Beziehung dauerhaft beschädigen. Test-Mutter Victoria hat mir Folgendes berichtet:

Victoria

## » Wut hinterlässt kleine Löcher

Wenn von Wut die Rede ist, muss ich immer an eine Geschichte denken, die mir jemand erzählt hat. Ein kleiner Junge hatte oft schreckliche Wutanfälle. Bei jedem Wutanfall drückte ihm sein Vater einen Hammer in die Hand, mit dem er einen Nagel in den Zaun schlagen musste. In ruhigen Momenten ging der Vater mit dem Sohn zum Zaun und zeigte ihm all die Nägel, die er schon eingeschlagen hatte. Die vielen Löcher hatten inzwischen den Zaun ruiniert. Und sein Vater erklärte ihm, dass jeder seiner Wutanfälle einen bleibenden Effekt auf die Menschen um ihn herum hinterließe – genau so wie die vielen kleinen Löcher im Zaun. Diese Geschichte erfüllt mich mit Schuldgefühlen, weil ich weiß, dass meine eigenen Wutanfälle ebensolche kleinen ›Löcher‹ bei meinen Kindern hinterlassen.«

Natürlich können elterliche Wut, physische Aggression oder verletzende Worte Schaden anrichten. Offene Ablehnung gegenüber dem Kind kann ebenso wie Verbalattacken und gewalttätige Aktionen Wunden hinterlassen. Deshalb ist es so wichtig zu lernen, seinen Ärger zu kontrollieren, um erst gar nicht in den Wutbereich zu kommen. Allerdings sollten wir uns nicht bei jeder intensiven Reaktion vor möglichen Folgen fürchten. Die meisten unserer Ausbrüche sind nur Momentaufnahmen, die man durch Erziehungskompetenz an anderer Stelle ausgleichen kann. Liebe und positive Interaktionen können in einer ansonsten intakten Eltern-Kind-Beziehung so manchen schlechten Moment ausgleichen. Kinder sind erstaunlich belastbar und flexibel – mit einer Umarmung und einem gemeinsamen Lachen ist vieles schnell vergessen. Sie sind Weltmeister im Vergeben.

# So bekommen Sie Ihre Wut in den Griff

**Als Mutter oder Vater werden Sie immer mal wieder wütend auf Ihr Kind sein; an dieser Tatsache lässt sich nichts ändern. Sie können aber sehr wohl Ihren Umgang mit dieser Wut verändern, sobald sich die ersten Anzeichen zeigen, und Sie können lernen zu verhindern, dass sie außer Kontrolle gerät.**

Es ist fast unmöglich, in der akuten Situation Herr seiner Emotionen zu bleiben – es sei denn, man legt sich im Voraus einen Plan zurecht. Sich einen Handlungsplan für Wutattacken zurechtzulegen ist so, als würde man sich mit einer Straßenkarte auf den Weg machen, anstatt einfach ins Blaue zu fahren und nicht zu wissen, wo man ankommt. Diese Analogie lässt sich auch auf Wutanfälle übertragen: Überfällt Sie der Zorn aus heiterem Himmel, entwickelt er eine eigene Dynamik. Wenn Sie jedoch einen Plan haben, können Sie selbst bestimmen, in welche Richtung sich Ihre Emotionen entwickeln sollen.

## Die Gefahr, die Wut in sich birgt

Wenn Sie zu bestimmten Einsichten gelangt sind, werden Sie den sechsstufigen Plan, den ich später beschreiben werde, optimal nutzen können. Zuerst muss Ihnen klar sein, dass Wut niemals zu etwas Gutem führt. Wut löst gar nichts, sondern macht die Dinge meist nur noch schlimmer. Kinder besitzen natürliche Abwehrmechanismen gegenüber elterlicher Wut: Sie fühlen sich missverstanden, angegriffen oder ungerechtfertigterweise angeklagt. Ob diese Empfindungen berechtigt sind oder nicht, spielt dabei keine Rolle. Tatsache ist, dass diese Emotionen dazu führen, dass das Kind nicht die Lehren zieht, die die Eltern ihm zu vermitteln versuchen. Und sollten sich diese Situationen oft wiederholen, wird schlimmstenfalls ein Keil zwischen Eltern und Kind getrieben.

Eine weitere Einsicht, die es zu akzeptieren gilt, ist, dass fast jedes Problem warten kann – zumindest so lange, bis Sie Ihre Gefühle wieder im Griff haben. Nur sehr wenige Situationen erfordern sofortige Reaktion bzw. Klärung. Selbst sehr kleine Kinder besitzen genug Erinnerungskraft, um sich das, was sich eine Stunde oder länger zuvor abgespielt hat, zurück ins Gedächtnis zu rufen. (Wenn Sie mir nicht glauben, machen Sie den Test. Versprechen Sie Ihrem Kind vor dem Abendessen, dass es nach dem Essen ein Eis bekommt – und Sie werden sehen, wie gut es sich daran erinnert.)

In der Regel ist es so, dass man eine Situation sehr viel besser und befriedigender regeln kann, wenn man zuvor die Wut in den Griff bekommt, sich sammelt und die Sache vernünftig angeht, anstatt in blindem Zorn zu handeln. Von wütenden Eltern nehmen Kinder meist keine Lektionen an. Von ruhigen, kontrollierten Eltern indes lernen Kinder sehr viel bereitwilliger Verhaltens- und andere Regeln.

Ein weiterer wichtiger Grund, seine Wut zu kontrollieren, ist der, dass unkontrollierte Wut nicht selten in körperliche Gewalt mündet. Bestrafungen wie Klapse auf den Po, Ohrfeigen oder schmerzhaftes Kneifen sind absolut unwirksame, wenn nicht schädliche Erziehungsmaßnahmen. Immer wiederkehrende Wutattacken und ihre Auswirkungen können schwerwiegende innerfamiliäre Konsequenzen haben, wie beispielsweise Kindesmissbrauch, Trennung der Eltern oder psychische Schäden bei Eltern und/oder Kindern, einschließlich Depressionen und Angstzuständen.

Hat man erst einmal begriffen, wie schädlich und gefährlich Wutattacken sind, wird man alles daransetzen, sie im Keim zu ersticken. Dazu muss man erkennen, wann und wie sich ein Wutausbruch ankündigt. Wie bereits zuvor erwähnt, durchläuft Wut verschiedene Stadien – von leichter Verärgerung bis hin zu rasendem Zorn. Je eher man erkennt, dass sich der Ärger hochschaukelt, desto leichter bekommt man ihn unter Kontrolle.

Der erste Schritt in Richtung »Wutkontrolle« ist das Erkennen bestimmter Signale und körperlicher Anzeichen. Jeder Mensch nimmt Gefühle anders wahr – deshalb gibt es auch eine Vielzahl körperlicher Anzeichen, die Wut begleiten können. Wenn Sie das nächste Mal zornig werden, versuchen Sie zu beobachten, welche frühen Warnzeichen Sie bei sich feststellen:

- Zusammengebissene Zähne
- Angespannter Kiefer
- Angespannter Körper
- Flacher, schneller Atem
- Verkrampfter Magen, Bauchschmerzen oder Übelkeit
- Beschleunigter Herzschlag
- Erhitztes Gesicht, heißer Nacken oder Ohren
- Muskelverspannungen
- Hämmerndes oder »volles« Gefühl im Kopf, ähnlich wie Kopfschmerz
- Vermehrtes Schwitzen
- Zittern im Körper
- Verschwimmende Sicht
- Veränderung im Tonfall oder in der Lautstärke der Stimme
- Drang zu Flüchen oder derben Ausdrücken
- Drang, zu schreien oder zu weinen
- Drang, zu schlagen, Dinge zu werfen oder zu zerstören oder wegzulaufen
- Unfähigkeit, andere zu hören oder wahrzunehmen

Wenn Sie lernen, Ihre eigenen Warnsignale früh zu erkennen, können Sie Herr Ihrer Wut werden. Je weiter die Wut voranschreitet, desto schwieriger wird es, die Notbremse zu ziehen, weil die Verhaltensabläufe sich dann wie eine Kettenreaktion automatisch hintereinander abspulen.

## Was bringt Ihr Fass zum Überlaufen?

Es ist wichtig, auch diesen Punkt zu klären. Denn wenn Sie wissen, was Ihre Wut erst so richtig ins Wallen bringt, können Sie Vorkehrungen treffen. Im Vorfeld – wenn Sie ruhig entspannt sind – sollten Sie diese Faktoren unter die Lupe nehmen und entsprechende Gegenmaßnahmen proben.

Ein Beispiel: Angenommen, Ihre Kinder geraten auf der Rückbank des Autos in Streit. Es fällt Ihnen schwer, sich auf das Autofahren zu konzentrieren. Normalerweise endet die Situation so, dass Sie beide Kinder anschreien. Da Sie Ihre Kinder wahrscheinlich mindestens zweimal pro Tag chauffieren, wiederholt sich diese Situation häufig. Anstatt also immer wieder dasselbe unbefriedigende Schema abzuspulen und immer wieder dieselben unbefriedigenden Resultate zu erlangen, sollten Sie sich in aller Ruhe einen Lösungsplan zurechtlegen. Sie könnten beispielsweise »Autoregeln« aufstellen und für Verstöße gegen diese Regeln exakte Konsequenzen formulieren. Sie könnten Bücher, kleine Reisespiele und etwas zu essen mit ins Auto nehmen, damit Ihre Kinder beschäftigt und zufrieden sind. Sie könnten eine Tabelle entwerfen, die Sie ins Auto legen und in die Sie Erfolge eintragen, so dass Sie Ihre Kinder unmittelbar dafür belohnen, wenn sie sich bei der Autofahrt so verhalten haben, wie Sie es von ihnen erbeten haben. Indem Sie diesen Auslöser für Zornausbrüche vorbeugend angehen, können Sie das Stresspotenzial beim Autofahren und somit über den ganzen Tag deutlich reduzieren. Diese Technik lässt sich in jeder Situation und für jeden regelmäßig auftretenden Wutauslöser anwenden.

Die Wut der meisten Eltern entzündet sich an kleinen Dingen, die eigentlich keine große Rolle spielen, die sich aber mit schöner Regelmäßigkeit wiederholen und so überproportionale Bedeutung annehmen. Nehmen Sie sich Zeit und versuchen Sie, diese »Wutauslöser« bei sich zu identifizieren. Anschließend können Sie – vielleicht auf Grundlage der in diesem Buch vorgestellten »Erziehungstricks« – einen Plan aufstellen, mit dessen Hilfe Sie das auslösende Verhalten Ihres Kindes korrigieren.

Hier sind einige kindliche Verhaltensweisen, die bei Eltern oft Wut auslösen:

- Widerrede
- Ständige Unterbrechungen
- Ignorieren elterlicher Bitten oder Anweisungen
- Mangelnde Kooperation
- Aufschieben, Hinauszögern und Trödeln
- Weigerung, die elterlichen Bitten oder Anweisungen auszuführen
- Wiederholtes schlechtes Benehmen, das sich nicht bessert
- Sticheleien und Streit zwischen Geschwistern
- Wut- und Trotzanfälle
- Inakzeptables Verhalten in der Öffentlichkeit (zum Beispiel Wutanfälle in der Öffentlichkeit, Eigensinn)
- Unnötiges Weinen und Schreien
- Jammern und Nörgeln

Neben diesen »Wutauslösern« gibt es tägliche »Hot Spots« oder Gefahrenzonen, in denen die Wut schneller anschwillt. Dies sind typischerweise Tageszeiten, zu denen man müde, hungrig oder gestresst ist – denn diese Empfindungen machen uns anfälliger und verletzlicher.

- Morgens, wenn's bei allen schnell gehen muss.
- Mittags, wenn Eltern und Kindern einen Knick in der Bio-Kurve haben, wenn die älteren Kinder aus der Schule kommen und keine Zeit für einen Mittagsschlaf ist.
- Wenn das Haus voller Spielkameraden oder Gäste ist.
- Unmittelbar nach der Arbeit, wenn der Stress des Tages noch volle Wirkung zeigt.
- Vor dem Abendessen, wenn alle hungrig sind und noch mit den Anspannungen des Tages zu kämpfen haben.
- Am Abend, kurz vor dem Zubettgehen, wenn alle müde sind.

**Mit den Dingen so umgehen, wie Sie es immer getan haben, aber andere Ergebnisse erwarten – das führt nur zu Frust und Wut. Identifizieren Sie stattdessen Ihre Wut-Trigger und die täglichen brenzligen Situationen, und legen Sie sich einen Plan zurecht, wie Sie in diesen Situationen besser reagieren können.**

Es kann sehr hilfreich sein, die vorstehenden Listen durchzuschauen und seine persönlichen »Wut-Trigger« und »Hot Spots« zu identifizieren. Einmal gefunden, können Sie überlegen, was Sie anders machen könnten, um sie zu entschärfen. Wenn beispielsweise die morgendliche Situation Ihnen viel Stress bereitet, können Sie am Vorabend Vorkehrungen treffen: Kleidung rauslegen, Brotzeiten vorbereiten und schon mal Schuhe und Jacken bereitstellen. Fertigen Sie ein »Morgen-Routine-Poster« an, das Schritt für Schritt die morgendlichen Abläufe zeigt. Wenn Sie feststellen, dass Wutanfälle insbesondere kurz vor dem Abendessen drohen, wenn der Hunger groß ist, stellen Sie schon mal etwas Gesundes zum Naschen auf den Tisch: Rohkostschnitze mit einem Dip, Käse oder Obst – und beobachten Sie, ob das vielleicht schon hilft. Wenn sich Ihre Kinder häufig um Spielsachen streiten, stellen Sie exakte Regeln zum Teilen von Spielzeug auf, etikettieren Sie spezielle Spielsachen, die nicht zum Teilen gedacht sind, bringen Sie Ihren Kindern diese neuen Regeln möglichst schnell bei und legen Sie auch Konsequenzen fest, die schnell in Kraft treten, wenn die Regeln missachtet werden.

Es hilft, wenn man alle Ursachen elterlicher Wut sowie die eingangs besprochenen gängigsten Irrtümer und Mythen immer im Kopf hat. Mit etwas Übung erkennt man die zugrunde liegenden, eigentlichen Probleme ganz schnell. Und wenn Sie die wahren Ursachen Ihrer Wut erkannt haben, können Sie Ihre Emotionen viel besser kontrollieren und damit Zornausbrüche verhindern.

Wut ist nichts, das man einmal behandelt und das sich dann nie wieder blicken lässt! Das wäre ja auch zu schön. In dem Maße, in dem Ihre Kinder älter werden, tauchen immer neue Herausforderungen auf – und Sie werden sich immer wieder an das einmal Gelernte erinnern müssen. Deshalb: Lesen Sie diese Seiten von Zeit zu Zeit erneut durch – wie bei einem Auffrischungskurs. Auf diese Weise können Sie Situationen, die negative Gefühle auslösen, mit einem frischen Blick betrachten und sich immer wieder aufs Neue klar machen, wie Sie Ihre und die kindliche Wut im Vorfeld verhindern können.

Natalie, Mutter einer kleinen Tochter

## » Mir immer wieder klarmachen, welches Glück meine Tochter ist

Oft kommt es mir vor, als würde ich zu meiner zweijährigen Tochter wie zu einer Mauer sprechen. Sie weiß, was sie will, und sie tut nichts, worum man sie bittet. Ihre Reaktion auf meine Bitten oder Aufforderungen ist entweder Schweigen, Nichtbeachtung oder fortgesetztes Jammern und Nörgeln. Und das macht mich so wütend, dass ich sie anschreie. Und dann habe ich das Gefühl, dass sie den Eindruck bekommen könnte, ich habe sie nicht mehr lieb. Wenn wir uns heute streiten, kläre ich die Situation unmittelbar: Ich gehe auf sie zu und umarme sie. Sie legt dann den Kopf an meine Schulter, und ich erinnere mich daran, was für ein liebenswertes Kind sie ist.
Noch vor wenigen Jahren hatte ich kein Kind, das ich umarmen konnte, und ich habe es auch nicht für möglich gehalten, jemals eines zu haben. Wie schnell vergisst man doch den Schmerz, den es bedeutet, unter Kinderlosigkeit zu leiden. Jetzt habe ich das lang ersehnte Kind und werde bei Kleinigkeiten wütend – Kleinigkeiten, über die sich jede kinderlose Frau so sehr freuen würde. Ich muss mir immer wieder klarmachen, welches Glück ich habe. Meine Tochter ist meine größte Freude – und sie ist ja noch so klein.«

Und last, but not least: Machen Sie sich immer wieder bewusst, dass Liebe das Fundament Ihrer Eltern-Kind-Beziehung ist. Machen Sie sich zu jeder Tageszeit klar, wie schön es ist, Mutter bzw. Vater zu sein. Nehmen Sie sich Zeit, mit Ihrem Kind zu spielen. Nehmen Sie sich Zeit, Ihrem Kind zuzuhören und mit ihm zu reden. Nehmen Sie sich Zeit, Ihr Kind zu umarmen, zu küssen und zu liebkosen. Wenn Sie zu Ihrem Kind eine positive, liebevolle, emotionale Beziehung aufbauen, werden Sie auch weniger von Wutanfällen heimgesucht werden.

Nun werden wir ein Programm aufstellen, mit dem Sie lernen können, Ihre Wut zu kontrollieren.

# Lernen Sie Ruhe zu bewahren

**Wer sie erlebt hat, die Wut, weiß wie wichtig es ist, sie in den Griff zu bekommen. Und weil auch hier gilt: »Übung macht den Meister«, fangen Sie am besten heute noch damit an, das in diesem Kapitel vorgestellte Programm in Ihren Alltag zu integrieren.**

Das folgende Programm wird Ihnen helfen, Ihre Wut in sechs Schritten zu deeskalieren, selbst wenn Ihr Kind sämtliche »Wutschalter« drückt. Nicht nur im familiären Umfeld, sondern auch in allen anderen Situationen des Lebens können Sie durch das Befolgen dieser sechs Schritte Ruhe bewahren. Der Lernprozess erfordert sicher etwas Zeit und Übung, aber es lohnt sich definitiv.

Vielleicht wollen Sie die Zusammenfassung am Ende dieses Kapitels eine Weile an einem passenden Ort aufhängen, so dass Sie sie immer zur Hand haben. Wenn Sie später mit den einzelnen Schritten erst einmal vertraut sind, brauchen Sie keine gedruckte Erinnerung mehr. Der neue, bessere Umgang mit Ihren negativen Gefühlen wird Ihnen dann schon in Fleisch und Blut übergegangen sein.

## Schritt 1: STOPP!

Schritt 1 in Sachen Wutkontrolle heißt: »STOPP!«. Sobald Sie merken, dass Wut in Ihnen aufsteigt, ziehen Sie die Notbremse. Ziel ist es, die Wut nicht eskalieren und außer Kontrolle geraten zu lassen.

Wenn die Wut Ihre Worte und Taten erst einmal im Griff hat, werden die weiteren Konsequenzen unerfreulich und Erziehungsmaßnahmen unwirksam sein. Sie werden Ihrem Kind dann nicht das beibringen können, was es lernen soll. Ihr Kind wird nicht die Bedeutung Ihrer Worte begreifen, sondern es wird von Ihrer Wut überrollt. Die Aufmerksamkeit Ihres Kindes wird von dem Wutausbruch gebannt sein und nicht von dem, was Sie ihm vermitteln wollen. Wenn Sie der Wut Einhalt gebieten und etwas warten, können Sie Ihre Lektion viel wirksamer überbringen. In ruhigem, kontrolliertem Zustand können Sie vernünftig handeln und werden Ihr gesetztes Ziel viel eher erreichen.

Es ist eine Tatsache, dass wir Eltern immer mal wieder wütend, genervt und frustriert auf unsere Kinder reagieren und dass wir dabei die Stimme erheben. Eine kurze Episode dieser Art ist auf beiden Seiten schnell vergessen und richtet keinen Schaden an. Doch sobald Sie merken, dass Sie in Ihrer Wut Ihre Worte und Taten nicht mehr unter Kontrolle haben, ist die Situation kritisch.

Sobald Sie diesen Kontrollverlust feststellen – STOPP! Selbst wenn Sie mitten in einem Satz sind – STOPP! Denken Sie Ihren Gedanken möglichst nicht zu Ende – außer wenn Sie sich sagen: »Jetzt ist es gleich soweit.«. Wenn Sie sich bewegen – STOPP! Legen Sie eine STOPP!-Geste fest, die als physische Notbremse für Ihre Emotionen dient und auch für Ihr Kind ein Erkennungszeichen ist, dass die Wut wächst und außer Kontrolle geraten könnte. Eine gute STOPP!-Geste ist es, die Hände auf Höhe des Gesichts zu heben, alle Finger ausgestreckt und die Handflächen nach vorne gewandt. So als wollten Sie die Wut von sich wegschieben. Und gleichzeitig sagen Sie das Wort »Stopp!«. Und zwar laut und deutlich. Die Kombination von Sprache und Geste hat zweierlei Gründe. Die physische Bewegung hilft Ihnen, Ihren Aktionen Einhalt zu gebieten, und signalisiert Ihrem Kind, dass Sie zu wütend sind, um weiterzumachen.

Das verbale STOPP! ist an Sie selbst gerichtet. Es soll nicht die Aktionen bzw. das Fehlverhalten Ihres Kindes beenden, das kann es nicht. Ihr Kind wird wahrscheinlich weiter brüllen, weiter trotzen, weiter sein Geschwisterchen piesacken etc. Ziel ist es hier, dass Sie selbst sich abregen, ruhiger werden und dann besser mit dem Fehlverhalten Ihres Kindes umgehen können. Wenn Sie Glück haben, kann das STOPP! mit der Zeit auch das Verhalten Ihres Kindes stoppen; auch Ihr Kind lernt, dass das STOPP! kein Zeichen zum Weitermachen ist, sondern ganz im Gegenteil: eine Notbremse.

Ich empfehle Eltern stets, das Kind im Voraus darauf vorzubereiten. Sprechen Sie mit Ihrem Kind, weihen Sie es in Ihren neuen Plan ein. Das könnte sich so anhören: »Mami möchte nicht wütend werden und dich anschreien. Wenn ich merke, dass ich wütend werde, hebe ich die Hände hoch und sage »STOPP!«. Das bedeutet, dass ich kurz vor dem Explodieren bin und dann nicht mehr weiterreden werde, sondern versuche, mich zu beruhigen.« Heben Sie die Hände und zeigen Sie Ihrem Kind, was Sie in der zukünftigen Situation tun werden. Den Plan vorab zu erklären hat zwei Vorteile. Zum einen weiß Ihr Kind, was es erwartet und warum Sie so handeln – also wird es nicht überrascht oder überrumpelt sein. Zum anderen zeigen Sie Ihrem Kind mit diesem Plan einen wirksamen Weg, mit seinen eigenen Wutgefühlen umzugehen.

## Wut ablassen – aber nicht am Kind!

Was ist, wenn Sie so wütend sind, dass Sie kurz davorstehen, Ihr Kind zu schlagen, und nicht in der Lage sind, die STOPP!-Geste durchzuführen? In diesem Fall leiten Sie Ihre physische Reaktion in lautes Klatschen um. Ja, Sie haben richtig gelesen! Wenn Sie so wütend sind, dass es Sie sprichwörtlich »in den Fingern juckt«, klatschen Sie einfach in die Hände. Laut und fest. Und drücken Sie dabei Ihre Wut verbal aus. Versuchen Sie es mal, am besten sofort. Tun Sie so, als wären Sie wütend, und teilen Sie Ihrem imaginären Kind mit, wie Sie sich fühlen. (»OH! Ich bin gerade so schrecklich wütend!!!«) Sie werden sehen, dass das Klatschen Ihrem Kind eine klare Botschaft vermittelt.

---

Emma, Mutter zweier kleiner Töchter

### » Der stumme Schrei

Wir lassen in unserer Familie mit einem stummen Schrei unsere Wut raus. Das ist fast wie ein lauter Schrei, mit weit aufgerissenem Mund, aufgerissenen Augen und verzerrtem Gesicht, geballten Fäusten und einem bis in die letzte Faser angespannten Körper – nur eben lautlos. Ich habe meinen Töchtern gezeigt, wie sie das machen können, wenn sie wütend werden. Nach einem besonders stressigen und frustrierenden Morgen hat mir meine Tochter den stummen Schrei neulich im Verkehrsstau vorgeschlagen. Es war fantastisch. Auch wenn mich die anderen Autofahrer wahrscheinlich für verrückt gehalten haben, hat mich diese Strategie vor einem Wutausbruch bewahrt.«

### Wann ist Zeit für ein »STOPP!«?

Diese Technik zum Umgang mit der Wut kann man in allen möglichen Lebenssituationen anwenden. Sie ist sehr wirksam – von kleinen Verärgerungen bis hin zu größeren Konflikten, deren Lösung einen klaren Kopf erfordert. Der Zeitrahmen für diesen Schritt kann irgendwo zwischen wenigen Minuten bis hin zu einem Tag oder mehr liegen, je nachdem, wie wütend Sie sind und wie groß die aktuelle Hürde ist – und wie schnell sie überwunden werden muss.

Lassen Sie uns noch einmal rekapitulieren: Sobald Sie merken, dass Sie die Kontrolle verlieren, machen Sie die STOPP!-Geste, sagen laut »Stopp!« und gebieten Sie Ihrer Wut auf diese Weise Einhalt.

## Schritt 2: Nehmen Sie Abstand

Sobald Sie mit Schritt 1 die Notbremse gezogen haben, müssen Sie sich von Ihrem Kind entfernen. Wenn Sie wütend sind, ist es nicht sachdienlich, inmitten der auslösenden Situation zu verharren – das entfacht nur weitere Wut. Nehmen wir an, das Jammern und Nörgeln Ihres Kindes hat Sie zur Weißglut getrieben. Sie sagen laut »Stopp!«, aber bleiben im Raum, während Ihr Kind weiter nörgelt. Dann wird Ihr Zorn bald wieder auflodern. Deshalb sollten Sie nun etwas Abstand zwischen sich und Ihr Kind bringen.

Ellie, Mutter zweier Kleinkinder

### » Vorgewarnt

Es ist gut, vor dem nächsten Wutanfall mit den Kindern zu sprechen und ihnen zu erklären, was sie erwartet, damit sie nicht überrascht sind, wenn man plötzlich den Raum verlässt. ›Wenn Mama das nächste Mal wieder wütend wird, geht sie vielleicht aus dem Zimmer, um sich zu beruhigen. Was könntet ihr denn in der Zwischenzeit machen? Mama will sich nämlich in aller Ruhe abregen und will euch nicht anschreien.‹«

Dieses »Auf-Abstand-Gehen« kann bedeuten, dass man ein Baby ins Bettchen legt, ein Kleinkind an einen sicheren Ort bringt (notfalls auch vor den Fernseher setzt) oder einem Kind den Rücken kehrt. Wenn sich Ihr Kind nicht freiwillig von Ihnen trennen will, lassen Sie sich davon nicht erneut in Rage bringen – gehen Sie in ein anderes Zimmer und nehmen Sie sich dort eine Auszeit. Wenn Sie den Raum nicht verlassen können, verschränken Sie die Arme vor der Brust, schließen Sie die Augen und stehen Sie ganz still. Oder setzen Sie sich einen Kopfhörer auf und schaffen Sie sich so Ihren Abstand im selben Raum.

Der Abstand zwischen Ihnen und Ihrem Kind hat in dieser Situation mehrere Funktionen. Zuerst vermittelt er Ihrem Kind Ihre Unzufriedenheit mit seinem Verhalten und gibt ihm zu verstehen, dass Sie zu wütend sind, um einfach im Programm fortzufahren. Weiterhin verhindert der Abstand einen Wutausbruch und ermöglich es Ihnen, sich zu beruhigen und die Situation anschließend adäquat zu lösen. Ein weiterer Vorteil dieser Technik liegt darin, dass gleichzeitig auch Ihr Kind eine wirksame Strategie, mit der Wut umzugehen, erlernt. Sie liefern ihm ein gutes Vorbild dafür, wie man die eigene Wut im Griff behält und weder verletzendes Handeln noch böse Worte benutzt.

Wenn Sie eine gefährliche Situation beenden oder sich prügelnde Kinder voneinander trennen müssen, tun Sie dies, bevor Sie den Raum verlassen, aber tun Sie es ohne Diskussion – Ihre Argumente heben Sie sich für später auf. Denken Sie daran, dass fast jedes Erziehungsthema warten kann. Ein sofortiges Eingreifen ist meist nicht nötig. Und keine Sorge – es wird sich nicht in Luft aufgelöst haben, wenn Sie es später angehen. (Das meine ich natürlich im Scherz!)

Es ist von großer Bedeutung, dass Sie an diesem Punkt nicht die Situation lösen wollen, die Sie so wütend gemacht hat. Mit Wut im Bauch löst man keine Probleme – die Situation wird nur eskalieren oder es werden neue Herausforderungen auftauchen, die zu lösen sind. Deshalb werden Sie sich einige Schritte von Ihrem Kind entfernen, so dass Sie sich beruhigen und sammeln können – und auch Ihr Kind wird sich etwas abregen. Probieren Sie es bei der nächsten Gelegenheit gleich aus – Sie werden sehen: Es funktioniert!

## Schritt 2 – Alternative: Umarmen

Wenn Sie mit der STOPP!-Geste Ihrem Kontrollverlust Einhalt geboten haben, müssen Sie nicht unbedingt auf Abstand gehen. Sie können auch Ihr Kind ganz fest und lieb umarmen. Ohne Worte. Nur umarmen. Und bei dieser Umarmung wird Ihre Rest-Wut verpuffen.

Atmen Sie tief ein und wiederholen Sie ein beruhigendes Mantra wie: »Sie ist doch noch so klein.« Oder: »Ich habe die Situation im Griff.« Oder: »Auch das geht vorbei.« Nehmen Sie sich eine Minute Zeit, um Ihr Kind zu betrachten und all die Liebe zu entdecken, die sich in ihm verbirgt. Denken Sie daran, dass Ihr Kind nicht ewig klein sein wird und stetig körperlich und geistig wächst und dass Sie sich irgendwann – glauben Sie mir – wehmütig an diese Zeit erinnern werden.

Die Umarmung bedeutet nicht, dass Sie das Verhalten Ihres Kindes akzeptiert haben – diesen Punkt müssen Sie beide noch ausfechten. Doch diese Umarmung gibt Ihrem Kind zu verstehen, dass Sie es lieben und dass Sie gemeinsam alle Schwierigkeiten lösen werden. Betrachten Sie die Sache einmal von einer anderen Warte. Stellen Sie sich vor, Sie haben das Familienkonto überzogen und versäumt, es auszugleichen. Ihr Mann möchte ein Geschäftsessen mit Karte bezahlen, aber diese wird nicht akzeptiert. Ohne Geld in der Tasche muss Ihr Mann seinen Geschäftspartner bitten, die Rechnung zu begleichen. Wieder zu Hause angekommen, konfrontiert Ihr Mann Sie mit der Situation und wird dabei sehr wütend. Sie fühlen sich unendlich schlecht. Und plötzlich kommt Ihr Mann auf Sie zu und umarmt Sie. Sie wissen genau, dass die Sache damit nicht erledigt ist, aber Sie spüren, dass Sie trotz des Fehlers, den Sie gemacht haben, geliebt werden.

Diese Umarmung können Sie an jedem Punkt unseres Plans einbauen, wenn Sie das Gefühl haben, Herr der Situation zu sein, und wenn Sie Verlangen danach haben, Ihr Kind zu spüren. Das bedeutet nicht, dass Sie das schlechte Benehmen schon verziehen haben – es bedeutet nicht mehr und nicht weniger, als dass Sie Ihr Kind lieben.

Heike, Mutter zweier Kleinkinder

### » Umarmen ist so viel schöner, als böse zu sein

Ich habe die Umarmungs-Variante gestern ausprobiert. Naomi, meine kleine Tochter, hat gerade ihre Mandeln entfernt bekommen und war sehr schlecht drauf. Aiden, mein Sohn, war eifersüchtig auf die Zuwendung, die sie bekam, also bockte er. Aber anstatt mit ihm zu schimpfen wie gewöhnlich, setzte ich ihn auf meinen Schoß und umarmte ihn ganz fest. Ich fragte ihn, wie er sich denn fühle mit einer kranken Schwester, um die sich alle kümmern. Ich erwähnte auch, dass er sich sicher ein bisschen vernachlässigt und allein fühle, weil seine Schwester gerade nicht mit ihm spielen kann. Er sah mich an und nickte traurig. Ich umarmte ihn nochmals und dann stieg er von meinem Schoß und ging ganz zufrieden ins Spielzimmer. Es war so viel einfacher und schöner, eine Verbindung zwischen uns herzustellen auf einer Ebene, die er versteht, als einfach böse auf ihn zu sein. Diese Methode hat bei uns tatsächlich funktioniert und ich habe mir vorgenommen, sie viel öfter einzusetzen.«

## Schritt 3: Beruhigen Sie sich

Ist der Wutfluss erst einmal gestoppt und haben Sie etwas Abstand zu Ihrem Kind bekommen, nehmen Sie sich die Zeit, die Sie brauchen, um sich abzuregen und zu sammeln.

Beginnen Sie, Ihre inneren physischen Reaktionen auf die Wurt zu erforschen. Wahrscheinlich stellen Sie einen beschleunigten Herzschlag und eine schnellere Atmung fest, vielleicht ein erhitztes, gerötetes Gesicht oder eine höhere Stimme. Oder eine der weiteren körperlichen Reaktionen, die wir weiter oben in der Liste zusammengefasst haben. Wie Ihre körperlichen Symptome auch immer aussehen mögen, der erste Schritt zu innerer Ruhe ist tiefes, gleichmäßiges Atmen.

Tiefes Atmen versorgt den Körper mit Sauerstoff; und dies stoppt die Adrenalinausschüttung. Der zusätzliche Sauerstoff entspannt den Körper, beruhigt die Atmung, verlangsamt den Herzschlag und erlaubt dem Gehirn rationales Denken.

Beim tiefen Atmen schließen Sie am besten die Augen (oder betrachten etwas, das Sie mögen, zum Beispiel ein bestimmtes Foto, den Garten, den Himmel). Dann nehmen Sie langsam einige gleichmäßige, tiefe Atemzüge. Legen Sie Ihre Hand auf den Bauch und führen Sie den Atemzug bis hinunter in den Bauch, so dass sich Ihre Bauchdecke auf Magenhöhe hebt.

Denken Sie ein paar Minuten nicht an die Situation, die Ihre Wut ausgelöst hat. Sagen Sie sich, dass dies warten kann. Lenken Sie nötigenfalls Ihre Aufmerksamkeit von der auslösenden Situation ab, indem Sie zählen, ein Gedicht aufsagen oder beruhigende Worte oder Sätze wiederholen, zum Beispiel »Entspann dich, alles ist in Ordnung« oder »Auch das geht vorüber« oder »Lieber Gott, bitte hilf mir«.

Manchmal ist Atmen nicht genug, und Ihre Gedanken werden zu der Wut zurückkehren und Sie wieder in Wallung bringen. Sollte dies passieren, machen Sie etwas ganz anderes, zum Beispiel fernsehen, Musik hören, lesen, auf dem Crosstrainer strampeln, eine Freundin anrufen (aber dabei nicht über das sprechen, was Sie gerade vergessen möchten!).

Vielleicht finden Sie einen anderen Weg, sich abzulenken und zu beruhigen. Überlegen Sie, was Sie normalerweise entspannt. Vielleicht ist das Yoga, Meditation, Stricken, Singen oder Beten. Wenn eine andere erwachsene Person Ihre Kinder in der Zwischenzeit hütet, können Sie vielleicht einen Spaziergang machen oder eine Runde joggen, um den Kopf freizubekommen.

Wichtig ist, dass Sie sich genau dann, wenn Sie den Druck steigen spüren, Zeit nehmen, damit die Spannung aus Ihrem Körper entweichen kann und die Wutgefühle sich verflüchtigen. Sie werden Ihre Fassung wiedererlangen und bald wieder klar denken können. Erst dann sind Sie bereit für den nächsten Schritt: das Problem erkennen und lösen.

## Schritt 4: Erkennen Sie Ihr Problem

Um ein Problem zu lösen, müssen Sie erkennen, was tatsächlich passiert ist, und die Sachlage definieren. Der erste Schritt jedoch besteht darin herauszufinden, was falsch gelaufen ist. Während der Zorn aufwallt, sieht man die Situation nicht klar; die Emotionen verhindern, dass man die Sache objektiv betrachten kann. Jetzt, nachdem Sie sich beruhigt haben, können Sie die Szene in Ihrer Erinnerung Revue passieren lassen und herausfinden, was Ihr Kind getan (oder auch nicht getan) hat, was Sie stattdessen von ihm verlangt haben und warum es zu Ihrem Gefühlsausbruch kam.

Eine gute Analysemöglichkeit besteht darin, sich vorzustellen, dass die betreffende Szene jemand anderem passiert wäre – Ihrer Schwester, Ihrem Bruder oder einer Freundin. Oder dass die Szene sich im Fernsehen abgespielt hätte und Sie als »Experte« Ihr Urteil abgeben sollten. Indem Sie die Szene als Außenstehender betrachten, sehen Sie die Dinge klarer und erkennen leichter, woher Ihre Wut rührt. Vielleicht stellen Sie ja aus dieser Perspektive fest, dass Ihre Reaktion überzogen war – beinahe hätten Sie Ihr Kind geschlagen, nur weil es seine Bohnen nicht essen wollte!

Konzentrieren Sie sich bei der Analyse ausschließlich auf diese eine aktuelle Szene; nehmen Sie nicht jede Situation unter die Lupe, in der sich Ihr Kind jemals danebenbenommen hat – außer, es steht in direkter Verbindung zu dem aktuellen Zwischenfall. Mit anderen Worten: Die Tatsache, dass Ihre Bohnen verabscheuende Tochter ihr Zimmer nicht gerne aufräumt und den Hund ärgert, bringt keine weitere Klärung – es sei denn, es geht im Grunde darum, dass sie ganz generell einfach nicht auf Sie hört.

Als Teil des »Erkenntnisprozesses« sollten Sie versuchen, unrealistische oder unvernünftige Erwartungen der Realität anzupassen. Denken Sie daran: Je weiter Ihre Erwartungen von der Wirklichkeit entfernt sind, desto größer ist die Gefahr, dass Ihre Wut immer mehr eskaliert. Vielleicht lesen Sie ja in einem Buch über die kindliche Entwicklung nach, ob dieses oder jenes Verhalten für ein Kind in einem bestimmten Alter normal oder typisch ist. Sobald Sie die Situation von einer objektiveren Warte aus betrachten, werden Sie die aktuelle Schwierigkeit viel klarer erkennen und erste rationale Entscheidungen treffen – bevor Sie Ihr Kind zur Rede stellen. Indem Sie sich bemühen, die Situation objektiv zu betrachten, sind Sie auch besser in der Lage, Ihre langfristigen Erziehungsziele zu definieren – anstatt sich mit Tunnelblick auf kurzfristige Machtproben einzulassen.

## Schritt 5: Definieren Sie, um was es wirklich geht

Jetzt ist es an der Zeit, das exakte Problem zu definieren. Nachdem Sie die Situation mit objektivem Blick betrachtet haben, können Sie sie mit exakten Worten beschreiben. Versuchen Sie, dies in ein oder zwei Sätzen zu tun. Verwenden Sie klare, einfache Worte, die den Punkt, der Ihren Ärger verursacht hat, unverblümt beschreiben.

Meist ist es nicht eine einzige, isolierte Aktion, die zu einem Wutausbruch führt. Selbst wenn Ihr Zorn einem typischen Irrglauben (wie in Teil 1 beschrieben) entspringt oder entsteht, weil Sie aufgrund von Stress, Schmerzen, Schlafmangel oder schlechter Laune besonders anfällig für Wutausbrüche sind, ist es doch wahrscheinlich, dass typisches und wiederholtes Verhalten Ihres Kinder, das von Ihren eigenen Vorstellungen abweicht, der Auslöser ist. Hätte Ihr Kind ruhig und friedlich am Küchentisch gemalt, wären Sie wahrscheinlich nicht explodiert. Mit anderen Worten: Selbst wenn Ihre Reaktion unangemessen ist, hat sie doch ihren Ursprung in einem bestimmten, existierenden Problem.

Versuchen Sie, die Situation exakt zu definieren. Beginnen Sie mit »Mein Problem ist, dass …«. Hier sind einige Beispiele:

- »Mein Problem ist, dass sie in der Öffentlichkeit schlimme Trotzanfälle hat.«
- »Mein Problem ist, dass er immer und immer widersprechen und freche Antworten geben muss.«
- »Mein Problem ist, dass sie täglich ihr Kinderzimmer verwüstet und sich weigert, es aufzuräumen.«
- »Mein Problem ist, dass er meine Bitten und Aufforderungen einfach ignoriert.«
- »Mein Problem ist, dass sie nicht teilen können und sich ständig um Spielsachen streiten.«
- »Mein Problem ist, dass sie müde und quengelig ist, aber sich weigert, einen Mittagsschlaf zu machen.«

### Wenn es nicht an Ihrem Kind liegt

Und was, wenn Sie bei der Situationsanalyse (zu Ihrer großen Überraschung) feststellen, dass das Schlimme gar nicht das Verhalten Ihres Kindes war, sondern vielmehr Ihr eigener unangemessener Wutausbruch? Was, wenn Sie erkennen müssen, dass Ihre heftige Reaktion die Situation weit über die Maßen eskaliert hat? Was, wenn Sie in der Lage sind, das Geschehen ehrlich zu analysieren, und dabei feststellen, dass Ihr Zorn gar nichts mit Ihrem Kind zu tun hatte? Oder vielleicht nur ein ganz klein wenig mit Ihrem Kind, hauptsächlich aber mit Ihnen selbst? Diese Erkenntnis ist für Eltern eine der schwierigsten.

Die beste Lösung lautet: Entschuldigen Sie sich – auch wenn es nicht der einfachste Weg ist. Aus verschiedenen Gründen ist dies oft eine sehr komplexe Situation. Häufig hat sich das Kind schlecht benommen und damit Ihre Wut ausgelöst. Obwohl Ihre Reaktion also unangemessen und überzogen war, war das Verhalten Ihres Kindes dennoch nicht in Ordnung. Hinzu kommt, dass viele Eltern meinen, durch ihre Entschuldigung das Kind von seinem Teil der Verantwortung für das unerfreuliche Geschehen zu entbinden. Und schließlich schämen sich viele Eltern, nach einem lauten Wutanfall mit gesenktem Kopf vor ihr Kind zu treten. Deshalb verteidigen sie ihren Ausbruch lieber – auch wenn sie wissen, dass sie im Unrecht sind.

Selbst wenn es schwer fällt: Manchmal ist es das Beste, seinen Fehler zuzugeben und sich bei seinem Kind zu entschuldigen. Eine Entschuldigung zur rechten Zeit ist auch für Ihr Kind eine wertvolle Lektion: Es zeigt ihm, dass niemand vor Fehlern gefeit ist. Und es zeigt ihm, dass eine Entschuldigung etwas Gutes ist.

Wenn auch Ihr Kind Mitschuld an dem Geschehen trägt, können Sie ihm erklären, dass trotz Ihrer unangemessenen Reaktion auch sein Verhalten nicht in Ordnung war. Aber machen Sie keine Gardinenpredigt daraus, und erwecken Sie nicht den Anschein, Ihr Kind sei verantwortlich für Ihr Handeln. Machen Sie stattdessen eine kleine Lehrstunde in Sachen Demut daraus. Vielleicht veranlasst Ihre Entschuldigung auch Ihr Kind, sich zu entschuldigen.

Ihre Entschuldigung gegenüber Ihrem Kind sollte kurz und bündig sein. Wenn Sie zu dem Schluss kommen, dass Sie sich sehr oft bei Ihrem Kind entschuldigen (müssten), sollten Sie vielleicht eine/n Familientherapeuten/-in zurate ziehen und herausfinden, wie Sie Ihre Gefühle besser kontrollieren können.

Lassen Sie uns nun den sechsten und letzten unserer Schritte betrachten. Wenn Sie die Ursache Ihres Ärgers herausgefunden und das genaue Problem definiert haben, können Sie sich an die Problemlösung begeben.

## Schritt 6: Finden Sie die passende Lösung

In diesem Schritt wollen wir das Problem lösen und entsprechend handeln. Zu diesem Zeitpunkt sind Sie ruhig, gesammelt und haben durch Ihre Analyse herausgefunden, was eigentlich schiefgelaufen ist. Nun müssen Sie entscheiden, wie Sie das Dilemma lösen. Natürlich ist es dafür hilfreich, wenn Sie über entsprechende Erziehungskompetenz und -instrumente verfügen – und genau darum geht es auf den restlichen Seiten dieses Buches!

Haben Sie das Problem einmal erkannt und benannt, können Sie unterschiedliche Lösungsoptionen in Betracht ziehen. Vielleicht möchten Sie ja verschiedene Möglichkeiten auf ein Blatt Papier notieren und/oder die Optionen mit einem anderen Erwachsenen besprechen.

Vielleicht ist dies auch ein guter Anlass, den einen oder anderen Erziehungsratgeber in die Hand zu nehmen. Außerdem könnten Sie in einem Internet- Form mit anderen Eltern

# Ruhe bewahren

## (Kleines Memo)

Hier finden Sie noch mal in aller Kürze, welche sechs Schritte Ihnen dabei helfen können, Ruhe zu bewahren:

Schritt 1: STOPP!
Erkennen Sie die aufsteigende Wut.
Erheben Sie die Hände und signalisieren Sie STOPP. Sprechen Sie nicht mehr.
Schritt 2: Nehmen Sie Abstand
Entfernen Sie sich räumlich von Ihrem Kind.
Alternative, falls Sie ruhig genug sind: Umarmen Sie Ihr Kind.
Schritt 3: Beruhigen Sie sich. Finden Sie Ihre Ruhe wieder.
Atmen Sie tief ein und aus, wiederholen Sie beruhigende Worte und Sätze, beten Sie oder machen Sie Yoga-Übungen.
Lesen Sie, hören Sie Musik oder machen Sie Sport.
Schritt 4: Erkennen Sie das Problem
Lassen Sie die Szene vor Ihrem inneren Auge Revue passieren.
Analysieren Sie die Situation objektiv.
Schritt 5: Definieren Sie das Problem
Definieren Sie das exakte Problem („Das Problem ist, dass …“).
Schritt 6: Lösen Sie das Problem
Entscheiden Sie, welche Erziehungsinstrumente Sie einsetzen.
Entwerfen Sie unterschiedliche mögliche Lösungsansätze.
Setzen Sie diese um.

in Kontakt treten. Sie müssen Ihre Entscheidungen nicht in einem Vakuum treffen. Und ich garantiere Ihnen, dass die Themen, mit denen Sie konfrontiert sind, zu den häufigsten zählen – und dass es viele Möglichkeiten gibt, eine passende Lösung zu finden.

## Handeln Sie

Nachdem Sie die vorangegangenen fünf Schritte durchlaufen haben, sind Sie gut gewappnet, wieder auf Ihr Kind zuzugehen und die Situation, die Sie so sehr in Wut versetzt hat, anzupacken. Sie sind ruhig und kontrolliert und haben sich Ihren Plan zurechtgelegt. Jetzt müssen Sie nur noch Ihre Erkenntnisse in die Tat umsetzen.

Denken Sie daran, dass Sie diese Seiten wahrscheinlich mehrmals lesen müssen, um in der Lage zu sein, richtig zu handeln. Mehrmaliges Lesen und einige Erfahrung helfen Ihnen, Ihre Gefühlsausbrüche konsequent zu kontrollieren. Mit jedem Mal wird es einfacher und Sie bekommen sich immer besser in den Griff. Und dadurch verändern Sie nicht nur Ihr eigenes Verhalten und Handeln, sondern auch das Verhalten und Handeln Ihres Kindes. Und nicht selten lassen sich damit Verhaltensmuster durchbrechen, die seit vielen Monaten oder gar Jahren festzementiert schienen.

Heike, Mutter zweier Kleinkinder

### » Eine sehr befriedigende Erfahrung

Mein Mann war gestern Abend bei einem Geschäftsessen, also musste ich beide Kinder ins Bett bringen. Ich las Aiden eine Geschichte vor und gab ihm anschließend noch ein Puh-der-Bär-Buch mit CD zum Hören. Ich legte die CD ein und versprach ihm, noch einmal zu ihm zu kommen, sobald Naomi schlief. Dann wandte ich mich Naomi zu. Nachdem sie eingeschlafen war, las ich Aiden noch eine Geschichte vor. Dann sagte ich ihm Gute Nacht und stellte die CD aus. Daraufhin wurde er wütend. Er wollte noch nicht schlafen und forderte eine weitere Geschichte. Ich sagte: ›Nein, jetzt ist Schlafenszeit.‹ Ich deckte ihn zu und gab ihm einen Kuss. Schreiend stieg er aus seinem Bettchen und folgte mir in die Küche. Ich hob ihn hoch und trug ihn zurück in sein Bett. Dann trat er mich, heulte und schrie, er wolle eine weitere Geschichte hören. Nach zehn Minuten wurde auch ich wütend. Ich hatte noch tausend Sachen zu tun, bevor ich selbst ins Bett gehen konnte, und meine Geduld war am Ende. Dann erinnerte ich mich an Ihre sechs Schritte. Ich hob meine Hände, die Handflächen nach vorne gerichtet, und sagte ›Stopp! Hör auf damit. Ich werde wütend.‹ Ich ließ ihn eine Minute allein, atmete tief durch und beruhigte mich. Dann ging ich zurück in sein Zimmer, nahm ihn in den Arm, gab ihm einen Kuss und sagte: ›Ich weiß, dass du noch mehr Geschichten hören möchtest. Aber ich möchte gerne von dir hören: Danke, Mami, für das schöne neue Buch und die CD und dafür, dass ich schon eine Geschichte hören durfte. Ich freue mich auf morgen Abend, wenn ich die nächste Geschichte hören darf.‹ Auch er drückte mich fest an sich, und eine Minute später sagte er tatsächlich: ›Danke, Mami, für das neue Buch. Darf ich morgen noch eine Geschichte hören?‹ Ich gab ihm einen Kuss und bejahte. Dann schlief er friedlich ein. Ich war so stolz, dass ich einen Wutausbruch vermieden hatte. Ich hoffe, dass ich diese Methode noch öfter einsetzen kann, bevor ich richtig zornig werde. Es war eine sehr befriedigende Erfahrung.«

Seien Sie nachsichtig mit sich selbst. Wut ist ein mächtiges Gefühl, das sich nicht leicht kontrollieren lässt. Selbst wenn Sie alle in diesem Buch beschriebenen Instrumente anwenden können, wird Sie dieses heftige Gefühl vermutlich dennoch in der einen oder anderen Situation übermannen. Sie werden die Geduld mit Ihrem Kind verlieren und sich anschließend Vorwürfe machen, dass Sie es nicht geschafft haben, ruhig zu bleiben. Aber verzeihen Sie sich, wie Sie auch Ihrem Kind verzeihen. Wenn Sie das Gelernte so einzusetzen vermögen, dass Sie wenigstens die Hälfte Ihrer Wutanfälle vermeiden, sind Sie bereits vielen anderen Eltern voraus.

Veränderungen brauchen Zeit. Unterschätzen Sie außerdem nicht die Tatsache, dass diese Ideen am besten in Zusammenhang mit den Vorschlägen aus Teil 1 und Teil 2 dieses Buches angewandt werden sollten. Wenn Sie Ihr »Wutverhalten« nicht verändern, werden die Auslöser Ihres Zorns Sie immer weiter verfolgen.

Am Ende dieses Teils finden Sie eine Zusammenfassung der sechs Schritte, die Ihnen dabei helfen können, Ruhe zu bewahren. Kopieren Sie sie und hängen Sie sie zu Hause an einem gut sichtbaren Ort auf. In der ersten Zeit werden Sie noch öfter einen Blick darauf werfen müssen. Gehen Sie die Schritte jedes Mal durch, wenn Sie ärgerlich oder gereizt sind. Irgendwann werden Sie die Abfolge auswendig umsetzen können – und diesen Tag dürfen Sie feiern.

## So vermeiden Sie kritische Situationen

In diesem Buch geht es um Erziehungsinstrumente, die dazu führen sollen, dass sich unsere Kinder so benehmen, wie wir uns das vorstellen – Ziel ist, dass sie sich seltener unpassend verhalten und ihre Eltern seltener reizen. Im Folgenden finden Sie noch einige Tipps, wie Sie Situationen, die Sie in Rage bringen, entschärfen oder sogar ganz vermeiden können.

- Eignen Sie sich Erziehungskompetenz und -instrumente an und setzen Sie diese um.
- Reservieren Sie sich jeden Tag ein bisschen Zeit für sich, also außerhalb Ihrer Elternrolle.
- Tragen Sie sich Ihre Aufgaben und Termine in einen Kalender ein, um den Überblick zu behalten.
- Formulieren Sie klar verständliche Familienregeln und hängen Sie sie im Haus auf.
- Bieten Sie Ihrem Kind wann immer möglich Wahlmöglichkeiten, anstatt ihm Befehle zu erteilen.
- Formulieren Sie Ihre Bitten und Aufforderungen kurz und klar.
- Drücken Sie sich hauptsächlich mit Ich-Sätzen aus; Du-Aussagen führen schneller zu Konflikten.
- Gehen Sie auf Augenhöhe Ihres Kindes, wenn Sie mit ihm sprechen, und rufen Sie Ihre Anweisungen nicht aus dem übernächsten Raum oder quer durch das Haus.
- Wählen Sie Ihre »Prioritäten« gut aus – nicht jedes Thema erfordert Ihren sofortigen Einsatz.
- Stärken Sie ihr Netzwerk – gehen Sie in einen Eltern-Club, besuchen Sie Eltern-Foren im Internet oder freunden Sie sich mit den Eltern der Spielkameraden Ihres Kindes an.

## Brauchen Sie weitere Hilfe?

Man kann versuchen, Menschen Strategien zum Umgang mit ihrer Wut beizubringen, aber was ist, wenn die vermittelten Informationen nicht zu der jeweiligen Persönlichkeit passen, wenn die Strategien die Ursachen der Wut nicht treffen oder wenn die Strategien nicht ausreichen, um die Emotion zu kontrollieren? Wenn Ihnen unser Programm nicht hilft, Ihre Wut in den Griff zu bekommen, dann beantworten Sie die folgenden Fragen ehrlich mit »Ja« oder »Nein«.

- Haben Sie dieses Kapitel gründlich gelesen, haben Sie die Übersichtsseite aufgehängt – und trotzdem überkommt Sie immer wieder Wut?
- Werden Sie bei kleinen wie bei großen Auslösern sehr schnell wütend?
- Treten Ihre Wutausbrüche häufig und/oder sehr heftig auf?
- Hält Ihre Wut noch sehr lange nach dem auslösenden Moment an?
- Werfen bzw. zerstören Sie Dinge oder verletzen Sie Menschen in Ihrer Wut?
- Haben Sie den Eindruck, dass Ihr Partner oder Ihre Kinder in Wutsituationen Angst vor Ihnen haben?
- Haben Sie in Wutsituationen Angst vor sich selbst?
- Haben sich Ihre Wutausbrüche in letzter Zeit verschlimmert?

Wenn Sie eine oder mehrere dieser Fragen mit »Ja« beantwortet haben, haben Sie Schwierigkeiten im Umgang mit Ihren Wutgefühlen, die mehr Unterstützung erfordern, als dieses Buch bieten kann. Wenden Sie sich am besten an eine Beratungsstelle. Was den Umgang mit der Wut betrifft, so gibt es unterschiedliche Ansätze; vielleicht möchten Sie deshalb verschiedene Möglichkeiten ausprobieren, um die für Sie richtige zu finden. Möglich sind Kurse, Gruppen-Workshops oder Einzelsitzungen bei Institutionen bzw. Anlaufstellen wie beispielsweise

- dem örtlichen Krankenhaus
- einer Schulberatungsstelle
- einem Geistlichen oder einem anderen Seelsorger
- dem Kinderarzt
- einem (Familien-)Therapeuten, einer Familien- oder Erziehungsberatungsstelle, einem Psychologen oder einem anderen, fachlich entsprechend ausgebildeten Berater.

Scheuen Sie sich nicht, um Hilfe zu bitten. Ihrer Familie wird es so viel besser gehen, wenn Sie es tun. Und Sie werden stolz auf Ihr verantwortungsvolles, positives Handeln sein. Ihre Familie sollte es Ihnen wert sein.

# Häufige Stresssituationen liebevoll lösen

**Hilfe! Mein Kind beißt – was kann ich tun? Hier erfahren Sie von A–Z sortiert, wie Sie alltägliche Situationen, die zu Streit und Tränen führen, durch den Einsatz liebevoller Erziehungsmethoden entschärfen können. Geben Sie Ihrem Kind die Unterstützung, die es braucht!**

# Schreiten Sie zur Tat!

**Bis zu diesem Punkt haben wir uns auf grundlegende Erziehungskompetenzen und -instrumente konzentriert. Damit lassen sich fast alle Schwierigkeiten lösen. Doch manchmal fällt es schwer, all die erlernten Strategien und Instrumente parat zu haben und genau jenes auszuwählen, das in einer bestimmten Situation das richtige ist.**

## Lösen Sie liebevoll alltägliche Stresssituationen

Wichtig ist, dass Sie sich immer wieder das zarte Alter Ihres Kindes ins Gedächtnis rufen; das Maß an Verständnis, das Ihr Kind altersgemäß an den Tag legt, bestimmt Ihre Reaktion auf eine bestimmte Situation. So werden Sie bei einem Zweijährigen anders auf einen Wutanfall reagieren als bei einem Sechsjährigen – auch wenn beide Kinder aus demselben Grund zornig sind: weil sie müde sind, Hunger haben oder wütend sind, weil sie keine Kartoffelchips bekommen. Jüngere Kinder brauchen viel mehr Erklärung und Führung durch die Eltern als ältere Kinder, die ja schon einige Jahre »Lernvorsprung« haben. Außerdem müssen Sie ganz ehrlich beurteilen, wie Sie in der Vergangenheit auf Ihr Kind reagiert haben, denn Ihre gemeinsame Geschichte beeinflusst natürlich auch Ihre heutigen Reaktionen und Ihre Eltern-Kind-Beziehung. Sie können die Art und Weise, wie Sie mit Ihrem Kind interagieren, nicht abrupt verändern und von ihm erwarten, dass es seine Reaktionen im Hinblick auf Ihre neuen Ziele und Absichten ebenso abrupt verändert.

Jedes Kind ist einzigartig. Es gibt keine Standardlösung, die bei jedem Kind gleich gut funktioniert. Selbst Geschwister können sehr unterschiedlich sein. Ich habe vier Kinder, die sich so sehr ähneln wie Äpfel, Orangen, Kekse und Kaugummi. Ich bin immer wieder erstaunt, dass diese vier Kinder dieselben Eltern haben und in derselben Familie groß werden. Jedes Kind ist eine eigene Persönlichkeit; sie haben sehr unterschiedliche Stärken und individuelle Eigenschaften. Jedes dieser Kinder fordert etwas anderes von mir und wieder etwas anderes von seinem Vater. Wenn Eltern erwarten, jedes ihrer Kinder sei gleich oder reagiere in einer bestimmten Situation identisch (was natürlich niemals der Fall ist!), dann sind Frustrationen vorprogrammiert. Deshalb halte ich es für so wichtig, dass sich Eltern ein möglichst breites Repertoire an Erziehungskompetenz und -instrumenten aneignen; auf diese Weise kann man für jedes Kind und für jede Situation einen geeigneten Ansatz auswählen.

Seien Sie flexibel und wendig – das ist beste Rat, den ich Ihnen geben kann. Berücksichtigen Sie bei jeder neuen Situation die Individualität Ihres Kindes und überlegen Sie jedes Mal aufs Neue, welcher Ansatz in diesem Fall der beste ist. Und: Freuen Sie sich über die Vielfalt und Abwechslung, die Ihre Kinder Ihnen bieten – das ist die Würze des Lebens.

Mit jedem der einzelnen Themen, die nun folgen, könnte man ein eigenes Buch füllen, und außerdem gibt es Hunderte weitere Themen, die man auf diese Liste setzen könnte. Was Sie auf den folgenden Seiten finden, ist also eine Auswahl der häufigsten Erziehungsprobleme, die in der frühen Kindheit auftreten – und für jeden dieser Punkte finden Sie mehrere Lösungsvorschläge. Alle Lösungen haben etwas gemeinsam: Achtung und Respekt, und zwar sowohl vor den Eltern als auch vor dem Kind. Außerdem zielen diese Lösungen darauf ab, Spannungen und Tränen zu vermeiden, ebenfalls nicht nur bei den Eltern, sondern auch beim Kind. Alle Optionen unterstützen Sie in Ihren Bemühungen, Ihr Kind zu einem verantwortungsvollen Menschen mit gesundem Selbstbewusstsein und Selbstdisziplin zu erziehen. Die vorgeschlagenen Optionen sind sehr vielfältig und erlauben es Ihnen deshalb, den passenden Ansatz für Sie und Ihr Kind auszuwählen, so dass Sie für jede Situation die beste Lösung finden.

Die in den folgenden Beispielen aufgeführten Lösungsansätze lassen sich auf vielfältige Weise miteinander kombinieren. Es geht nicht darum, dass Sie jedem meiner Vorschläge minutiös folgen. Sie sind vielmehr als Ausgangspunkt gedacht und sollen Ihnen als Grundlage für Ihre eigenen, maßgeschneiderten Lösungen dienen. Daran sollten Sie denken, wenn Sie die folgenden Kapitel lesen.

Wenn Ihr Kind Sie mit einer bestimmten Situation konfrontiert, schlagen Sie unter dem entsprechenden Thema oder einem ähnlichen nach. Lassen Sie sich von den Ideen inspirieren, kombinieren Sie sie mit anderen Ansätzen, die Sie in diesem Buch gelernt haben, und passen Sie Ihre Strategie den individuellen Umständen an. Beziehen Sie dabei die Individualität Ihres Kindes, Ihren eigenen Erziehungsstil und die Ziele Ihrer Familie mit ein. Und dann setzen Sie Ihre Strategie in eine Handlung um. Bringt Ihr Ansatz nicht den gewünschten Erfolg, probieren Sie eine andere Option aus und nötigenfalls auch eine dritte Alternative – so lange, bis Sie das Gefühl haben, es läuft gut. Und denken Sie daran: Auch diese Phase geht vorüber. Entspannen Sie sich, atmen Sie tief durch und vergessen Sie nie, Ihrem Kind Liebe und Zärtlichkeit zu geben, wann immer es sich ergibt.

## Autofahrten, Stress bei

**»Wir fahren viel Auto, und jeden Tag frustrieren mich dieselben Situationen. Die Kinder wollen nicht in ihren Kindersitzen bleiben, sie streiten sich auf der Rückbank und nörgeln mir die Ohren voll. So wird jede Autofahrt mit ihnen zur Qual.«**

Siehe auch: Schlagen, Treten und Haareziehen; Ungezogene Kinder anderer Eltern; Streit, zwischen Geschwistern

### Das sollten Sie wissen

Es ist für ein Kind nicht lustig, in einem Sitz angeschnallt zu werden und längere Zeit still zu sitzen – auch wenn es notwendig ist. Wer viel mit dem Auto unterwegs ist, hat auch viele Möglichkeiten, seinen Kindern Geduld zu lehren und Abläufe einzuführen, die funktionieren. Sie müssen sich nur klarmachen, wie diese Abläufe und Routinen aussehen sollen – und sie dann umsetzen.

## So helfen Sie Ihrem Kind

**Bleiben Sie eisern, wenn es nötig ist.** Kinder gehören in den Kindersitz – das schreibt das Gesetz vor. Erklären Sie Ihren Kindern, dass die Polizei Sie kontrollieren könnte und Sie alle Schwierigkeiten bekommen, wenn die Kinder nicht angeschnallt im Kindersitz sitzen. Erklären Sie Ihren Kindern auch, dass der Kindersitz für ihre Sicherheit sorgt. Aber ersparen Sie Ihren Kindern schaurige Details, die bei einem Unfall passieren könnten. Das macht ihnen nur Angst.

**Legen Sie »Auto-Regeln« fest.** Schreiben Sie Ihre wichtigsten Regeln auf und legen Sie die Liste ins Auto. Gehen Sie die Regeln vor jeder Fahrt mit den Kindern durch und bestimmen Sie nötigenfalls Konsequenzen, die bei Verstößen eintreten sollen. So muss beispielsweise das Kind, das gegen eine Regel verstößt, nach der Fahrt den Müll aus dem Wagen räumen. Selbst ein fünfjähriges Kind kann diese Aufgabe übernehmen. Denken Sie daran, Ihre Kinder nach einer ruhig verlaufenen Fahrt zu loben!

**Beschäftigen Sie Ihre Kinder.** Langeweile führt zu Genörgel und Streit. Halten Sie im Auto Bilderbücher, Reisespiele und Kopfhörer bereit. Auch gesunde Snacks, Müsliriegel oder Brezeln sind hilfreich. Kinder, die etwas zu spielen oder zu knabbern haben, sind zufriedener.

**Nutzen Sie die Aufmerksamkeit Ihrer Kinder.** Hören Sie gemeinsam mit Ihren Kindern Hörbücher und sprechen Sie später über die Handlung – das kann zu interessanten, bereichernden Diskussionen führen. Schauen Sie in der Bücherei oder Buchhandlung nach inhaltlich ansprechenden Hörbüchern.

**Geben Sie Ihren Kindern Aufmerksamkeit.** Sorgen Sie im Auto für eine positive Atmosphäre und nutzen Sie die Gelegenheit für Gespräche mit Ihren Kindern. Stellen Sie anregende Fragen, lassen Sie gemeinsam die Ereignisse der letzten Tage Revue passieren oder spielen Sie Ratespiele. Ich wette, Ihre Kinder freuen sich auf die nächste Autofahrt – und Sie auch!

**Singen Sie.** Spielen Sie Ihre Lieblingsmusik oder die Ihrer Kinder ab. Singen Sie alle mit!

## So vermeiden Sie unnötige Tränen

**Beteiligen Sie sich nicht.** Es hilft nicht, wenn Sie sich bei jeder Fahrt aufs Neue mit eigenem Genörgel über den allgemeinen Tumult beschweren. Beschwerden und eigene schlechte Laune lösen das Problem nicht – Sie müssen sich um eine aktive Lösung bemühen.

**Widmen Sie sich dem Straßenverkehr.** Abgelenkte Fahrer sind dreimal häufiger in Unfälle verwickelt als konzentrierte. Wenn Sie Schiedsrichter bei einem Kämpfchen auf der Rückbank spielen oder sich um ein weinendes Kind kümmern, sind Sie zwangsläufig abgelenkt. Also: Blick und Aufmerksamkeit sollten auf die Straße gerichtet sein. Wenn Sie Ihr trotzendes Kind auf der Rückbank auf die Palme bringt, fahren Sie rechts ran, halten Sie an, schauen Sie Ihrem Kind in die Augen und sagen Sie nachdrücklich: »Wenn du aufhörst, fahre ich weiter.« Drehen Sie sich wieder um und warten Sie ab. Lesen Sie derweil ein Buch, kramen Sie in Ihrem Geldbeutel oder machen Sie ein paar Dehnübungen. Trotzt Ihr Kind weiter, wiederholen Sie Ihre Aussage oder machen Sie – wenn möglich – kehrt und fahren Sie zurück nach Hause.

# Babysprache

**»Mein Vorschulkind ist wieder in seine Babysprache zurückgefallen. Als sie ein Baby war, liebte ich ihre Babysprache, aber heute nervt mich das extrem. Doch egal wie oft ich schimpfe, sie lässt es einfach nicht bleiben.«**

## Das sollten Sie wissen

Babysprache ist eine ganz normale Verhaltensweise. Viele Vorschulkinder meinen, dass die Babysprache sie süßer und niedlicher erscheinen lässt. Der Rückfall in die Babysprache ist eine Phase, die von ganz allein vorübergeht – auch wenn sie die Eltern einige Nerven kostet. Wenn Sie der natürlichen Entwicklung ein wenig nachhelfen und die lästige Babysprache etwas schneller aus Ihrem Familienleben verabschieden wollen, ist vielleicht einer der folgenden Vorschläge hilfreich.

## So helfen Sie Ihrem Kind

**Mehr Aufmerksamkeit widmen.** Manchmal fallen Kinder in die Babysprache zurück, wenn sie einen Entwicklungsschritt machen, aber an der Babyzeit festhalten wollen. Durch die Babysprache fühlen sie sich in ihrer gewohnten Familiensituation und ihrer gewohnten Rolle verwurzelt, auch wenn sie wissen, dass sie diese bald hinter sich lassen müssen. Betrachten Sie die Babysprache als Ausdruck des Bedürfnisses nach mehr Aufmerksamkeit und liebevoller Zuwendung. Eine zusätzliche Umarmung, eine Kuschelrunde auf Ihrem Schoß oder einfaches »Händchenhalten« gibt dem Kind ein Gefühl von Sicherheit und Mut, das es für seine weiteren Entwicklungsschritte braucht.

**Drücken Sie Ihre Gefühle aus.** Lassen Sie Ihr Kind wissen, dass seine Babysprache Sie stört. Bitten Sie Ihr Kind, dieses Verhalten zu ändern. »Deine Babysprache stört mich. Ich mag deine Mädchenstimme viel lieber. Willst du für mich in deiner Mädchenstimme reden?«

**Nichts verstehen.** Tun Sie so, als würden Sie die Babysprache nicht verstehen. Bittet Sie Ihr Kind in Babysprache um eine Tasse Milch, schauen Sie es fragend an und sagen: »Ich verstehe dich nicht. Was möchtest du?« Das wird Ihnen nicht schwer fallen, da Sie Ihr Kind möglicherweise wirklich schlecht verstehen. Erfüllen Sie seine Bitte erst, wenn es wieder mit normaler Stimme spricht.

**Seien Sie albern.** Verstehen Sie die Babysprache absichtlich falsch und interpretieren Sie die Bitte Ihres Kindes bewusst falsch. »Hast du gesagt, du möchtest gerne grüne Bohnen und Lebertran essen?«

**Übertragen Sie Ihrem Kind Verantwortung.** Helfen Sie Ihrem Kind zu erkennen, dass es älter wird, und unterstützen Sie es in seiner Entwicklung. Geben Sie ihm kleine, angenehme Aufgaben, beispielsweise die Zubereitung des Salats fürs Abendessen, das Füttern der Katze oder das Kehren des Bodens. Wenn sich das Kind selbst als »großes Kind« wahrnimmt, verschwindet die Babysprache oft von ganz allein.

## So vermeiden Sie unnötige Tränen

**Nicht böse werden.** Ihr Kind will Sie nicht ärgern! Glauben Sie nicht, Ihr Kind wolle Sie mit der Babysprache auf die Palme bringen.

Dieser Rückfall zielt nicht darauf ab, Sie zu treffen; er ist keine Reaktion auf Sie! Manchmal ist die Babysprache ein Hinweis darauf, dass das Kind sich mit seiner eigenen Entwicklung, seinem Älterwerden und der Tatsache, dass es seine Babyzeit hinter sich lassen muss, auseinandersetzt.

Ahmen Sie Ihr Kind und seine Babysprache nicht nach. Ihr Kind ist sich seines Handels möglicherweise nicht vollständig bewusst; es fällt ihm nicht auf, dass und wie oft es in Babysprache redet. Machen Sie ihm dies nicht auf ironische, sarkastische oder abfällige Weise bewusst.

## Baden, ablehnen

**»Mein Kind möchte nie baden. Es sträubt sich jedes Mal, und das Baden wird zum Kampf. Ich verstehe das nicht, seine Geschwister haben die Badezeit immer in vollen Zügen genossen. Aber jetzt ist das Baden für uns beide nur schrecklich.«**

Siehe auch: Baden, Stress beim; Baden, nicht beenden wollen

### Das sollten Sie wissen

Überlegen Sie, warum Ihr Kind das Baden ablehnt. Ist es gerade mit etwas anderem beschäftigt und möchte nicht abbrechen? Ist das Baden vielleicht eine Machtprobe zwischen Ihnen und Ihrem Kind? Oder hat es Angst, Seife in die Augen zu bekommen? Vielleicht lehnt es das Baden ja auch ab, weil es der Beginn des Zubettgehrituals ist? Erst wenn Sie den wahren Grund seiner Ablehnung herausgefunden haben, können Sie eine Lösung finden.

Vielleicht lassen Sie wieder eines der Kuscheltiere die Unterhaltung darüber beginnen, oder die Quietsche-Ente fragt Ihr Kind, wann sie denn endlich wieder zusammen schwimmen gehen.

### So helfen Sie Ihrem Kind

Machen Sie einen Spaß daraus. Erlauben Sie Ihrem Kind, ein Schaumbad, buntes Badesalz oder Sprudeltabletten zu verwenden. Kaufen Sie Badespielzeug oder geben Sie ihm Plastikschüsseln aus der Küche zum Spielen. Lassen Sie Ihr Kind vor dem Waschen ein bisschen spielen.

Passen Sie auf. Wenn Ihr Kind Angst hat, ihm könnte beim Haarewaschen Seife in die Augen kommen, setzen Sie ihm eine Schwimmbrille auf.

Seien Sie konsequent. Baden Sie Ihr Kind jeden Tag oder jeden zweiten Tag – und zwar immer zur selben Zeit und auf dieselbe Weise. Immer wiederkehrende Routinen können den Widerstand auflösen.

Bereiten Sie Ihr Kind darauf vor. Sagen Sie Ihrem Kind schon im Voraus, dass sich die Badezeit nähert. »In zehn Minuten ist Badezeit.« Und: »In fünf Minuten ist Badezeit.« Das ist besser, als wenn Sie die »Bombe« plötzlich mitten im Spiel platzen lassen.

Verändern Sie Ihre Routine. Oft wird vor dem Zubettgehen gebadet – wenn Eltern und Kind müde sind. Weiß Ihr Kind außerdem, dass sich mit dem Baden das Zubettgehen nährt, wird es noch weniger Lust auf das Bad haben. Vielleicht lassen Sie Ihr Kind ja morgens, gleich nach dem Aufstehen baden – dann sind Eltern und Kind noch frisch und dynamisch.

### So vermeiden Sie unnötige Tränen

**Halten Sie keine Vorträge über Körperpflege.** Die mit dem Bad einhergehende Körperpflege ist sicher nicht der Grund, weshalb Ihr Kind das Baden nicht mag – über diesen Aspekt denkt ein Kind nicht einmal nach. Die Ablehnung hat andere Gründe, zum Beispiel, die Zeit, die das Baden kostet, oder der Zeitpunkt, zu dem es stattfindet, oder andere Dinge, die damit in Zusammenhang stehen. Oft kann schon ein angewärmtes Handtuch die Lust aufs Baden wecken.

**Bestechen Sie Ihr Kind nicht.** Viele Eltern lassen sich unbeabsichtigt in Verhandlungen mit ihrem Kind verstricken. »Wenn du jetzt gleich in die Wanne steigst, bekommt du den lustigen Badeschaum.« Bestechung ist das falsche Mittel, um das Kind zur Kooperation zu bewegen – denn so geben die Eltern die Macht an das Kind ab. Bestechung ist etwas anderes als Belohnung oder Ermutigung. Bietet man Badeschaum im Voraus an, um das Baden lustiger zu gestalten, ist das in Ordnung. Bietet man Badeschaum jedoch an, um einen Wutanfall zu stoppen, kann dies vom Kind als Belohnung für sein Verhalten oder als Anreiz für zukünftige Wutanfälle missverstanden werden.

## Baden, Stress beim

**»Das Baden ist bei uns eine Katastrophe. Meine Tochter spritzt, wirft mit Spielsachen um sich und setzt das komplette Bad unter Wasser. Das Waschen endet regelmäßig im Chaos. Das macht wirklich keinen Spaß!«**

Siehe auch: Baden, ablehnen; Baden, nicht beenden wollen

### Das sollten Sie wissen

Viele Kinder betrachten die Badewanne als ihren privaten Swimmingpool, und das Waschen steht ganz unten auf ihrer Prioritätenliste. Plantschen ist einfach toll! Glauben Sie mir, sie meinen es nicht böse – sie wollen einfach nur Spaß haben!

### So helfen Sie Ihrem Kind

**Stellen Sie Bade-Regeln auf.** Ihr Kind kann nicht erahnen, was Sie in jeder speziellen Situation von ihm erwarten. Deshalb ist es hilfreich, wenn Sie Ihre Erwartungen klar und deutlich zum Ausdruck bringen. Formulieren Sie Ihre Regeln so, dass Ihr Kind genau weiß, was Sie von ihm wollen – und nicht, was Sie nicht wollen. Also: Statt zu sagen »Spritz nicht!« oder »Mach nicht alles nass«, sagen Sie lieber »Alles Wasser bleibt in der Wanne« oder »Der Badvorleger bleibt trocken«.

**Füllen Sie wenig Wasser ein.** Versprechen Sie Ihrem Kind, dass es mehr Wasser bekommt, wenn es gelernt hat, das Wasser in der Wanne zu lassen. Wenn es nicht mehr spritzt, lassen Sie beim nächsten Mal etwas mehr Wasser ein.

**Lassen Sie Ihr Kind duschen.** Wenn Ihr Kind sechs Jahre oder älter ist, können Sie es statt baden auch duschen lassen. Natürlich nur, wenn es die Dusche mag!

**Gehen Sie mit in die Wanne.** Wenn Ihr Kind noch kleiner ist und Sie in Ihrer Familie offen mit Nacktheit umgehen (andernfalls Badeanzug anziehen), können Sie mit Ihrem Kind in die Wanne steigen und gemeinsam planschen.

**Entspannen Sie sich – es ist doch nur Wasser!** Planen Sie für das Bad einfach etwas mehr Zeit ein, und bringen Sie vor der Wanne einen transparenten Badvorhang an, den Sie schließen, während Ihr Kind im Wasser spielt. So können Sie das Treiben in der Wanne immer noch gut beobachten, ohne dass das Badezimmer unter Wasser steht. Holen Sie sich einen Stuhl, lesen Sie ein Buch und entspannen Sie sich dabei ein paar Minuten. Kinder lieben das Spiel mit dem Wasser – und wenn auch Sie das Baderitual entspannt sehen, ist das für Ihr Kind eine wunderschöne Erfahrung.

### So vermeiden Sie unnötige Tränen

**Pflegen Sie keine schlechten Gewohnheiten.** Kinder sind »Gewohnheitstiere«, und das Spiel in der Wanne ist für sie eine lustige Routine. Wenn Sie die Baderegeln verändern wollen, gestalten Sie am besten die gesamte Bad-Routine um.

**Badezeit ist nicht Spielzeit.** Wenn Spielzeug und wildes Planschen den Stress verursachen, verbieten Sie für eine Weile Spielsachen in der Wanne. Setzen Sie Ihr Kind in die Wanne, waschen Sie es und holen Sie es zügig wieder heraus. Greift diese Routine mit der Zeit, können Sie nach und nach wenige ausgewählte Spielsachen in die Wanne geben und sehen, ob ruhiges Spielen möglich ist.

**Ziehen Sie Konsequenzen.** Wenn die einzigen Folgen bei jeder Badüberflutung nur Klagen und Beschwerden Ihrerseits sind, wird Ihr Kind keinen Anlass haben, sein Verhalten zu ändern. Legen Sie eine altersgemäße Konsequenz fest und machen Sie sie wahr.

## Baden, nicht beenden wollen

**»Mein Kind hört nicht auf mich, wenn ich es auffordere, aus der Wanne zu kommen. Zehnmal kann ich es sagen, und dann klappt es doch erst, wenn ich das Wasser auslasse und es meinem Kind zu kalt wird in der leeren Wanne.«**

Siehe auch: Baden, Stress beim; Baden, ablehnen; Trödeln

### Das sollten Sie wissen

Kann es sein, dass Ihr Kind auch nicht gerne in die Wanne steigt? Vielleicht können Sie beobachten, dass Ihr Kind schnelle Veränderungen ablehnt und sich ungerne beim Spielen unterbrechen lässt.

Das tritt oft auf, wenn etwas, das Spaß macht (in der Wanne planschen), beendet werden muss zugunsten einer anderen Aktion, die weniger Spaß macht (Schlafanzug anziehen und ins Bett gehen). Ein bisschen Motivation kann Ihrem Kind helfen, diesen Übergang zu meistern.

## So helfen Sie Ihrem Kind

**Stellen Sie einen Wecker.** Stellen Sie den Wecker auf das Ende der Badezeit ein. Kündigen Sie zuerst fünf Minuten und dann nochmals drei Minuten vor Ablauf das Ende der Badezeit an. Sagen Sie Ihrem Kind, dass es die Wanne verlassen muss, sobald der Wecker klingelt. Klingelt der Wecker, fordern Sie Ihr Kind zum Aussteigen auf. Ist Ihr Kind erst einmal vertraut mit dieser Routine, wird das Ende der Badezeit kein Anlass für Streit mehr sein.

**Bieten Sie Wahlmöglichkeiten an.** Indem Sie Ihrem Kind Alternativen bieten, werden Sie es eher zur Kooperation bewegen können. Ist das Ende der Badezeit gekommen, stellen Sie sich mit dem Badetuch neben die Wanne und bieten eine Wahlmöglichkeit wie beispielsweise: »Möchtest du dich allein abtrocknen oder soll ich dir helfen?«

**Arbeiten Sie mit der »Wenn/dann«-Technik.** Geben Sie Ihrem Kind einen guten Grund, die Wanne zu verlassen. Versprechen Sie ihm danach eine Aktivität, die es mag. »Wenn du ausgestiegen und angezogen bist, machen wir einen Kakao und schauen ein Buch an.«

**Seien Sie albern.** Machen Sie das Aussteigen zum Spiel. Lassen Sie die Badeente bibbernd aus dem Wasser fliehen, singen Sie dabei ein Lied oder halten Sie das Badetuch wie eine Handpuppe, die zu Ihrem Kind spricht.

**Stehen Sie zu Ihrem Wort.** Sagen Sie Ihrem Kind nicht, dass es jetzt Zeit zum Herauskommen ist, wenn Sie es nicht wirklich so meinen. Wenn Sie dasselbe fünf, sechs Mal wiederholen, ohne zu handeln, wird es beim nächsten Mal noch größere Schwierigkeiten geben.

## So vermeiden Sie unnötige Tränen

**Überrumpeln Sie Ihr Kind nicht.** Zitieren Sie Ihr Kind nicht plötzlich und ohne Vorankündigung aus der Wanne, wenn es sich gerade prächtig amüsiert.

**Verschleppen Sie das Ende nicht.** Langwierige Bitten, Anfragen und Aufforderungen ohne Nachdruck geben Ihrem Kind zu verstehen, dass es selbst das Ende des Bades bestimmen kann.

**Nicht schreien, drohen oder den Stöpsel ziehen.** Wenn Sie wütend werden, wird Ihr Kind weinen und der Tag wird für Sie beide unerfreulich enden. Eine drastische Lösung wie das Kind gewaltsam aus der Wanne zu zerren, den Stöpsel zu ziehen oder das abendliche Bad ganz zu streichen, sind für Eltern wie Kind demütigend und unangemessen.

# Beißen, andere Kinder

**»Heute im Park hat mein Sohn die Tochter einer Freundin in den Arm gebissen! Ich bin entsetzt! Ich habe mich gefühlt, als hätte ich ein kleines Monster, und ich hätte vor Scham im Boden versinken wollen. Warum hat er das nur getan?«**

Siehe auch: Beißen, das Kind die Eltern; Schlagen, Treten und Haareziehen; Streit, zwischen Geschwistern

## Das sollten Sie wissen

Einen Spielkameraden zu beißen ist unter kleinen Kindern weit verbreitet, weil die Kleinen nicht immer Worte parat haben, um ihre Gefühle zu beschreiben. Sie wissen noch nicht, wie sie ihre Emotionen zügeln können, und oft ist ihnen nicht klar, was es bedeutet, einem anderen Menschen wehzutun. Beißt ein Kind einen Freund, ist dies meist nicht als aggressiver Akt zu verstehen. Es ist einfach nur ein Weg, sich auszudrücken, sich »Gehör« zu verschaffen, mit Ursache/-Wirkung zu experimentieren – oder ein Spiel, in dem man ein Stückchen zu weit gegangen ist.

## So helfen Sie Ihrem Kind

**Beobachten und eingreifen.** Wenn Sie die Reaktionen Ihres Kindes beobachten und einschätzen können, sind Sie in der Lage einzugreifen, bevor es zum Biss kommt. Wenn Sie sehen, dass Frust oder Wut in Ihrem Kind aufsteigt – möglicherweise während eines Streits um ein Spielzeug –, greifen Sie ein und lenken seine Aufmerksamkeit schnell auf etwas anderes.

**Erklären Sie Ihrem Kind, das dieses Verhalten inakzeptabel ist.** Unmittelbar nachdem Ihr Kind ein anderes gebissen hat, schauen Sie Ihrem Kind in die Augen, und sagen Sie ihm mit ein, zwei kurzen Sätzen, was Sie von seinem Verhalten halten und was jetzt zu tun ist. »Beißen tut weh. Wir beißen nicht. Entschuldige dich bei Emma und frag, ob du sie umarmen darfst. Dann geht es ihr wieder besser.«

**Bringen Sie Ihrem Kind bei, wie es mit seinen Frustrationen umgehen kann.** Wenn sich Ihr Kind mit einem Freund streitet, erklären Sie ihm, wie es sich in einer solchen Situation verhalten kann. Machen Sie ihm Vorschläge: »Wenn du das Spielzeug haben möchtest, bitte Emma lieb darum oder komm zu mir, damit ich euch helfen kann.«

**Vermeiden Sie es, im Spiel zu beißen.** Im Spiel an den Fingern oder Zehen Ihres Kleinen zu knabbern, vermittelt ihm ein falsches Signal. Ein kleines Kind versteht noch nicht, wann es in Ordnung ist, jemanden zu beißen, und wann nicht. Auch können Kinder noch nicht einschätzen, mit welcher Kraft sie zubeißen. Wenn sie älter werden, begreifen sie allmählich, dass man bestimmte Dinge im Spiel auch sehr vorsichtig und behutsam dosieren kann. Doch dazu gehört ein gewisses Maß an Reife – mehr, als man von einem Kleinkind erwarten kann.

**Lassen Sie dem verletzten Kind mehr Aufmerksamkeit zukommen.** Typischerweise verwenden wir all unsere Energie darauf, dem »Angreifer« die Leviten zu lesen, und versäumen es dabei, das »Opfer« zu trösten. Das »Opfer« sitzt dann oft weinend daneben.

Indem Sie das weinende Kind trösten, signalisieren Sie Ihrem Kind, dass es dem anderen Menschen Schmerz zugefügt hat. Sie können auch Ihr Kind ermuntern, das andere Kind mit zu trösten, vielleicht durch Streicheln oder eine Umarmung.

**Bei Wiederholung strenger vorgehen.** Wenn Sie die vorigen Schritte angewandt haben und Ihr Kind erneut beißt, ahnden Sie sein Verhalten strenger. Schreiten Sie sofort ein. Gehen Sie auf Augenhöhe Ihres Kindes, suchen Sie Blickkontakt und sagen Sie: »Es wird nicht gebissen. Nimm jetzt eine Auszeit.« Führen Sie Ihr Kind zu einem Stuhl und lassen Sie es dort einige Minuten sitzen. Auf diese Weise kommt Ihre Botschaft recht schnell an.

**Reagieren Sie immer.** Sprechen Sie auch dann mit Ihrem Kind über das Geschehen, wenn Sie erst später von der Tat hören, sie aber nicht selbst gesehen haben. Beschränken Sie sich auf einige wenige kurze, eindringliche Sätze; halten Sie keine lange Strafpredigt – das bringt nicht viel. Lesen Sie mit Ihrem Kind Bücher zu diesem Thema, denken Sie sich ein Rollenspiel aus und zeigen Sie ihm angemessene Handlungsmuster auf, mit denen es seine Gefühle in sozialverträglichem Rahmen ausdrücken kann.

**Leisten Sie erste Hilfe.** Auch wenn von einem Kinderbiss keine große Gefahr ausgeht, ist er doch eine Verletzung, insbesondere wenn die Haut aufgerissen wurde. Trösten Sie zuerst das gebissene Kind. Dann waschen Sie sich die Hände gründlich mit Wasser und Seife, anschließend reinigen Sie gegebenenfalls die Wunde. Blutet die Wunde, drücken Sie ein sauberes, trockenes Tuch darauf. Dann kleben Sie ein Pflaster auf die Bissstelle.

## So vermeiden Sie unnötige Tränen

**Reagieren Sie nicht emotional.** Beißt ein Kind ein anderes, reagieren die Eltern des »Täters« oft spontan mit Wut, gefolgt von einer Bestrafung. Der Grund: Wir sehen die Tat aus Erwachsenensicht. Wenn wir uns jedoch klarmachen, dass der Biss eines Kindes oft nur ein Reflex ist, können wir derart unwirksame Reaktionen vermeiden.

**Beißen Sie Ihr Kind nicht zurück.** Sie brauchen Ihrem Kind nicht zu zeigen, »wie sich das anfühlt«. Ihr Kind verletzt seinen Spielkameraden nicht mit Absicht, sondern begreift einfach noch nicht, was es falsch gemacht hat. Indem Sie es ihm gleichtun, vermitteln Sie ihm, dass dies ein akzeptables Verhalten ist – und verwirren es vollständig.

**Unterstellen Sie Ihrem Kind keine Absicht.** Ihr Kind wollte sich nicht absichtlich »böse« sein. Beißt ein älteres Kind seinen Freund, werden Sie dieses Fehlverhalten strenger ahnden, denn ein älteres Kind weiß, dass man nicht beißt. Ein kleines Kind weiß dies noch nicht und muss anders behandelt werden.

**Schreien Sie Ihr Kind nicht an.** Das macht Ihrem Kind nur Angst. Durch Anbrüllen erklärt man dem Kind nicht, was es gerade falsch gemacht hat – und noch viel weniger, wie es sich stattdessen hätte verhalten sollen.

# Beißen, das Kind die Eltern

**»Als ich meinen Sohn heute früh anziehen wollte, hat es sich sehr darüber geärgert, welches T-Shirt ich für ihn ausgesucht hatte. Während ich es ihm über den Kopf zog, biss er mir in den Arm. Ich war so geschockt, dass ich beinahe losgeweint hätte.«**

Siehe auch: Beißen, andere Kinder; Schlagen, das Kind die Eltern

## Das sollten Sie wissen

Natürlich sind Sie schockiert, wenn Ihr Kind Sie beißt, aber seien Sie sicher, dass Ihr Kleines Sie nicht verletzen will – es kann nur nicht die richtigen Worte oder Aktionen finden, seine Gefühle auszudrücken. Also erscheint ihm ein kleiner Biss die richtige Lösung zur rechten Zeit zu sein. Es ist hilfreich, sich bewusst zu machen, dass dies ein normales, altersgemäßes Verhalten und nicht vorsätzliches Fehlverhalten ist. Aber natürlich sollten Sie diesem Verhalten sofort Einhalt gebieten, und hier haben Sie eine gute Gelegenheit, dem Kind wichtige Dinge in Sachen Sozialverhalten beizubringen.

## So helfen Sie Ihrem Kind

**Reagieren Sie menschlich.** Reagieren Sie natürlich und spontan. Sagen Sie: »Autsch, das tut weh!« Oft sendet man aus Schreck eine Botschaft an das Kind, die besagt, dass sein Verhalten nicht richtig war. Das Kind beginnt dann möglicherweise zu weinen, was bedeutet, dass es begreift, dass es Ihnen wehgetan hat. In diesem Fall können Sie es ermutigen, sich bei Ihnen zu entschuldigen und ein Küsschen auf die Bissstelle zu geben – sich eben so zu verhalten wie Sie, wenn Sie es bei einer Verletzung trösten. Auf diese Weise wird es bald die entsprechende Verbindung herstellen und feinfühliger werden.

**Achten Sie auf Anzeichen von Frustration.** Wenn Sie merken, dass Ihr Kind unglücklich, wütend oder frustriert ist, helfen Sie ihm, seine negativen Gefühle in Worte zu fassen. Sie können es dabei unterstützen, indem Sie ihm bestimmte Anregungen geben wie beispielsweise: »Ich sehe, dass du dieses T-Shirt nicht anziehen möchtest. Kannst du sagen ›Mama, ich mag dieses T-Shirt nicht.‹?«

**Reagieren Sie konsequent.** Sagen Sie Ihrem Kind mit fester, ernster Stimme: »Stopp! Es wird nicht gebissen. Das tut weh!« Entfernen Sie sich ein paar Minuten von Ihrem Kind, damit es begreift, dass ihm seine Aktion keine positive Resonanz bringt.

**Beißen Sie Ihr Kind nicht im Spiel.** Kinder sind so unglaublich süß, dass Eltern gerne mal an ihren Fingerchen, Zehen oder am Bauch »knabbern«. Oft beißen Eltern ihre kleinen Kinder im Spiel. Solche Aktionen können Kinder leicht verunsichern – sie verstehen nicht, wann Beißen in Ordnung ist und wann nicht. Wenn Ihr Kind Sie oder einen Spielkameraden schon einmal gebissen hat, vermeiden Sie in Zukunft besser solche Spiele.

## So vermeiden Sie unnötige Tränen

**Beißen Sie Ihr Kind nicht zurück.** Sie müssen nicht Gleiches mit Gleichem vergelten – dies könnte bei dem Kind die Vorstellung erwecken, Beißen sei eine akzeptable Problemlösung. Und das steht im Widerspruch zu dem, was Sie Ihrem Kind beibringen wollen.

**Reagieren Sie nicht erschüttert, wütend oder bittend.** Wenn Sie überreagieren oder Ihr Kind beschuldigen, Sie bewusst verletzt zu haben, versetzen Sie es in Angst und verhindern damit, dass es aus dieser Situation etwas Wertvolles lernt.

**Machen Sie sich keine Sorgen.** Mit Ihrem Kind ist alles in Ordnung – es ist nicht »böse«. Es reagiert lediglich altersgemäß.

# Einkaufen, gemeinsames

**»Ein- bis zweimal pro Woche gehe ich einkaufen und muss dazu meinen Sohn mitnehmen. Er hasst das Einkaufen und bettelt am Ende immer um Süßigkeiten; dabei führt er sich schrecklich auf, weint, schreit und bekommt im Geschäft einen Wutanfall.«**

Siehe auch: Widerrede; Autofahren; Trödeln; Kommt nicht, wenn man ruft

## Das sollten Sie wissen

Oft ist es gar nicht das Einkaufen selbst, sondern der damit verbundene Stress, den Kinder nicht mögen. Zudem interessieren sich Kinder nicht besonders für derartige »Erwachsenenveranstaltungen«, und oft überschreitet die zeitliche Dauer von Besorgungstouren die kindliche Geduld.

## So helfen Sie Ihrem Kind

**Betrachten Sie das Einkaufen als Abenteuer.** Der Besuch im Supermarkt ist eine tolle Gelegenheit, zweierlei Dinge zu tun: zum einen die notwendigen Einkäufe zu erledigen und zum anderen eine schöne Zeit mit dem Kind zu verbringen. Wenn Sie eine viel beschäftigte Mutter bzw. ein vielbeschäftigter Vater sind, kann diese Vorstellung entspannend wirken, was sich auch positiv auf das Verhalten Ihres Kindes abfärben wird. Denn Ihr Kind spürt ganz genau, was Sie antreibt – und reagiert entsprechend.

**Planen Sie mehr Zeit ein.** Wenn Sie nicht in Eile sind, können Sie und Ihr Kind den Einkauf entspannter genießen. Wenn es doch einmal schnell gehen muss, machen Sie sich eine Liste aller benötigter Dinge und arbeiten Sie diese der Reihe nach ab. So müssen Sie nicht kreuz und quer durch den Laden laufen und brauchen weniger Zeit.

**Beziehen Sie Ihr Kind mit ein.** Die meisten Kinder sind gerne kleine Einkaufshelfer. Sie können Dinge zum Einkaufswagen tragen, bei der Produktauswahl helfen und Dinge aus den Regalen holen. Wenn Ihr Kind schon lesen kann, können Sie ihm eine eigene Einkaufsliste schreiben.

**Fragen Sie Ihr Kind nach seiner Meinung.** Wenn möglich, suchen Sie zwei ähnliche Produkte aus und fragen Ihr Kind, welches Sie nehmen sollen. Wenn Ihr Kind mit entscheiden darf, was in den Einkaufswagen kommt, wird der Einkauf plötzlich zu einer wichtigen, spannenden und verantwortungsvollen Sache.

**Würdigen Sie die Wünsche des Kindes.** »Mmm, lecker. Schau dir mal diese Kekse an!« Lassen Sie diesem Hinweis eine kurze, vorwurfsfreie Erklärung folgen, warum Sie diese trotzdem nicht kaufen werden. »Aber wir brauchen heute gar keine Kekse.«

---

Jade, Mutter zweier Kleinkinder

### » Mein Sohn durfte auch mal Chef-Einkäufer sein

Eines Tages habe ich mit meinem Sohn ein Experiment gemacht. Ohne es ihm vorher zu sagen, habe ich ihn die Einkaufstour leiten lassen. Ich hatte an diesem Tag nichts Besonderes vor, und wir waren nur zum Spaß unterwegs. Er lief vor und ich folgte ihm. Er verbrachte viel Zeit bei den Dingen, die ihn interessieren. Außerdem durfte er bestimmen, wann der Einkauf zu Ende ist. Er ließ sich erstaunlich viel Zeit und stellte meine Geduld auf die Probe. Diese Erfahrung hat mir gezeigt, was er durchmachen muss, wenn ich die Länge der Einkaufstour bestimme.«

**Stellen Sie eine schriftliche oder imaginäre Wunschliste auf.** Jedes Mal, wenn Ihr Kind sagt: »Das möchte ich«, sagen Sie ihm, dass Sie sich seinen Wunsch merken werden. Sie können den Wunsch auf einen Zettel schreiben, den Sie dann »die Wunschliste« nennen und dem Kind zeigen können.

**Vermeiden Sie ständige »Extras«.** Sagen Sie Ihrem Kind, bevor Sie gemeinsam das Geschäft betreten, was Sie kaufen werden und was nicht. Wenn Sie Ihrem Kind erlauben, sich bei jedem Einkauf eine kleine Süßigkeit auszusuchen, wird es nicht nach einer endlosen Liste von Dingen fragen. Sich für eine Süßigkeit zu entscheiden macht den Einkauf für Ihr Kind zu einer interessanten Sache.

**Legen Sie konsequente Regeln fest.** Wenn Sie oft mit Ihrem Kind einkaufen gehen, ist es sinnvoll, die fünf bis sechs wichtigsten Einkaufsregeln aufzuschreiben und den Zettel ins Auto zu legen. Vor jedem Einkauf sprechen Sie die Regeln mit Ihrem Kind durch.

---

Luise, Mutter dreier Kinder

### » Eines oder das andere

Beim Einkaufen dürfen sich die Jungs immer eine Sache aussuchen, aber oft wollen sie noch mehr. Dann sage ich freundlich, aber sehr bestimmt: ›Gut, ihr dürft diese Bonbons anstelle der Kekse mitnehmen, die ihr vorhin ausgesucht habt – dann stellt jetzt bitte die Kekse zurück ins Regal.‹ Und ganz schnell sind die Bonbons gar nicht mehr nötig.«

## So vermeiden Sie unnötige Tränen

**Gehen Sie nicht mit einem hungrigen Kind einkaufen.** Auch wenn Sie es nicht absichtlich planen, kann dies vorkommen. Wenn die letzte Mahlzeit schon eine Weile her ist, sollten Sie zuerst einen kleinen Snack für Ihr Kind kaufen, den es schon im Geschäft verzehren kann. Ein paar Cracker, Salzbrezeln oder Reiswaffeln können Wunder wirken. (Vergessen

Sie nur nicht, die verzehrten Knabbereien an der Kasse zu bezahlen!)

**Gehen Sie nicht mit einem müden Kind einkaufen.** Vermeiden Sie es, Ihr Kind zur Mittagsschlafenszeit mit in den Supermarkt zu nehmen. Müde Kinder sind wesentlich ungeduldiger und nörgeliger als ausgeschlafene.

**Gehen Sie nicht zu Stoßzeiten einkaufen.** Planen Sie Ihren Einkauf dann, wenn der Supermarkt erfahrungsgemäß leerer ist. Mehr Menschen bedeuten längere Schlangen und mehr Herausforderungen. In einem leeren Geschäft lässt es sich viel entspannter einkaufen. Fragen Sie die Kassiererin oder den Marktleiter nach den günstigsten Einkaufszeiten.

# Flüche, Schimpfworte und Fäkalsprache

**»Mein Sohn findet es sehr lustig, sich über Körperfunktionen und körperliche Ausscheidungsprodukte auszulassen (mit Lauten, Gesten oder den entsprechenden Worten). Außerdem liebt er es, Schimpfwörter zu benutzen.«**

Siehe auch: Widerrede; Umgangsformen, gute

## Das sollten Sie wissen

Kinder finden Witze über intime Körperbereiche, Ausscheidungsprodukte und Körpergeräusche irrsinnig komisch. Schon in sehr jungem Alter ist ihnen klar, dass bestimmte Wörter die Aura des Verbotenen besitzen und entsprechende Reaktionen hervorrufen. Viele Kinder lieben es, mit diesen Wörtern zu experimentieren. Das ist zwar normal und altersgemäß, aber sozial nicht akzeptiert – und je eher Sie dagegen vorgehen, desto rascher wird diese Phase hinter Ihnen liegen.

## So helfen Sie Ihrem Kind

**Ignorieren Sie den ersten Vorstoß.** Wenn Ihr Kind die einschlägigen Begriffe mehr oder weniger unschuldig ins Gespräch wirft, wiederholt es möglicherweise nur etwas, das es aufgeschnappt hat. Ignorieren ist in diesem Fall wohl die beste Reaktion. Benutzt Ihr Kind die unerwünschten Wörter ein weiteres Mal, ist Handeln angesagt.

**Erklären Sie Ihrem Kind, was sozial unangemessen ist.** Kinder wiederholen Dinge, die sie aufschnappen – selbst wenn sie deren Bedeutung gar nicht überreißen. Schließlich haben sie ihr gesamtes bisheriges Vokabular auf diese Weise gelernt. Wahrscheinlich ist Ihrem Kind die Bedeutung von Flüchen und Schimpfwörtern nicht bewusst – deshalb müssen Sie erklärend eingreifen. »Dieses Wort benutzen Kinder nicht.« Oder: »Darüber machen wir in unserer Familie keine Witze.«

**Behalten Sie ältere Geschwister, Freunde und erwachsene Bezugspersonen im Blick.** Kleine Kinder sind wie Papageien. Finden Sie heraus, wem Ihr Kind nachplappert. Einem älteren Geschwisterkind? Einem Freund? Spielkameraden? (Natürlich nicht Ihnen ...) Dies ist in jedem Fall ein guter Anlass, über die Macht und Bedeutung von Worten zu sprechen, darüber, warum Menschen fluchen, und wo die Grenze des Akzeptablen verläuft. Sie können Ihrem Kind angemessene Alternativen an die Hand geben, die es anstelle eines deftigen Schimpfwortes benutzen kann.

Monster...
...kacke
Mist...
...verdammter
Scheiben...
...kleister

**Überprüfen Sie den Fernsehkonsum Ihres Kindes.** Auch Fernsehsendungen, die über den Schirm flimmern, während Ihr Kind zufällig im Raum ist, können seinen Sprachgebrauch beeinflussen. Kinder schnappen alles auf, auch wenn es nur im Hintergrund stattfindet und sie es gar nicht zu realisieren scheinen.

## So vermeiden Sie unnötige Tränen

**Lachen Sie nicht.** Auch wenn es manchmal wirklich lustig ist – reagieren Sie nicht mit Lachen.

**Werden Sie nicht wütend.** Ihr Kind hat in ganz unschuldiger Manier ein Wort wiederholt, das es aufgeschnappt hat, und kann Ihre Wut nicht nachvollziehen. »Warum darf Papa das im Auto sagen, aber ich nicht?«

**Reagieren Sie nicht schockiert oder beleidigt.** Diese sehr interessante Reaktion könnte Ihr Kind zu weiteren Äußerungen verleiten. Sie können davon ausgehen, dass Ihr Kind gar nicht überreißt, was es sagt – es handelt sich vielmehr um das ganz normale kindliche Erforschen der Sprache. Man sollte das Kind behutsam korrigieren.

---

Jennifer, Mutter einer kleinen Tochter

### » Aber du sagst doch auch manchmal »Sch …«

Ava und ich hatten gestern eine interessante Diskussion über Schimpfwörter, die ungefähr so ablief:
Ava: ›Mami, warum darf man nicht ›Sch …‹ sagen?‹
Mutter: ›Weil das ein unschönes Wort ist.‹
Ava: ›Verletzt es die Gefühle anderer?‹
Mutter: ›Ja, das kann passieren.‹
Ava: ›Aber du sagst manchmal ›Sch …‹‹
Mutter (schluckt): ›Nun, na ja, ja, das kommt vor. Aber ich sage es nur, wenn ich wirklich wütend bin oder mir weh getan habe, wie neulich, als ich mir den Finger verbrannt habe.‹
Ava (nachdenklich): ›Mami, darf ich auch ›Sch …‹ sagen, wenn ich mir den Finger verbrenne?‹
Im Moment interessiert sich Ava sehr für Sprache – ich konnte ihr für ihre Fragen wirklich nicht böse sein.«

## Hänseln und Beschimpfen

**»Meine Kinder hänseln sich ständig gegenseitig. Auch in ihrem Freundeskreis ist das ein gängiges Verhalten, und nicht selten geben sie sich gegenseitig Schimpfnamen. Ich finde das so schlimm, aber weiß mir keinen Rat, wie ich es unterbinden kann.«**

Siehe auch: Spielverhalten; Streit, zwischen Geschwistern

### Das sollten Sie wissen

Wenn sich Kinder hänseln, ist das für sie ein ganz normaler Weg, mit sozialen Interaktionen zu experimentieren und herauszufinden, wie Beziehungen funktionieren. Manchmal ist es auch ein fehlgeleiteter Versuch, Macht über ein anderes Kind zu erlangen oder es emotional zu verletzen. Hänseln kann aber auch ein Ausdruck von Nervosität, Schüchternheit oder Verwirrung sein. Kinder müssen lernen, dass ihre Worte Macht ausüben und man diese Macht angemessen einsetzen muss; das braucht wie alles, was Kinder lernen müssen, Zeit.

### So helfen Sie Ihrem Kind

Halten Sie sich erst einmal zurück. Wenn das gehänselte Kind unter den Sticheleien nicht zu leiden scheint und auch keine unangemessenen, unflätigen Ausdrücke im Spiel sind, ist es in Ordnung, das Verhalten als harmlose Kinderei abzutun. Mischen Sie sich dann nicht ein. Aber hören Sie aufmerksam zu, um zu sehen, ob die Kinder allein mit der Situation klarkommen oder man irgendwann doch einschreiten sollte.

Erklären Sie. Erklären Sie, was Hänseln bedeutet und warum es nicht in Ordnung ist. Ganz gleich, welche Worte Ihr Kind benutzt hat, sollten Sie ihm klarmachen, dass Hänseln kein angemessenes Verhalten ist und dass das hänselnde Kind unhöflich ist, auch wenn das gar nicht seine Absicht ist.

Lenken Sie um. Unterbrechen Sie die Hänselei und wechseln Sie das Thema. Lenken Sie die Aufmerksamkeit der Kinder auf eine Gruppenaktivität, die den Zusammenhalt fördert, zum Beispiel das Spiel mit Steckklötzchen oder Bauklötzen oder ein Brettspiel.

Stellen Sie eine neue Familienregel auf. Formulieren Sie sie so: »Wir hänseln oder ärgern niemanden.« Hängen Sie die Regel zusammen mit drei, vier anderen wichtigen Familienregeln an einer Pinnwand in der Küche oder an einem anderen zentralen Ort auf. (Siehe auch das Kapitel »Familienregeln: Grundlagen für Einigkeit«).

Zeigen Sie Schutzmaßnahmen auf. Zeigen Sie dem Kind verschiedene Verhaltensweisen auf, wie es dem Hänsler den Wind aus den Segeln nehmen kann. Schlagen Sie beispielsweise vor, über die dummen Kommentare zu lachen, den Hänsler zu ignorieren oder dem Hänsler unter vier Augen sagen, dass er die Sticheleien lassen soll. Lassen Sie Ihr Kind wissen, dass es sich jederzeit an Sie wenden kann, wenn es mit der Situation allein nicht mehr zurechtkommt, und dass Sie wirklich hinter ihm stehen und es verteidigen und schützen werden.

### So vermeiden Sie unnötige Tränen

**Auch Erwachsene sollten nicht hänseln.** Achten Sie darauf, dass in Ihrer Familie auch die Erwachsenen nicht die Kinder aufziehen. Manchmal finden Erwachsene das lustig und meinen, auch Kinder finden das witzig. Und selbst wenn das Kind mitlacht, kann es sich in seinen Gefühlen verletzt fühlen.

**Unterstellen Sie keine Bösartigkeit.** Nicht selten hänseln Kinder, weil andere Emotionen wie Schüchternheit oder Nervosität mit im Spiel sind. Beobachten Sie, welche Gefühle wirklich eine Rolle spielen, bevor Sie korrigierend eingreifen. Versteht man die echten Ursachen des Hänseln, kann man auf diese eingehen und dem Kind Wege zeigen, wie es besser mit seinem Gefühlen zurechtkommt.

**Stellen Sie den Hänsler nicht öffentlich bloß.** Schreiten Sie ein, wenn ein Kind gehänselt wird. Nehmen Sie den Hänsler beiseite und sprechen Sie unter vier Augen mit ihm. Machen Sie ihm Ihre Position in puncto Hänseln nachdrücklich klar und fordern Sie das Kind auf, sich bei dem gehänselten Kind zu entschuldigen.

**Vergessen Sie nicht den Einfluss der Medien.** Achten Sie darauf, welche Sendungen Ihr Kind im Fernsehen sieht. In vielen Shows – etwa in »Pleiten, Pech und Pannen«, aber auch in vielen Talentshows oder Wettbewerben, die im Moment im TV ausgestrahlt werden – geht es hauptsächlich um Sarkasmus und die Bloßstellung anderer – und das Publikum lacht. Ihr Kind schnappt dies auf und übernimmt diese »Technik« in sein eigenes Repertoire.

## Kindergarten oder Hort, Hinbringen und Abholen

**»Meine Tochter trödelt und jammert, wenn ich sie in den Kindergarten bringe, so dass man denken könnte, sie mag den Kindergarten nicht. Ich weiß aber, dass es ihr dort sehr gut gefällt – denn beim Abholen ist es genau dasselbe. Sie will dann einfach nicht mitgehen.«**

Siehe auch: Trödeln; Kommt nicht, wenn man ruft

### Das sollten Sie wissen

Manche Kinder können nur schwer mit Veränderungen umgehen. Sie mögen es, wenn ihr Leben Tag für Tag in den vorhersagbaren Bahnen verläuft. Alles, was ihre gegenwärtige Aktivität stört, wird abgelehnt. Diese Kinder muss man mit etwas mehr Geduld und Aufmerksamkeit bei den vielen kleinen Veränderungen im Laufe des Tages unterstützen, so dass sie die Erfahrung machen können, dass Veränderungen gar nicht schlimm sein müssen.

### So helfen Sie Ihrem Kind

**Führen Sie ganz spezifische Routinen ein.** Konsistenz und immer gleiche Abläufe helfen diesen Kindern, sich bei Veränderungen wohler zu fühlen. Mit »ganz spezifischen Routinen« meine ich, dass Sie beim Bringen und Abholen immer dasselbe machen und sagen. Dass Sie beispielsweise immer an derselben Stelle parken, dass Sie immer durch dieselbe Tür kommen und gehen, dass Sie immer zum Fach oder Haken Ihres Kindes gehen und seine Jacke aufhängen, dass Sie immer am Schwarzen Brett stehen bleiben und die Tagesaktivitäten kommentieren, dass Sie Ihr Kind zweimal umarmen und zweimal küssen, dass Sie immer dasselbe sagen, zum Beispiel: »Ich wünsche dir einen schönen Tag, mein Liebes, und viel Spaß.«

**Sagen Sie Ihrem Kind jeden Tag, wann Sie es abholen.** Es gibt Ihrem Kind Sicherheit zu wissen, dass Sie es zu einer bestimmten Uhrzeit abholen. Machen Sie das Abholen an einer speziellen Aktivität fest, zum Beispiel nach der Brotzeit, und lassen Sie es wissen, wann es mit Ihnen rechnen kann.

**Geben Sie Ihrem Kind eine »Übergangszeit«.** Geben Sie Ihrem Kind beim Bringen und Abholen jeweils fünf Minuten Übergangszeit. Diese fünf Minuten lohnen sich, denn Sie ersparen sich dadurch mindestens fünfzehn Minuten Genörgel. Wenn Sie im Kindergarten ankommen, lassen Sie Ihr Kind noch ein paar Minuten weiterspielen. Denken Sie sich ein spielerisches Aufbruchsignal aus, zum Beispiel Kitzeln oder Kraulen im Nacken. Oder wedeln Sie mit dem Autoschlüssel und sagen Sie mit lustig verstellter Stimme, dass das Auto draußen wartet.

**Lassen Sie sich für den Heimweg eine lustige Routine einfallen.** Legen Sie eine Brotzeitdose mit täglich wechselndem Inhalt auf den Sitz Ihres Kindes, zum Beispiel Vollkorn-Cracker, Müsliriegel, Salzbrezeln oder Obst. Gestalten Sie den Weg zum Auto spielerisch, indem Sie alle roten Autos auf dem Parkplatz oder Ihre eigenen Schritte zählen. Sagen Sie dem Kind etwas, worauf es sich zu Hause freuen kann, dass Sie beispielsweise neue Bücher aus der Bücherei geholt haben oder dass Opa zum Abendessen kommt.

## So vermeiden Sie unnötige Tränen

**Gehen Sie nicht auf die Klagen ein.** Je mehr Sie auf Ihr Kind einreden, um es zum Mitgehen zu bewegen, desto nervöser machen Sie es. Bleiben Sie fröhlich und gelassen und vertrauen Sie darauf, dass sich alles fügen wird. Die meisten Kinder hören wenige Minuten nach der Verabschiedung der Eltern auf zu weinen. Fragen Sie den/die Betreuer/-in Ihres Kindes, ob das auch bei Ihrem Kind so ist. Oder rufen Sie später noch einmal bei der Einrichtung an, um zu hören, ob sich Ihr Kind beruhigt hat.

**Werden Sie nicht wütend.** Ihr Ärger macht Ihr Kind noch unglücklicher – so bekommt man die Situation nicht in den Griff. Außerdem ist dies (für Sie und für Ihr Kind) eine denkbar schlechte Art, den Tag zu beginnen.

# Kommt nicht, wenn man ruft

**»Selbst nach dem fünften Rufen taucht mein Sohn nicht auf. Als ob er Stöpsel in den Ohren hätte! Wenn Ich möchte, dass er wirklich zu mir kommt, muss meistens ich zu ihm gehen. Das nervt mich gewaltig, und ich zeige das meinem Sohn auch – aber es wird einfach nicht besser!«**

Siehe auch: Trödeln

## Das sollten Sie wissen

Ihr Kind hat genau das gelernt, was sie ihm beigebracht haben – dass es keine Eile hat, wenn Sie rufen. Es weiß genau, dass Sie am Ende doch zu ihm hingehen werden und es abholen.

## So helfen Sie Ihrem Kind

**Rufen. Warten. Handeln.** Folgen Sie diesem Ablauf: Schauen Sie, wo Ihr Kind steckt. Rufen Sie ein Mal. Warten Sie drei Minuten. Gehen Sie zu Ihrem Kind, nehmen Sie es an der Hand und sagen Sie: »Ich möchte, dass du kommst, wenn ich dich rufe.« Dann gehen Sie mit ihm zu dem gewünschten Ort. Wenn Sie dieses Muster konsequent durchziehen, wird Ihr Kind schnell lernen, was Sie von ihm erwarten, wenn Sie es rufen.

**Beobachten Sie Ihre Familie.** Wird über mehrere Zimmer hinweg gerufen? Antwortet der Gerufene mit einem vagen »In einer Minute« und muss dann noch mehrmals gerufen werden? Dies sind die Vorbilder, denen Ihr Kind folgt. Erst wenn die Erwachsenen ihr Verhalten ändern, wird auch Ihr Kind so reagieren, wie Sie es von ihm erwarten.

**Geben Sie eine Vorankündigungen ab.** Der rasche Übergang von einer Aktivität zu einer anderen kann Kindern schwer fallen. Statt zu rufen »Komm jetzt!« geben Sie zunächst zwei Vorankündigungen ab: »Wir gehen in fünf Minuten«, und kurz darauf: »Wir gehen in zwei Minuten.« Dann: »Wir gehen jetzt!« Reagiert Ihr Kind auch darauf immer noch nicht, nehmen Sie es an der Hand und sagen mit fester Stimme: »Ich möchte, dass du kommst, wenn ich dich rufe.«

**Erkennen Sie die Wünsche Ihres Kindes an.** Lassen Sie Ihr Kind wissen, dass Sie gut verstehen, dass es weiterspielen möchte. Dann treffen Sie eine weitere Aussage und legen eine Aktion nach, etwa so: »Ich wette, du könntest ewig in diesem Schwimmbecken bleiben, aber wir müssen gehen. Hier ist dein Handtuch.«

**Benutzen Sie einen Gong oder Wecker.** Sagen Sie Ihrem Kind, dass es kommen muss, wenn es den Gong oder den Wecker hört, und bevor Sie bis 50 gezählt haben. Dieses Spiel macht Ihrem Kind Spaß. Wenn Sie mehr als ein Kind haben, dann darf das Kind, das zuerst bei Ihnen ist, das nächste Signal geben.

**Lassen Sie einen Hörtest machen.** Stellen Sie sicher, dass Ihr Kind gut hört und dass nicht Hörschwierigkeiten verantwortlich für sein Ignorieren sind. Denn wenn Ihr Kind sie gar nicht hören kann, hat es ja auch keine Chance, zu folgen.

# Kommst Du bitte...!

### So vermeiden Sie unnötige Tränen

**Rufen Sie nicht über eine längere Distanz.** Je weiter Sie von Ihrem Kind entfernt sind, desto leichter fällt es ihm, Ihr Rufen zu ignorieren. Mehr als sieben Meter sollten nicht zwischen Ihnen liegen.

**Rufen Sie erst, wenn es nötig ist.** Rufen Sie Ihr Kind, und wenden sich dann selbst einer anderen Aktivität zu, müssen Sie damit rechnen, dass Ihr Kind Ihren Ruf beim nächsten Mal nicht sehr ernst nehmen wird. Sie selbst haben ihm ja gezeigt, dass es gar nicht hätte kommen müssen.

## Lügen

**»In letzter Zeit habe ich meinen Sohn immer mal wieder bei kleinen Lügen ertappt, wenn er beispielsweise sagte: »Ich war's nicht.« Ich weiß ganz sicher, dass er es war, aber ich möchte ihn nicht als Lügner bloßstellen.«**

### Das sollten Sie wissen

Es ist nicht gut, ein Kind zu »etikettieren« und mit einer unangenehmen Bezeichnung zu brandmarken. Kinder machen sich im Lauf der Zeit eine Vorstellung von ihrem eigenen Ich – und es kann nicht die Absicht der Eltern sein, dass sich ihr Kind negativ betrachtet. Andererseits müssen wir solche Vorgänge wie Flunkereien ansprechen, wenn sie tatsächlich passieren.

Wir müssen unseren Kindern die Bedeutung von Ehrlichkeit vermitteln und dafür sorgen, dass Flunkereien nicht zur Gewohnheit werden. Es gibt viele Gründe, aus denen Kinder nicht immer die Wahrheit sagen. Sie lügen, um nicht in Schwierigkeiten zu geraten; sie lügen, um peinliche Situationen zu umgehen; sie lügen, weil sie oft noch nicht zwischen Wirklichkeit und Fantasie unterscheiden können. Hauptsächlich aber lügen sie deshalb, weil ihnen die Bedeutung der Wahrheit noch nicht in vollem Umfang bewusst ist. Einem Kind beizubringen, wie wichtig es ist, die Wahrheit zu sagen, erfordert viel Zeit, Konsequenz, Geduld und Methodik.

### So helfen Sie Ihrem Kind

**Die Wahrheit sagen muss zu einem wichtigen Familienwert werden.** Durch Ihre Worte und Ihr Handeln lernt Ihr Kind, welche Werte Ihnen wichtig sind. Überlegen Sie, welche Werte Ihnen besonders wichtig sind – etwa Wahrheit und Aufrichtigkeit – und sprechen Sie in Ihrer Familie von Zeit zu Zeit darüber. Wenn dieser Wert beispielsweise in Büchern, in einem Film oder aber im »echten Leben« ein Thema ist, kann man darüber reden.

**Konzentrieren Sie sich auf die Lösung.** Wenn Ihr Kind einen Fehler macht und schließlich doch mit der Wahrheit herausrückt, sollten Sie es nicht bestrafen oder es demütigen, auch wenn das schwer fällt. Stattdessen können Sie es in die Lösungsfindung einbeziehen. »Wie auch immer es passiert ist – die Lampe ist zerbrochen. Was können wir jetzt tun?«

**Halten Sie Ihre Erwartungen realistisch.** Manchmal lügen Kinder, weil sie fürchten, den Erwartungen der Erwachsenen nicht gerecht zu werden. Sie finden es dann einfacher zu flunkern, als die Erwartungen der Eltern zu enttäuschen. Prüfen Sie kritisch, wie Sie

auf Fehler oder Unzulänglichkeiten Ihres Kindes reagieren, und lassen Sie auch Raum für Unvollkommenheiten!

Verantwortung für eigene Fehler übernehmen. Wenn Sie sehen, dass Ihr Kind einen Fehler macht, bringen Sie ihm bei zu sagen: »Ich habe etwas falsch gemacht. Es tut mir leid.« Damit haben selbst viele Erwachsene noch Probleme – also kann man damit gar nicht früh genug beginnen. Menschen, die zu ihren Fehlern stehen können, werden sich weniger in Lügen flüchten müssen.

## So vermeiden Sie unnötige Tränen

Stellen Sie keine Fangfragen. Wenn Ihr Kind einen schokoverschmierten Mund hat oder das Bonbonpapier auf dem Tisch liegt, müssen Sie nicht noch fragen: »Hast du das Bonbon stibitzt, das in der Küche lag?« Machen Sie stattdessen eine schlichte Feststellung wie: »Es sieht aus, als hättest du das Bonbon gegessen, ohne zu fragen. Das nächste Mal sprich bitte erst mit mir, bevor du dir etwas nimmst.«

Unterstellen Sie Ihrem Kind keine Lüge. Wenn Sie den Verdacht haben, Ihr Kind könnte geflunkert haben, aber Sie sich nicht hundertprozentig sicher sind, dürfen Sie es nicht der Lüge bezichtigen. Drücken Sie aber Ihre Sorge aus: »Das hört sich für mich aber nicht wie die Wahrheit an.«

Unterstellen Sie Ihrem Kind keine Bosheit. Ihr Kind mag vielleicht Angst haben, etwas zuzugeben, weil es eine Bestrafung fürchtet oder Sie nicht enttäuschen möchte. Aber Ihr Kind lügt sicher nicht, um Sie zu betrügen.

# Raufen und wildes Spiel

**»Meine Kinder lieben es, zu raufen, zu schreien und sich zu jagen. Sie sind laut und ungestüm und ich habe für ihr Spiel weder viel Geduld noch Verständnis. Normalerweise endet es so, dass ich dem Ganzen durch Schimpfen ein Ende bereite.«**

Siehe auch: Streit, zwischen Geschwistern; Schreien, brüllen, kreischen

## Das sollten Sie wissen

Kinder besitzen viel Energie – und das ist gut so. Wir müssen ihnen nur helfen, das richtige Ventil für diese Energie zu finden.

## So helfen Sie Ihrem Kind

**Verlagern Sie das Spiel an einen anderen Ort.** Wenn das, was Sie stört, mehr die Örtlichkeit als das Spiel selbst ist, suchen Sie einen anderen Platz. Sobald Sie bemerken, dass das Spiel der Kinder körperbetonter wird, schicken Sie sie hinaus in den Garten oder in einen Raum, der sicher ist und wo sie gefahrlos raufen können.

**Beenden Sie das Spiel, bevor es aus dem Ruder läuft.** Vielleicht beten Sie zwar Ermahnungen wie »Seid vorsichtig« oder »Spielt ein bisschen ruhiger« herunter, schreiten aber nicht aktiv ein, um das Spiel friedlicher zu gestalten. Warten Sie nicht, bis jemand verletzt wird oder etwas zu Bruch geht, sondern greifen Sie ein, sobald Sie spüren, dass das Spiel in die falsche Richtung läuft, und lenken Sie die Aufmerksamkeit der Kinder auf eine andere Aktivität.

**Bieten Sie ein Alternativ-Programm an.** Nicht selten beginnen Kinder zu rangeln und zu raufen, wenn sie gelangweilt sind und ihnen nichts Besseres einfällt. Richten Sie den Kindern einen Spielschrank ein mit Bastelmaterialien, Puzzles und Spielen, der ihnen neue Anregungen liefert.

## So vermeiden Sie unnötige Tränen

**Schreien Sie nicht.** Erheben Sie in einer bereits angespannten Situation die Stimme, werden sich die Kinder wohl kaum beruhigen oder sinnvolleren Aktivitäten zuwenden.

**Drohen Sie nicht.** Machen Sie keine leeren Drohungen wie »Wenn ihr nicht sofort aufhört, dann ...«. Mit solchen Aussagen untergraben Sie nur Ihre eigene Autorität und fordern Ungehorsam heraus. Denn solche Drohungen werden normalerweise nicht umgesetzt – und das wissen die Kinder sehr genau. Und deshalb führen solche Drohungen nicht zu der gewünschten Kooperation, sondern zu weiterer negativer Energie. Geben Sie stattdessen klare Anweisungen, so dass die Kinder verstehen, was sie tun sollen.

## Rechthaberei

**»Meine Tochter macht immer eine klare Ansage und sagt allen Freunden, was sie tun sollen. Sie bestimmt, welches Spiel gespielt wird, und legt die Regeln willkürlich fest. Noch beugen sich die anderen Kinder ihrem Willen, aber wenn sie älter werden, werden sie das nicht mehr tun.«**

Siehe auch: Widerrede

### Das sollten Sie wissen

Das Spiel mit anderen Kindern ist eine soziale Fähigkeit, die man durch Übung erlernt. Wenn sich die anderen Kinder dem Willen eines einzelnen Kindes beugen, gewinnt Ihr Kind den Eindruck, alles sei in bester Ordnung. Sie jedoch haben die Aufgabe, Ihrem Kind beizubringen, wie man höflich und fair mit anderen umgeht. Die gute Nachricht ist, dass sich ein Kind, das oft die Führungsrolle einnimmt, zu einer Führungspersönlichkeit entwickeln kann. Sie sollten es unterstützen, indem Sie ihm beibringen, seine Führungsqualitäten zu entwickeln und in positive Bahnen zu lenken.

### So helfen Sie Ihrem Kind

**Sprechen Sie mit Ihrem Kind über Ihre Beobachtungen.** Bleiben Sie dabei ruhig und klagen Sie Ihr Kind nicht an. Konstatieren Sie einfach nur, was Sie beobachten. »Ich habe gesehen, dass du Jeremy den Ball immer wieder abgenommen hast.« Dann fragen Sie Ihr Kind, wie es selbst die Situation sieht, und lenken Sie das Gespräch mit zielführenden Fragen. »Wie, glaubst du, hat sich dein Freund dabei gefühlt?« »Hättest du dich auch anders verhalten können?« »Was würdest du beim nächsten Mal tun?«

**Ermutigen Sie Ihr Kind, eine positive Führungsrolle zu übernehmen.** Erklären Sie ihm den Unterschied zwischen rechthaberischem Herumkommandieren und bestimmtem, aber respektvollem Umgang mit anderen. Wahrscheinlich realisiert Ihr Kind diesen Unterschied noch nicht. Sagen Sie zum Beispiel: »Wenn du sagst ›So will ich das Spiel spielen‹ ist das rechthaberisches Herumkommandieren, aber wenn du fragst ›Wollen wir das Spiel so spielen?‹ ist das ein höflicher Weg, neue Regeln vorzuschlagen.«

**Melden Sie Ihr Kind zu Gruppenaktivitäten an.** Wenn Ihr Kind an Gruppenaktivitäten teilnimmt (zum Beispiel in einer Spielgruppe, in einem Sportverein, bei einer kirchlichen Gruppe), wird es das Spiel in der Gruppe in einer überwachten Situation erfahren und in diesem Rahmen möglicherweise seine Rechthaberei zurückfahren. Suchen Sie in aller Ruhe eine Gruppe aus, die von einer fähigen, fairen, höflichen Person geleitet wird, die sich gut auf kleine Kinder versteht.

Sara, Mutter zweier Kleinkinder

## » Wir müssen auch an uns selbst arbeiten

Mein Sohn Oliver kommandiert in letzter Zeit alle herum: meinen Mann, mich und sogar unsere Hunde. Er gibt Befehle wie ›Mama, komm sofort her!‹. Und das ist kein Wunder, denn genau so hört er es, wenn wir etwas von ihm möchten. Wenn ich ihn jetzt Befehle brüllen höre, bitte ich ihn, freundlich zu formulieren, was er möchte. Mit veränderter, netter Stimme sagt er dann: ›Mama, kannst du bitte mal kommen?‹. Natürlich müssen wir auch an uns selbst arbeiten, denn schließlich sind wir seine Vorbilder. Und daran arbeiten wir auch.«

**Beobachten Sie das Umfeld Ihres Kindes.** Achten Sie darauf, ob Ihr Kind von jemand anderem herumkommandiert wird. Gibt es ein Geschwisterkind, einen Babysitter oder einen Freund, der Ihr Kind herumkommandiert? (Oder vielleicht Sie selbst?) Wenn Sie diese Person bitten, ihr Verhalten gegenüber Ihrem Kind freundlicher zu gestalten, wird diese Person zu einem positiven Rollenvorbild.

**Übertragen Sie Ihrem Kind Verantwortung.** Übertragen Sie Ihrem Kind die Verantwortung für das Haustier, für das Tischdecken oder für das Blumengießen. Solche Aufgaben steigern sein Selbstwertgefühl und geben dem Kind ein Gefühl von Kontrolle und Stärke – es ist für etwas verantwortlich.

**Loben Sie positives Verhalten.** Beobachten Sie Ihr Kind und loben Sie es, wenn es sich gut benimmt und Dinge richtig macht.

## So vermeiden Sie unnötige Tränen

**Maßregeln Sie Ihr Kind nicht öffentlich.** Zurechtweisungen vor seinen Freunden bringen Ihr Kind und auch die Freunde in eine peinliche Situation. Eine öffentliche Zurechtweisung bescheinigt ihm zwar, dass es sich danebenbenommen hat, vermittelt ihm aber keine positiven Erkenntnisse oder Lerneffekte, da die Demütigung im Vordergrund steht.

**Sagen Sie keine Spielverabredungen ab.** Ihr Kind braucht Übung im Umgang mit anderen, um bessere soziale Fähigkeiten zu entwickeln. Mit der Zeit wird Ihr Kind lernen, angemessen mit anderen umzugehen. Beobachten Sie Ihr Kind und erklären Sie ihm die Dinge geduldig, bis sich sein Sozialverhalten verbessert.

**Geben Sie nicht zu schnell nach.** Achten Sie darauf, das dominante Verhalten Ihres Kindes nicht noch zu unterstützen, indem Sie ihm ständig nachgeben. In dieses Muster rutschen viele Eltern, wenn das Kind noch ein Baby ist, und versäumen es, dieses Verhalten anzupassen, wenn das Kind älter wird. Fehlt dem Kind aber die Übung, sich auf andere einzustellen und Rücksicht zu nehmen, wird es häufiger in Konflikt geraten und letzendlich kann es dadurch zu sozialen Schwierigkeiten kommen.

**Stellen Sie die Regeln in Frage.** Immer wenn Sie mit Ihrem Kind nach seinen Regeln spielen, unterstützen Sie sein dominantes Verhalten, auch wenn Sie es gar nicht wollen. Stattdessen sollten Sie Ihr Kind ermuntern, sich nach den Gruppenregeln zu richten, auch die Wünsche anderer zu respektieren und Kompromisse zu schließen. Bringen die Eltern ihrem Kind diese Fähigkeiten bei, ist dies ein angenehmer Weg, der dem Kind nicht bedrohlich erscheinen wird.

# Reisen

**»Wenn wir mit unseren Kindern verreisen, führen sie sich schrecklich auf. An allem meckern sie herum, nichts scheint ihnen die Freude zu machen, die wir erwartet hatten. Und was eigentlich Urlaub sein sollte, wird zur Geduldsprobe.«**

Siehe auch: Autofahrten, Stress bei; Restaurantbesuche

## Das sollten Sie wissen

Eine neue Umgebung, ungewohntes Essen, unbekannte Menschen, das Wegfallen des geregelten häuslichen Tagesablaufs und viel Aufregendes – all das bedeutet Urlaub für ein Kleinkind und beeinflusst sein Verhalten. Doch Sie können dafür sorgen, dass Reisen mit Ihrem Kind zu einer schönen Erfahrung wird.

## So helfen Sie Ihrem Kind

**Behalten Sie gewohnte Abläufe bei.** Brüche der familiären Routine können mit Kindern ins Chaos führen. Wenn Sie eine Reise, einen Urlaub planen, sollten Sie dafür sorgen, dass vier Punkte konstant bleiben: die Aufwachzeit, der Mittagsschlaf, die Mahlzeiten und die Zubettgehzeit. Natürlich ist das nicht immer möglich, aber je mehr man von der gewöhnlichen Routine abweicht, desto schwieriger wird das Verhalten des Kindes.

**Halten Sie Ihre Erwartungen realistisch.** Erwachsene sind in der Lage, vom »Alltagsmodus« in den »Urlaubsmodus« umzuschalten – Kinder können das nicht. Ist Ihr Kind zu Hause ein schwieriger Esser, wird es auch im Urlaub ein schwieriger Esser bleiben. Wenn sich Ihre Kinder zu Hause oft streiten, werden sie dies auch im Urlaub tun. Trödelt Ihr Kind zu Hause, wird es im Urlaub nicht plötzlich seinen Turbolader einschalten. Wenn Sie von Ihrem Kind im Urlaub ein anderes Verhalten als zu Hause erwarten, wird dies in eine Enttäuschung münden. Und doch geben sich immer wieder viele Eltern der Illusion hin, im Urlaub werde alles anders …

**Vermeiden Sie Langeweile.** Wir gehen davon aus, dass der Urlaub auch für die Kinder viel Spaß bringt. Und doch gibt es viele Leerläufe: das Warten in einer Schlange, im Bus sitzen, auf Mahlzeiten warten. Langeweile ist einer der Hauptgründe für schlecht gelaunte Kinder auf Reisen. Umgehen Sie Langeweile, indem Sie eine Tasche mit Spielsachen packen und immer bei sich tragen. In Kaufhäusern und Spielzeugmärkten finden Sie viel Neues: kleine Plastiktiere, bunte Knetmasse, Aufkleber mit passenden Stickerheften, Zeichenblock und Stifte, Kartenspiele, Tierquartetts, Comics und Reisespiele im Miniformat. So beschäftigen Sie Ihr Kind – ganz egal, wo.

**Teilen Sie Ihrem Kind mit, was es erwartet.** Erklären Sie Ihrem Kind im Vorhinein den Reiseablauf – wie lange die Fahrt oder Flug dauert, die geplante Ankunftszeit, wo man übernachten und was man den ganzen Tag über tun wird. Je besser alle vorbereitet sind, desto weniger Überraschungen wird es geben und desto reibungsloser wird sich die Reise gestalten. Mit kleineren Kindern kann man im Vorfeld ein Rollenspiel spielen: Stellen Sie im Wohnzimmer Stühle wie im Flugzeug auf; tun Sie so, als sei Ihr Schlafzimmer das Hotelzimmer. Spielen Sie den Flug durch und

# Wann sind wir endlich daaaaaa...???

besprechen Sie, was Sie am Urlaubsort alles erwarten wird.

**Stellen Sie Regeln für den Urlaub auf.** Kinder sind wesentlich folgsamer, wenn sie wissen, was von ihnen erwartet wird. Stellen Sie vor der Abreise eine Liste mit Regeln auf (und erweitern Sie sie unterwegs, falls nötig). Gehen Sie die Regeln jeden Morgen mit Ihrem Kind durch – das ist ein prima Weg, um tagsüber Missstimmungen zu vermeiden.

**Setzen Sie die Erziehungsstrategien ein.** Bedienen Sie sich der in diesem Buch vermittelten Strategien und Instrumente: Bieten Sie Ihrem Kind beispielsweise Wahlmöglichkeiten an, kündigen Sie Aktivitäten im Vorfeld an, arbeiten Sie mit Fantasie und sprechen Sie mit Ihrem Kind auf Augenhöhe und mit Blickkontakt – so lassen sich bereits viele Konflikte vermeiden.

### So vermeiden Sie unnötige Tränen

**Erwarten Sie keine Perfektion.** Ganz gleich, wie viel Sie für diesen Urlaub gezahlt haben, wie minutiös Sie ihn geplant haben oder wie sehr Sie sich auf die Reise freuen – das Verhalten Ihres Kindes wird von seinem Innern diktiert und nicht von der Tatsache, dass es sich an einem »ganz besonderen« Ort befindet. Kinder enttäuschen nicht unsere oft überzogenen Erwartungen, weil sie bösartig oder undankbar sind, sondern weil sie eben ganz normale Kinder sind.

**Seien Sie nicht zu streng.** Entspannen Sie sich und machen Sie aus Kleinigkeiten kein Drama. Im Urlaub kann man die eine oder andere Regel, die zu Hause gilt, etwas lockerer sehen. Machen Sie sich einfach eine schöne Zeit mit Ihrer Familie.

## Restaurantbesuche

**»Wir gehen gerne mit unseren Kindern essen, aber selbst ein Ausflug in ein Fast-Food-Restaurant ist eine Katastrophe und führt zu Streit und Stress. Jedes Mal wünschten wir, wir wären zu Hause geblieben und hätten Pizza bestellt.«**

Siehe auch: Unterbrechen; Umgangsformen, gute; Tischmanieren

### Das sollten Sie wissen

Kinder können im Restaurant leicht »überdrehen« oder aber sich langweilen. Außerdem fällt es Kindern nicht leicht, sehr lange auf ihrem Platz sitzen zu bleiben. Die Wahl des Gerichts, die Bestellung, das Warten, das Verzehren der Mahlzeit und das Bezahlen – das alles dauert. Die gute Nachricht ist: Die Situation verbessert sich, je älter und reifer das Kind wird und je mehr Übung es hat. Mit einem guten Plan in der Hinterhand können Sie Ihrem Kind helfen, sich im Restaurant manierlich zu benehmen, so dass alle Beteiligten das Auswärtsessen genießen.

### So helfen Sie Ihrem Kind

**Suchen Sie das richtige Lokal aus.** Bevorzugen Sie kinderfreundliche Restaurants, die eine Kinderkarte mit Gerichten haben, die Kindern schmecken, die für schnellen Service bekannt sind und die Sitzerhöhungen oder

Kinderstühle anbieten. Manche Lokale haben Familiensitzecken, und wenn viele Eltern mit Kindern anwesend sind und ein gewisser Geräuschpegel herrscht, fühlen sich alle wohler.

**Üben Sie »Restaurant-Manieren« schon zu Hause.** Wenn Sie zu Hause keine Tischmanieren von Ihrem Kind erwarten, dürfen Sie das auch im Restaurant nicht. Achten Sie also auch zu Hause bei jeder Mahlzeit auf gute Tischsitten – dann klappt's auch im Restaurant.

**Bleiben Sie zu Hause länger am Tisch sitzen.** Normalerweise rufen wir unsere Kinder, wenn das Essen schon auf dem Tisch steht, und sobald sie fertig gegessen haben, dürfen sie aufstehen. Wenn Sie »Restaurant-Manieren« üben wollen, rufen Sie Ihr Kind schon ein paar Minuten eher zu Tisch. Auch nach dem Essen unterhalten Sie sich noch ein paar Minuten. Wählen Sie lustige Gesprächsthemen, die auch Ihr Kind interessieren. Das ist übrigens nicht nur eine gute Vorbereitung auf den Restaurantbesuch, sondern gleichzeitig ein schönes Familienritual.

**Gehen Sie regelmäßig auswärts essen.** Machen Sie Mahlzeiten im Restaurant, wenn möglich, zu einer festen Routine. Wählen Sie für Ihre Restaurantbesuche vernünftige Zeiten, zu denen Ihr Kind noch nicht müde und ausgehungert ist. Findet der Restaurantbesuch später als gewohnt statt, geben Sie Ihrem Kind davor noch einen kleinen Snack und erlauben Sie ihm im Restaurant eine kleinere Portion. Oder bestellen Sie eine große Portion und lassen Sie sich den Rest zum Mitnehmen einpacken.

**Erinnern Sie an die Restaurant-Regeln.** Drücken Sie sich dabei ganz konkret aus und lassen Sie keinen Punkt aus. So könnte eine Restaurant-Benimm-Liste beispielsweise aussehen: Du bleibst auf deinem Platz sitzen. Du sprichst mit leiser Stimme. Du isst mit dem Besteck, nicht mit den Fingern. Du unterhältst dich freundlich – kein Streiten, kein

Nörgeln, kein Quengeln. Wenn du etwas nicht magst, gibst du keine abwertenden Kommentare ab, sondern isst mehr von etwas anderem. Wenn du auf Toilette musst, sagst du mir das leise, und ich gehe mit dir, falls du das möchtest.

**Bitten Sie gleich um eine kleine Vorspeise.** Viele Restaurants reichen sofort nach Eintreffen der Gäste den Brotkorb. Ist dies nicht der Fall, bitten Sie um etwas Brot oder nehmen Sie Ihrem Kind etwas zu knabbern mit.

**Beugen Sie Langeweile vor.** Nehmen Sie einige kleine Spielsachen mit ins Restaurant, beispielsweise Spielkarten (ein Tierquartett), ein kleines Bilderbuch oder kleine Plastiktiere und -figuren, mit denen sich Ihr Kind eine Weile beschäftigen kann.

## So vermeiden Sie unnötige Tränen

**Geben Sie sich keiner Illusion hin:** Mit Kindern essen zu gehen ist nie wie ein Dinner zu zweit. Wenn man mit Kindern essen geht, liegt der Schwerpunkt weder auf dem kulinarischen Genuss noch auf der Atmosphäre. Es geht darum, den Übermut bzw. die Langeweile des Kindes in gemäßigte Bahnen zu lenken; es geht auch darum, dem Kind die passenden Umgangsformen beizubringen und, das sollte hier auch nicht vergessen werden, eine schöne Zeit als Familie zu verbringen.

**Bleiben Sie nach dem Essen nicht zu lange.** Halten Sie Ihre Gespräche nach dem Essen kurz. Je länger Sie bleiben, desto wahrscheinlicher ist es, dass Ihr Kind ungeduldig wird und seine gute Erziehung vergisst.

**Drängen Sie Ihrem Kind nichts auf.** Bleiben Sie möglichst bei vertrautem Essen. Ein Restaurant ist kein geeigneter Ort, neue Gerichte auszuprobieren und es darüber zum Streit kommen zu lassen.

**Gehen Sie, wenn die Stimmung nicht gut ist.** Wenn sich Ihr Kind schlecht benimmt, verordnen Sie ihm eine Auszeit, indem Sie mit ihm auf die Toilette oder ins Auto gehen. Bessert sich das Verhalten nicht, sollten Sie sich nicht scheuen, das Essen einpacken zu lassen, die Rechnung zu verlangen und das Restaurant umgehend zu verlassen. Aber geben Sie dennoch nicht auf. Prüfen Sie, ob Ihre Erwartungshaltung realistisch war, und starten Sie einen erneuten Versuch.

---

Rebecca, Mutter einer kleinen Tochter

### » Das Ende vorziehen

Wir bitten schon beim Bestellen um das Verpackungsmaterial, mit dem wir die Reste nach Hause mitnehmen können, und um die Rechnung. So müssen wir nicht mehr lange warten, wenn unsere Tochter nach dem Essen müde und weinerlich wird. Dadurch haben wir uns schon oft viel Stress erspart, den wir bei anderen Familien im Restaurant beobachtet haben.«

# Schlafen, Mittagsschlaf

**»Meine Tochter lehnt den Mittagsschlaf ab, aber ich denke, dass sie ihn dringend braucht. Am Nachmittag ist sie oft sehr unausgeglichen, nörgelt und jammert viel. Wie kann ich sie dazu bringen, einen Mittagsschlaf zu machen?«**

Siehe auch: Schlafen, Zubettgehen

## Das sollten Sie wissen

Der Mittagsschlaf ist für die Gesundheit und das Wachstum eines Kindes sehr wichtig. Der Mittagsschlaf erfrischt das Kind, so dass es genug Energie für den Rest des Tages hat. Studien beweisen, dass Kinder, die regelmäßig Mittagsschlaf halten, anpassungsfähiger, aufmerksamer und weniger nörgelig sind als Kinder, die keinen Mittagsschlaf halten.

## So helfen Sie Ihrem Kind

**Finden Sie heraus, ob Ihr Kind einen Mittagsschlaf braucht.** Es gibt Anzeichen, die verraten, dass ein Kind einen Mittagsschlaf braucht. Wacht das Kind gut gelaunt auf und wird später zusehends quengeliger, hat das Kind nachmittags mehr Wutausbrüche als vormittags oder schläft es regelmäßig im Auto oder nachmittags vor dem Fernseher ein, kann man davon ausgehen, dass ihm ein täglicher Mittagsschlaf guttäte.

**Finden Sie heraus, was Ihr Kind braucht.** Auch wenn das Bedürfnis nach Schlaf von Kind zu Kind unterschiedlich sein kann, haben die meisten einen ähnlichen Schlafbedarf. Kleinkinder brauchen mittags zwischen einer und drei Stunden; vielen Kindergartenkindern reicht eine Stunde. Das Verhalten des Kindes ist ein zuverlässiger Indikator. Wenn Sie sich nicht sicher sind, versuchen Sie es mit einem Mittagsschlaf; auch wenn Ihr Kind nur kurz schläft, kann es von Schläfchen profitieren.

**Verändern Sie die Uhrzeit und die Länge.** Das Timing ist hier sehr wichtig. Ein zu später oder zu langer Mittagsschlaf kann sich negativ auf den Nachtschlaf auswirken. Umgekehrt befriedigt ein zu kurzer Mittagsschlaf möglicherweise nicht das Schlafbedürfnis des Kindes.

**Bereiten Sie den Mittagsschlaf vor.** Geben Sie Ihrem Kind vor dem Nickerchen ein Mittagessen oder einen gesunden Snack. Bereiten Sie Ihr Kind durch ein ruhiges Mittagsschlafritual auf die Ruhepause vor; lesen Sie ihm vor oder geben Sie ihm eine Massage. Dunkeln Sie den Raum ab, legen Sie eine CD mit Schlafliedern oder »weißen Geräuschen« ein und ziehen Sie Ihrem Kind etwas Kuscheliges, Bequemes an. Achten Sie darauf, dass körperliches Unbehagen (verursacht beispielsweise durch Zahnen, Allergien etc.) den Mittagsschlaf nicht stört.

**Achten Sie auf Anzeichen von Müdigkeit.** Übersieht man die Anzeichen von Müdigkeit, übermüdet das Kind und findet nicht mehr in den Schlaf. Anzeichen von Müdigkeit sind reduziertes Interesse am Spiel, Quengeligkeit, Ungeduld, Wutanfälle, Augenreiben, Gähnen, Liebkosen von Stofftieren oder einer Schmusedecke, das Bedürfnis, gestillt zu werden, oder etwas zum Nuckeln zu haben.

**Führen Sie ein Mittagsschlafritual ein.** Nachdem Sie einen Zeitplan entworfen haben, der berücksichtigt, wann Ihr Kind müde ist, entwickeln Sie ein besonderes Mittagsschlafritual. Kinder lieben feste Tagesabläufe, und aufgrund der immer wiederkehrenden Routine weiß Ihr Kind, dass es Zeit für den Mittagsschlaf ist, und wird sich nicht dagegen sträuben.

**Erkennen Sie Veränderungen.** Das Schlafbedürfnis unserer Kinder verändert sich mit der Zeit, und damit auch die Schlafenszeiten. In einem Jahr wird die heutige Schlafroutine nicht mehr aktuell sein. Seien Sie flexibel und passen Sie den Tagesablauf den neuen Bedürfnissen an. Probieren Sie aus, was gut funktioniert, und dem Kind die nötigen Ruhezeiten gibt.

Julia, Mutter zweier Kleinkinder

### » Unsere ›heilige Stunde‹

Ich glaube wirklich, dass die Ruhestunde für das Gleichgewicht meiner Kinder und einen friedlichen Tagesablauf sehr wichtig ist. Auch wenn mein Sohn William nicht schläft, liegt er still in seinem Bett – diese Erfahrung hilft ihm auch abends beim Einschlafen. Und auch mir gibt diese Ruhestunde eine Verschnaufpause – was genauso wichtig ist. Diese eine Stunde am Tag ist mir heilig – und ich werde sie so lange wie möglich verteidigen.«

## So vermeiden Sie unnötige Tränen

**Denken Sie nicht, Ihr Kind brauche keinen Mittagsschlaf.** Die meisten Kinder unter fünf Jahren profitieren von einem Mittagsschlaf, auch wenn sie sich anfangs dagegen wehren.

**Machen Sie sich nichts vor.** Übergehen Sie den Mittagsschlaf nicht in der Hoffnung, Sie hätten es dann abends einfacher. Die Strategie, ein Kind den ganzen Tag lang wach zu halten in der Hoffnung, es würde dann abends umso leichter einschlafen, funktioniert nicht – im Gegenteil: Dieser Schuss geht nach hinten los, weil das Kind dann abends übermüdet ist! Tatsache ist, dass ein Mittagsschlaf den Nachtschlaf verbessert.

**Halten Sie nur fest, was funktioniert.** Das Schlafverhalten von Kindern verändert sich mit der Zeit; aus zwei Mittagsschläfchen wird eines, und irgendwann ist auch dieses überflüssig. In der Zwischenzeit kann es von Tag zu Tag zu kleineren Verschiebungen kommen. Hinzu kommt, dass der Familienalltag mit all seinen Aktivitäten mal ein kürzeres, mal ein längeres, mal ein früheres, mal ein späteres Mittagsschläfchen verlangt oder möglich macht. Beobachten Sie Ihr Kind aufmerksam – dann werden Sie an seinem Verhalten leicht erkennen, ob es einen Mittagsschlaf braucht oder nicht.

# Schlafen, Zubettgehen

**»Unsere Tochter hasst es, ins Bett zu gehen. Es ist jeden Abend ein Kampf, sie ins Bett zu bekommen, und dann wacht sie regelmäßig nachts noch mehrere Male auf. Ich weiß gar nicht, wann ich selbst das letzte Mal eine ruhige Nacht hatte.«**

Siehe auch: Schlafen, Mittagsschlaf

## Das sollten Sie wissen

Bis zu 70 Prozent aller Kinder unter sechs Jahren zeigen Probleme mit dem Schlafen. Schlafstörungen sind komplex und haben viele unterschiedliche Ursachen. Es ist nicht so einfach, mit ihnen klarzukommen, denn wenn das Kind nicht schläft, schlafen auch die Eltern nicht. Der Schlafmangel wiederum zieht sich durch den ganzen Tag, denn Schlafmangel bedeutet nicht einfach nur, dass man müde ist. Unser Schlaf wirkt sich auf fast jeden Aspekt des Alltags aus – aufs Trödeln, auf Wutanfälle, auf Hyperaktivität, auf das Wachstum, auf die Gesundheit, auf das Lernen. Wenn Sie die Schlafmuster Ihres Kindes verbessern, kann sich Ihr gesamtes Familienleben entspannen.

## So helfen Sie Ihrem Kind

**Achten Sie auf feste Zubettgeh- und Aufwachzeiten.** Die innere Uhr Ihres Kindes wirkt sich auf den Schlaf-Wach-Rhythmus aus. Wenn Sie für feste Einschlaf- und Aufwachzeiten sorgen, stellen Sie die »innere Uhr« Ihres Kindes, so dass sie »rund« läuft.

**Planen Sie frühere Zubettgehzeiten.** Die meisten Kinder schlafen besser und länger, wenn sie früh ins Bett gehen.

**Unterstützen Sie den täglichen Mittagsschlaf.** Der regelmäßige Mittagsschlaf ist sehr wichtig. Für ein Kind mit viel Energie kann es sehr anstrengend sein, den Tag ohne Ruhezeit zu überstehen. Bietet man Kindern keinen Mittagsschlaf an, werden sie im Laufe des Tages oft quengelig, nörgelig, gereizt und überempfindlich.

**Stellen Sie die »innere Uhr« Ihres Kindes.** Nutzen Sie den Bio-Rhythmus Ihres Kindes, so dass es abends müde ist. Helles Licht am Morgen löst den biologischen »Ein«-Schalter aus, der dem Kind sagt: »Zeit zum Aufwachen und Aktivsein!« Gegen Abend sorgt gedämpftes Licht dafür, die Aktivität des Kindes herunterzufahren und Schläfrigkeit auszulösen.

**Entwickeln Sie eine konsequente Routine.** Routinen und Rituale schaffen Sicherheit und beugen Auseinandersetzungen vor. Ein täglich gleicher, friedlicher Ablauf am Abend ermöglicht Ihrem Kind einen ruhigen Übergang vom turbulenten Tagesgeschehen hin zum sanften Zustand des Schlafes. Immer gleiche Rituale machen es auch Ihnen einfacher, den Ablauf friedlich zu gestalten.

**Schaffen Sie ein behagliches Schlafumfeld.** Der Ort, wo Ihr Kind schläft, kann der Schlüssel zu friedlichem Schlaf sein. Sorgen Sie für eine bequeme Matratze, für warme Decken, für eine angenehme Raumtemperatur, für einen kuscheligen Schlafanzug.

**Achten Sie auf gute Ernährung.** Die Ernährung kann das Energielevel und das Schlafverhalten des Kindes beeinflussen. Eine bestimmte Ernährung kann sich positiv auf den Schlaf auswirken. Zucker, Fast Food und zuckerhaltige Getränke kurz vor dem Schlafengehen können den Schlaf beeinträchtigen. Geben Sie Ihrem Kind einen gesunden Snack wie etwa Vollkorntoast oder Apfel und Käse, Haferflocken mit Banane oder Joghurt mit zuckerarmem Müsli.

**Sorgen Sie dafür, dass Ihr Kind gesund und fit ist.** Zu viel Fernsehen und zu wenig Bewegung führen zu schlechtem Schlaf. Kinder, die sich tagsüber viel bewegt haben, schlafen schneller ein, schlafen besser durch, schlafen länger und wachen erfrischt auf. Vermeiden Sie allerdings turbulente Aktivitäten in der Stunde vor dem Zubettgehen – denn das lässt die Kinder nicht zur Ruhe kommen.

**Unterstützen Sie Ihr Kind bei der Entspannung.** Ein Kind, das einer Geschichte oder Einschlafmusik lauscht, wird still daliegen und sich entspannen. Dabei wird es schläfrig und schlummert sanft ein.

### So vermeiden Sie unnötige Tränen

**Halten Sie nicht an etwas fest, das nicht funktioniert.** Wenn Sie möchten, dass Ihr Kind besser schläft, müssen Sie nötigenfalls Veränderungen in Ihrem Tagesablauf vornehmen. Überprüfen Sie, an welcher Stelle es Schwierigkeiten oder Konfliktpotential gibt, und entwerfen Sie einen neuen Plan.

**Bestrafen Sie Ihr Kind nicht.** Egal um was es geht, Probleme bekommt man besser in den Griff, wenn man sie positiv und proaktiv angeht. Und Ihr Kind kann nichts dafür, wenn es nicht gut schläft, und will Sie sicher nicht damit ärgern.

**Ignorieren Sie Schlafstörungen nicht.** Geben Sie sich nicht der Illusion hin, die Lage würden sich von allein bessern. Wenn Ihr Familienleben beeinträchtigt ist, sollten Sie einen Blick in mein Buch »Schlafen statt Schreien – das liebevolle Einschlafbuch« werfen. Dort finden Sie viele Tipps und Lösungsvorschläge, die für einen guten Schlaf sorgen.

## Schlagen, das Kind die Eltern

**»Wenn mein Sohn wütend ist, schlägt er manchmal nach mir. Ich habe versucht ihm zu erklären, dass er das nicht tun darf, aber er macht es immer wieder. Ich weiß gar nicht, wo er das herhat, in unserer Familie wird nicht geschlagen.«**

Siehe auch: Beißen, das Kind die Eltern

### Das sollten Sie wissen

Typischerweise schlagen Kinder, wenn sie frustriert sind, wenn es nicht nach ihrem Willen geht oder wenn sie sich nicht artikulieren können. Wenn Kinder einen Erwachsenen schlagen, ist das ein ernster Vorfall und sollte auch so behandelt werden.

Es geht darum, unseren Kindern beizubringen, mit ihren Gefühlen umgehen zu können und sich anderen Menschen gegenüber respektvoll und achtsam zu verhalten. Sie tun dem Kind keinen Gefallen, wenn Sie einfach darüber hinwegsehen, dass es Sie beißt.

## So helfen Sie Ihrem Kind

**Reagieren Sie intuitiv.** Viele Kinder sind sich nicht bewusst, wie andere Menschen fühlen und wie ihre eigenen Aktionen andere berühren. Durch Erfahrung lernen sie dies am besten. Wenn Ihr Kind Sie schlägt, reagieren Sie ganz spontan: »Au, das tut mir weh!« Dann erklären Sie Ihrem Kind, dass dies kein guter Weg ist, Ihre Aufmerksamkeit zu gewinnen, und zeigen ihm eine Alternative auf, beispielsweise so: »Rede mit mir, wenn du mir etwas sagen möchtest.«

**Reagieren Sie unmittelbar.** Wenn Ihr Kind Sie schlägt, nehmen Sie sofort behutsam seine Hände, schauen ihm in die Augen und sagen: »Nicht schlagen! Auszeit.« Führen Sie das Kind zu einem Stuhl oder einem anderen Auszeit-Ort und sagen Sie ihm: »Hier bleibst du jetzt.« Wenn Sie und Ihr Kind sich nach ein paar Minuten beruhigt haben, erlauben Sie dem Kind, wieder aufzustehen. Jetzt sprechen Sie das Geschehen noch einmal kurz an und fordern das Kind auf, sich zu entschuldigen. Halten Sie keine lange Strafpredigt. Es ist viel wichtiger, jedes Mal, wenn das Kind schlägt, sofort und unmittelbar zu reagieren.

**Schlagen Sie nicht im Spiel.** Kinder folgen Beispielen – auch wenn der Zeitpunkt und die Gelegenheit unangemessen sind. Wenn Sie öfter mit Ihrem Kind balgen und ihm im Spiel auch Schlagen erlauben, kann es nur schwer die Grenze zwischen Spiel und Ernst ziehen.

**Holen Sie nötigenfalls professionelle Hilfe.** Wenn Ihr Kind Sie trotz Ihrer Erklärungen und Erziehungsmaßnahmen weiter schlägt, sollten Sie mit einem Erziehungsberater oder Familientherapeuten sprechen. Ein Profi kann die Gründe für das Verhalten Ihres Kindes herausfinden und gemeinsam mit Ihnen einen Plan erarbeiten, der dieses Problem löst.

## So vermeiden Sie unnötige Tränen

**Reagieren Sie richtig.** Wenn Sie verschüchtert oder verängstigt reagieren oder eine lange Strafpredigt halten, wird diese dem Ernst dieses kindlichen Fehlverhaltens nicht gerecht, und keine dieser beiden Reaktionen vermittelt dem Kind, wie es in Zukunft besser mit seinen negativen Gefühlen umgehen kann.

**Nicht zurückschlagen.** Zurückschlagen kann schon fast ein unbewusster Reflex sein – den man aber unbedingt vermeiden sollte, denn er vermittelt dem Kind nicht das, was nötig ist. Wie soll das Kind verstehen, dass man nicht schlägt, wenn Sie selbst schlagen?

## Schlagen, treten und haareziehen

**»Wenn meine Tochter wütend auf eine Freundin ist, beißt sie oder zieht das andere Mädchen brutal an den Haaren. Ich habe ihr schon Strafpredigten gehalten und mit ihr geschimpft, aber das scheint nicht zu helfen.«**

Siehe auch: Beißen, andere Kinder; Streit, zwischen Geschwistern

### Das sollten Sie wissen

Haareziehen, Treten, Schlagen und Beißen sind bei kleinen Kindern typische emotionale Ventile. Viele Kinder handeln so, weil sie es nicht besser wissen und noch nicht genug Selbstkontrolle besitzen. Das heißt nicht, dass Ihr Kind »böse« oder gemein ist. Kinder sind Menschen, und Menschen werden wütend – das ist einfach so. Es ist unsere Aufgabe, unseren Kindern beizubringen, wie sie angemessen und sozialverträglich mit Frustrationen und Wut umgehen können.

### So helfen Sie Ihrem Kind

Rechtzeitig einschreiten. Beobachten Sie Ihr Kind im Spiel mit anderen aufmerksam. Wenn Sie merken, dass sich Frustrationen oder Wut aufbauen, greifen Sie ein. Helfen Sie Ihrem Kind in dieser Situation, indem Sie ihm Vorschläge machen, wie es mit seinem Spielkameraden umgehen sollte und was es sagen könnte. Scheint Ihr Kind zu wütend zu sein, um in der entsprechenden Situation die Lektion aufzunehmen, lenken Sie seine Aufmerksamkeit auf eine andere Aktivität, bis sich die Lage beruhigt.

Susan, Mutter zweier Kleinkinder

### » Unser Umgangsformen-Mantra

Meine Tochter Rachel schlägt manchmal ihre kleine Spielkameradin, wenn sie zusammen spielen. Rachel macht das nicht absichtlich, aber wenn sie zu aufgeregt ist oder unbedingt ein Spielzeug will, passiert es. Ich habe neulich versucht, das Thema vor einer Spielverabredung mit ihr zu besprechen. ›Denk dran, lieb zu Cathleen zu sein. Umarme sie und teile deine Spielsachen mit ihr. Sei freundlich und schlag sie nicht. Schlagen tut weh. Wenn du Cathleen schlägst, muss sie weinen. Und das willst du doch nicht, oder? Sei bitte lieb zu ihr.‹ Das mache ich seitdem vor jeder Spielverabredung. Rachel wiederholt immer einige meiner Sätze, als würde sie ein Mantra herunterbeten. Und es funktioniert – seitdem hat sie nicht mehr geschlagen.«

Bringen Sie Ihrem Kind andere Ausdrucksmöglichkeiten bei. Es ist eine Sache, einem Kind beizubringen, was es nicht tun soll. Aber es ist eine ganz andere Sache, ihm beizubringen, wie es Wut und Frustration respektvoll ausdrücken kann. Dies kann man über ein Rollenspiel, in einer Diskussion oder durch das Anschauen entsprechender Bilderbücher erreichen, die Sie anschließend gemeinsam besprechen.

**Suchen Sie nach versteckten Ursachen.** Ist Ihr Kind hungrig, müde, krank, eifersüchtig, frustriert oder verängstigt? Wenn Sie eines dieser Gefühle als Antriebskraft für die Aktionen Ihres Kindes ausmachen, können Sie es zusammen mit dem aggressiven Verhalten angehen und lösen.

**Widmen Sie dem »Opfer« mehr Aufmerksamkeit.** Nicht selten bekommt das angreifende Kind so viel Aufmerksamkeit, dass die Aggression zu einem Weg wird, in den Mittelpunkt zu gelangen. Schenken Sie stattdessen dem angegriffenen Kind Aufmerksamkeit. Der »Angreifer« bekommt nur einen kurzen Kommentar wie: »Es wird nicht geschlagen«, während das andere Kind in den Mittelpunkt rückt. »Komm her, mein Liebes. Mami gibt dir einen Kuss und liest ein Buch mit dir.«

**Zeigen Sie Ihrem Kind, wie man zärtliche Berührungen verteilt.** Zeigen Sie Ihrem Kind, wie man beim Spaziergang Hand in Hand läuft, geben Sie ihm eine Rücken- oder Fußmassage. Auf diese Weise lernen Kinder, die sich körperbetont ausdrücken, dass man seine körperliche Energie auch dosiert und behutsam einsetzen kann.

**Zeigen Sie Ihrem Kind eine Alternative.** Zum Beispiel, dass es klatschen kann, wenn es den Drang zum Schlagen verspürt. Durch Klatschen baut man unmittelbar Wut ab und übt mit den Händen keine Gewalt aus. Alternativ kann man dem Kind beibringen, seine Hände in die Hosentaschen zu stecken, wenn es den Drang zu schlagen verspürt. Loben Sie Ihr Kind jedes Mal, wenn ihm dies gelingt.

**Verordnen Sie Ihrem Kind nötigenfalls eine Auszeit.** Verhält sich Ihr Kind aggressiv, legen Sie Ihre Hände auf seine Schultern, schauen ihm in die Augen und sagen mit fester Stimme: »Man tut anderen nicht weh. Auszeit!« Führen Sie das Kind zu einem Stuhl und sagen Sie ihm: »Wenn du bereit bist zu spielen, ohne zu schlagen, darfst du wieder aufstehen.« Damit vermitteln Sie dem Kind, dass es selbst verantwortlich dafür ist, sein Verhalten zu kontrollieren. Schlägt Ihr Kind nach der Auszeit erneut, sagen Sie: »Du bist noch nicht bereit aufzustehen«, und führen es zurück zu seinem Stuhl.

**Vermeiden Sie spielerische Raufereien und Schlagen aus Spaß.** Kleine Kinder, die im Spiel mit ihren Eltern oder Geschwistern raufen, wenden dieses Verhalten auch außerhalb des Spiels an. Es fällt kleinen Kindern schwer, die Grenze zwischen Spiel und »Ernst« zu ziehen. Wenn Ihr Kind Mühe hat, seine körperliche Energie im Zaum zu halten, sollten Sie diese Art von Spiel vermeiden.

## So vermeiden Sie unnötige Tränen

**Verlieren Sie nicht die Kontrolle:** Schreien, schimpfen und schlagen Sie nicht. Wenn man sieht, wie sein Kind ein anderes verletzt, gerät man schnell in Rage. Doch durch Wut können Sie Ihrem Kind nicht vermittelt, was es lernen soll: nämlich seine Gefühle zu kontrollieren, auch wenn einen die anderen zornig machen. Sie sind wütend – und Ihr Kind wird beobachten, wie Sie mit Ihrer Wut umgehen.

**Strafe ist nicht alles.** Mehr als alles andere braucht Ihr Kind jetzt Handlungsleitfäden, wie es mit anderen umgehen kann, insbesondere dann, wenn es wütend oder frustriert ist.

**Achten Sie auf das Fernsehprogramm.** Lassen Sie Ihr Kind keine Fernsehsendungen schauen, in denen Gewalt jedweder Form vorkommt. Kinder stumpfen schnell gegen Gewalt ab. Studien zeigen, dass Kinder imitieren, was sie im Fernsehen sehen – und wenn Aggression als akzeptable Umgangsform bzw.

Wutbewältigung dargestellt wird, kopieren sie auch das.

Schicken Sie Ihr Kind nicht weg. Kommt Ihr Kind zu Ihnen, um Sie in einer schwierigen Situation um Hilfe zu bitten, dürfen Sie es nicht wegschicken – auch dann nicht, wenn Sie gerade mit einer anderen Mutter im Gespräch sind. Dann nämlich kehrt Ihr Kind in dieselbe Situation zurück und wird seine Gefühle unangemessen ausdrücken. Betrachten Sie den Hilferuf als Einladung, Ihrem Kind wichtige soziale Fähigkeiten zu vermitteln und nehmen Sie sich die Zeit dafür.

## Schreien, brüllen, kreischen

**»Mein Sohn kennt nur eine Lautstärke: laut! Er brüllt, wenn er »guten Morgen« sagt, wenn er etwas braucht, oder einfach nur etwas erzählen möchte. Ich bekomme schon eine Gänsehaut, wenn ich sehe, dass er den Mund zum Sprechen aufmacht.«**

Siehe auch: Spielverhalten

### Das sollten Sie wissen

Viele kleine Kinder besitzen enorm viel Energie – und eine laute Stimme ist der verbale Ausdruck dieser Energie. Glücklicherweise lernen die meisten Kinder mit der Zeit, ihre Lautstärke zu kontrollieren.

### So helfen Sie Ihrem Kind

Höflich bitten. Ist Ihr Kind zu laut, gehen Sie zu ihm, begeben Sie sich auf seine Augenhöhe und bitten Sie es mit ruhiger Stimme, leiser zu sein. Demonstrieren Sie ihm mit gedämpfter Stimme, was Sie unter »leise« verstehen: »Ich möchte, dass du in dieser Lautstärke mit mir sprichst.«

Kontrollieren Sie Ihre eigene Lautstärke. Kinder sind wahre Meister darin, die Kommunikationsstile, die sie um sich herum erleben, zu imitieren. Vielen Eltern ist gar nicht bewusst, wie oft sie gegenüber ihren Kindern die Stimme erheben. Beobachten Sie sich also selbst. Sprechen Sie sehr laut, um inmitten all des Lärms wahrgenommen zu werden? Indem Sie leiser sprechen, lernt es auch Ihr Kind.

Halten Sie beim Sprechen Blickkontakt. Oft sprechen Kinder laut, um die Aufmerksamkeit der Erwachsenen zu erheischen. Um dem zuvorzukommen, gehen Sie in die Knie, wenn Sie mit Ihrem Kind sprechen, und halten sowohl beim Sprechen als auch beim Zuhören Blickkontakt.

Erlauben Sie Brüllen, zu bestimmten Zeiten an bestimmten Orten. Geben Sie Ihren Kindern die Möglichkeit, ihre kräftigen Stimmen einzusetzen – zum Beispiel in einem Chor oder beim Sport. Besuchen Sie mit ihnen einen Indoor-Spielpark oder gehen Sie mit ihnen hinaus in den Park, damit sie dort ihre Lungen trainieren können.

Üben Sie die Flüstersprache. Unterhalten Sie sich spielerisch in der Flüstersprache, so als müssten Sie aufpassen, nicht gehört zu werden. Diese Übung hilft Ihrem Kind, seine Lautstärke besser zu kontrollieren.

**Lenken Sie die Energie Ihres Kindes um.** Wenn Sie die Lautstärke Ihres Kindes zu stören beginnt, unterbrechen Sie seine gegenwärtige Aktivität und bieten ihm eine ruhigere Betätigung an, zum Beispiel ein Puzzle oder ein Steckspiel, Modellieren mit Ton oder Malen.

**Lassen Sie das Gehör Ihres Kindes überprüfen.** Ein Kind, das durchgängig sehr laut spricht, hört möglicherweise schlecht. So kann sich beispielsweise nach einer Ohrenentzündung ein Flüssigkeitserguss im Innern des Ohren bilden, der das Hören erschwert. Lassen Sie vom Kinder- oder Hals-Nasen-Ohrenarzt ausschließen, dass Ihr Kind unter Schwerhörigkeit leidet.

**Kontrollieren Sie Ihre Wut.** Wenn Sie der laute Ausdruck Ihres Kindes auf die Palme bringt, ist es wichtig, diese Wut unter Kontrolle zu halten. Tipps dazu finden Sie in Teil 3: »Grundlagen für ein friedliches Zuhause«.

### So vermeiden Sie unnötige Tränen

**Erheben Sie selbst die Stimme nicht.** Eine automatische Reaktion auf lautes Angesprochenwerden ist, selbst die Stimme zu heben. Statt dessen sollte man mit bewusst ruhiger, leiser, kontrollierter Stimme antworten, um das Kind »herunterzubringen«. Wenn Sie sich die visuelle Aufmerksamkeit des Kindes sichern und dann beginnen, leise zu sprechen, wird es aufmerken und zuhören.

**Nehmen Sie es nicht persönlich.** Ihr Kind brüllt Sie nicht an, weil Sie etwas falsch gemacht haben. Lautes Sprechen ist ein ganz normaler Aspekt des kindlichen Verhaltens; mit der Zeit lernen Kinder, ihre Lautstärke zu kontrollieren.

**Erwarten Sie keine Veränderung in einem Tag.** Haben sich Schreien und Brüllen als Kommunikationsmittel erst einmal etabliert, kann es langwierig sein, dies zu ändern. Haben Sie Geduld!

## Spielverhalten

**»Ich bin mit meinem Vorschulkind in eine Spielgruppe gegangen, damit es mit anderen Kindern spielen kann. Aber gewöhnlich ist das Spielen kein Spaß, weil die Kinder nicht die Spielsachen teilen, weil sie sich streiten und Wutanfälle bekommen – einschließlich meines Sohnes.«**

Siehe auch: Beißen, andere Kinder; Schlagen, Treten, Haareziehen; Ungezogene Kinder anderer Eltern

### Das sollten Sie wissen

Es dauert lange, bis Kinder soziale Fähigkeiten erlernen. Der Weg des Übens ist hart, aber es lohnt sich auf jeden Fall, solche Spielzeiten mit anderen Kindern einzuplanen.

### So helfen Sie Ihrem Kind

**Realistische Erwartungen entwickeln.** Kleine, sozial unerfahrene Kinder brauchen beim Spielen mit anderen eine gewisse Anleitung. Selbst bei elterlicher Präsenz gibt es Streit mit anderen – und wenn das nicht so wäre, würden sie niemals lernen, mit Auseinandersetzungen umzugehen, die ja Teil unseres Alltags sind. Betrachten Sie solche Momente als »Lehrstunden des Lebens«.

**Achten Sie auf Anzeichen von Hunger.** Hungrige oder müde Kinder verlieren schnell ihre gute Laune und die Geduld. Liegt es am Hunger, bringen Sie für die ganze Gruppe einen gesunden Snack mit. Ist eher Müdigkeit für die schlechte Stimmung verantwortlich, gehen Sie mit Ihrem Kind nach Hause oder schlagen ein ruhiges Spiel vor.

**Wählen Sie die richtigen Spiele aus.** Das Teilen von Spielzeugen fällt Kindern schwer; also achten Sie darauf, dass in der Gruppe nicht nur einige wenige Spielsachen zur Verfügung stehen. Geeignet zum Spielen in der Gruppe sind Bausteine, Kunstprojekte und alles, womit man Fantasie- und Rollenspiele spielen kann, etwa eine Verkleidungskiste oder eine Spielküche mit Ausstattung. Auch eine gewisse Auswahl zur Verfügung zu haben hilft, Streit zu vermeiden.

**Helfen Sie, Konflikte zu lösen.** Wenn Kinder wütend auf einen Spielkameraden werden, fehlt ihnen noch die Selbstkontrolle, mit diesem Ärger umzugehen und sie im Zaum zu halten. Es ist die Aufgabe der Eltern, den Kindern zu zeigen, wie man in Konfliktsituationen verhandelt und Kompromisse findet. Bitten Sie die Kinder reihum, aus ihrer Sicht zu erklären, was passiert ist. Dann machen Sie Lösungsvorschläge.

**Hören Sie zu und beobachten Sie.** Sie müssen nicht jeden Streit schlichten. Oft finden Kinder selbst einen Ausweg. Schreiten Sie nur ein, wenn keine Lösung in Sicht ist oder wenn die Kinder handgreiflich werden.

**Loben und ermutigen Sie.** Wenn die Spielzeit gut verlaufen ist, dürfen Sie die Kinder ruhig loben. Lassen Sie Ihr Kind wissen, dass Sie stolz auf sein Verhalten sind.

## So vermeiden Sie unnötige Tränen

**Vereinbaren Sie keine zu langen Treffen.** Die sozialen Fähigkeiten eines Kindes ermüden im Verlauf der Zeit. Beobachten Sie, wann es an der Zeit ist, das Treffen zu beenden oder zu verlassen. Eine bis drei Stunden sind für kleine Kinder ein guter Richtwert. Wenn sich Kinder besser kennengelernt und angefreundet haben, kann man mit längeren Zeiträumen experimentieren.

**Forcieren Sie keine Freundschaften.** Wie zwischen Erwachsenen muss auch zwischen Kindern die »Chemie« stimmen. Versuchen Sie Spielkameraden zu finden, die Ihrem Kind guttun, seine positiven Seiten zum Vorschein bringen und mit denen es harmoniert.

**Lassen Sie die Kinder nicht allein, während die Erwachsenen sich unterhalten.** Das funktioniert mit älteren Kindern, aber kleine Kinder brauchen die Anwesenheit ihrer Bezugspersonen, damit das soziale Miteinander funktioniert.

**Wählen Sie lieber eine kleine Gruppe.** Bei Schwierigkeiten in der Gruppe sollten Sie die Zahl der Kinder auf zwei bis drei reduzieren bzw. sich einer kleineren Gruppe anschließen. Je weniger kleine Persönlichkeiten in einem Raum, desto weniger Stress wird es geben. Wenn das Spiel und das Sozialverhalten Ihres Kindes in einer kleinen Gruppe über einen längeren Zeitraum hinweg gut funktionieren, können Sie in eine größere Spielgruppe wechseln.

# Streit, zwischen Geschwistern

**»Ich leide sehr darunter, dass meine Kinder sich ständig streiten. Ich möchte, dass sie Freunde sind! Aber kaum sind sie zusammen, gibt es Zank und Ärger, und ich muss immer wieder schimpfen, damit sie nicht aufeinander losgehen.«**

Siehe auch: Beißen, andere Kinder; Rechthaberei; Schlagen, Treten, Haareziehen; Spielverhalten

## Das sollten Sie wissen

Wenn sich unsere Kinder streiten, zehrt das nicht nur an unseren Nerven, sondern geht uns auch ans Herz. Wir wollen, dass sich unsere Kinder lieben und ein Leben lang Freunde sind. Wenn sie sich streiten, scheint dies ein Ding der Unmöglichkeit. Doch Tatsache ist, dass alle Geschwister streiten und miteinander kämpfen – und dass dies mit ihrer Liebe und ihrer Freundschaft nichts zu tun hat. Es gehört zur normalen Entwicklung ihrer Sozialkompetenz einfach dazu. Die meisten Streits zwischen Geschwistern schaden der Beziehung nicht. Dennoch gibt es Mittel und Wege, die Anzahl der Auseinandersetzungen und deren Heftigkeit zu reduzieren.

## So helfen Sie Ihrem Kind

**Auslöser identifizieren und beseitigen.** Versuchen Sie, bei den Auseinandersetzungen ein Muster auszumachen. Geht es typischerweise um ein Thema wie etwa das Teilen der Spielsachen? Wenn ja, stellen Sie entsprechende Regeln auf. Streiten Ihre Kinder immer, während Sie das Abendessen vorbereiten? Dann könnten Sie sie in die Vorbereitungen mit einbeziehen, ihnen einen gesunden Snack anbieten oder für eine besondere Aktivität sorgen, etwa Ausmalen oder mit Ton modellieren. Streiten Sie abends, wenn sie sich bettfertig machen sollen? Dann führen Sie ein friedliches Zubettgehritual ein, das schon am frühen Abend beginnt, bevor die Kinder müde und gereizt werden. Es geht darum, die gefährlichen »Klippen« zu identifizieren und frühzeitig zu umschiffen.

**Bringen Sie Ihren Kindern bei, es besser zu machen.** Erklären Sie Ihren Kindern, wie sie miteinander reden, verhandeln und Kompromisse schließen können. Wahrscheinlich sieht jedes Kind die Situation nur aus seiner Perspektive, und Sie müssen zwischen beiden vermitteln. Setzen Sie sich mit Ihren Kindern zusammen aufs Sofa oder auf nebeneinanderstehende Stühle. Anstatt eine Lösung zu diktieren, helfen Sie ihnen, über ihr Problem zu diskutieren und zu einer Lösung zu finden. Mit der Zeit lernen Ihre Kinder, auch ohne Ihre Hilfe Streitigkeiten beizulegen.

**Lenken Sie ab.** Dreht sich der Streit um eine Kleinigkeit, können Sie die Sache mit Humor entschärfen oder die Kinder mit einer anderen Aktivität ablenken.

**Loben Sie richtiges Verhalten.** Wenn die Kinder friedlich miteinander spielen, ist es oft so, dass die Eltern die Ruhe nutzen und sich ihrer Arbeit zuwenden. Bricht dann plötzlich Streit aus, tauchen die Eltern auf, um zu schlichten. Deshalb: Ignorieren Sie Ihre Kinder nicht, wenn sie friedlich miteinander spielen. Loben Sie sie für ihr gutes Verhalten mit positiven Kommentaren wie: »Ich bin glücklich, wenn

Ihr so schön miteinander spielt.« Indem Sie den Kindern positive Rückmeldung geben, wenn alles gut läuft, motivieren Sie sie, sich auch weiterhin Ihren Erwartungen gemäß zu verhalten.

### So vermeiden Sie unnötige Tränen

**Geben Sie die Schuld nie nur einem Kind.** Gehen Sie nicht davon aus, dass das ältere Kind immer die Beziehung dominiert. Gehen Sie nicht davon aus, dass das aggressivere Kind immer schuld hat. Manchmal piesackt ein Kind das andere bis zur Weißglut. Es ist wichtig zu erkennen, was hinter den Kulissen abläuft und vielleicht die Geduld eines der Kinder bis zum Äußersten strapaziert.

**Glauben Sie nicht, Sie könnten nichts tun.** Ihre Kinder können von Ihnen lernen, wie man Streitigkeiten respektvoll löst.

Patricia, Mutter zweier Kleinkinder

### » Freundlichkeit erzeugt Freundlichkeit

In letzter Zeit stelle ich fest, dass sich Valerie gegenüber ihrem kleinen Bruder nicht nett verhält. Jedes Mal, wenn sie ihn umstößt oder ihm ein Spielzeug wegnimmt, bricht die Bärenmutter aus mir heraus. Das frustriert mich und ich sage mir immer, dass ich ruhiger und entspannter mit dieser Situation umgehen sollte, dass ich geduldiger sein und ihr mehr erklären sollte. Denn Freundlichkeit erzeugt Freundlichkeit.«

## Teilen

**»Meine Tochter hat große Schwierigkeiten damit, ihre Spielsachen mit anderen Kindern zu teilen. Sobald ein anderes Kind eines ihrer Spielzeuge nimmt, macht sie ein Riesentheater, bis das Kind die Puppe oder das Auto zurücklegt.«**

Siehe auch: Beißen, andere Kinder; Schlagen, Treten, Haareziehen; Streit, zwischen Geschwistern

### Das sollten Sie wissen

Teilen ist ein komplexe soziale Fähigkeit, deren Erlernen Anleitung und Übung erfordert. Kleinkinder hängen sehr an ihren Dingen, und sie verstehen noch nicht, was das Teilen für sie oder ihre Besitztümer bedeutet.

Um diese Gefühle besser zu verstehen, stellen Sie sich bitte einmal vor, Sie müssten Ihre wertvollsten oder liebsten Dinge – vielleicht Ihren Computer, Ihre Kamera, Ihr Auto oder Ihr Boot – für einen Tag an einen Freund abtreten.

Dieses Gefühl von Sorge und Unsicherheit, ob man es auch unversehrt zurückbekommt, gepaart mit der mangelnden Erfahrung unserer Kinder, – das könnte der Grund dafür sein, dass Ihr Kind sein Spielzeug nicht gerne teilt.

## So helfen Sie Ihrem Kind

**Zeigen Sie, wie Teilen funktioniert.** Teilen Sie Dinge mit Ihrem Kind und erklären Sie ihm, dass Sie gerade teilen. Zum Beispiel: »Möchtest du gerne mal auf meinem Taschenrechner tippen? Ich teile ihn gerne mit dir.«

**Ermutigen Sie Ihr Kind mit Ihnen zu teilen.** Es ist für Kinder meist einfacher, mit den Eltern zu teilen als mit einem anderen Kind, weil Ihr Kind weiß, dass Sie vorsichtig mit seinen Sachen umgehen und sie wieder zurückgeben. Üben Sie dies mit Ihrem Kind. Wenn Sie das Spielzeug zurückgeben, fassen Sie in Worte, was Ihr Kind gerade geleistet hat: »Du hast so lieb mit mir geteilt, vielen Dank.« Auf diese Weise macht Ihr Kind eine positive Erfahrung beim Teilen, die es mit Gleichaltrigen vermutlich noch nicht machen wird.

**Geben Sie Ihrem Kind Wahlmöglichkeiten.** Anstatt zu verlangen, dass Ihr Kind ein bestimmtes Spielzeug teilt, lassen Sie es auswählen: »Sarah möchte gerne mit einem Kuscheltier spielen. Welches möchtest du ihr leihen?« Und gestatten Sie Ihrem Kind, nicht alle teilen zu wollen.

**Schaffen Sie Situationen, die Teilen erfordern.** Sie können mit Ihrem Kind das Teilen üben, indem Sie ihm Spielsachen oder Spiele geben, die zu zweit oder zu mehreren gespielt werden, wie beispielsweise Brett- oder Outdoor-Spiele wie Federball. Suchen Sie außerdem nach Aktivitäten, an denen viele andere teilnehmen können, zum Beispiel Modellieren mit Ton, Malen, Basteleien, Kunstprojekte oder Spiele mit Steckklötzchen.

---

Nancy, Mutter zweier Kleinkinder

### » Dies ist meins – das ist deins

Meine Kinder haben sich ständig um Spielsachen gestritten, auch wenn sie beide exakt dasselbe hatten. Dann kaufte mein Mann eine Etikettiermaschine, und jetzt beschriften wir die jeweiligen Lieblingsspielzeuge. Tobias kann schon ein bisschen buchstabieren und kann seinen Namen allein in die Beschriftungsmaschine tippen, das Etikett ausdrucken und auf sein Spielzeug kleben. Unserer Tochter helfen wir dabei. Die Kinder sind glücklich, ihre Namen auf den Lieblingsspielsachen zu sehen, und jedes Kind respektiert die Dinge des anderen.«

**Erklären Sie Ihrem Kind, was es erwartet.** Bevor ein Spielkamerad zu Besuch kommt, sagen Sie Ihrem Kind, wie lange der Freund bleiben wird, und versichern Sie ihm, dass nach dem Besuch alle Sachen noch da und in seinem Besitz sein werden. Erlauben Sie Ihrem Kind, einige Lieblingsspielsachen beiseitezutun, die es nicht teilen muss. Zwingen Sie Ihr Kind außerdem nie, besonders »wertvolle« Spielsachen (mit denen es gerade besonders gerne spielt, oder die Kuscheltiere mit denen es schläft) mit anderen zu teilen.

**Loben Sie Ihr Kind.** Achten Sie auf erfolgreiche Momente – auch wenn sie nur kurz sind – und loben Sie Ihr Kind, wenn ihm das Teilen gut gelungen ist und es friedlich geteilt hat.

### So vermeiden Sie unnötige Tränen

**Bestrafen Sie Ihr Kind nicht, wenn es nicht teilen möchte.** Wenn Ihr Kind noch nicht in der Lage ist zu teilen, muss es diesen Vorgang eben noch etwas mehr üben. Erklären Sie ihm geduldig, wie Teilen funktioniert, anstatt es zu beschimpfen oder zu bestrafen.

**Bringen Sie Ihr Kind nicht in Verlegenheit.** Auch wenn Sie Ihrem Kind das Teilen ausführlich erklärt und es auf die Spielsituation vorbereitet haben, weigert es sich möglicherweise zu teilen. Ist dies der Fall, rügen Sie es nicht vor anderen. Gehen Sie mit ihm in ein anderes Zimmer, besprechen das Thema nochmals unter vier Augen und legen gemeinsam einen Plan fest, wie die restliche Spielzeit ablaufen soll.

**Zwingen Sie Ihr Kind nicht zum teilen.** Einige Dinge können ruhig vom allgemeinen Teilen ausgenommen sein, etwa die Lieblingspuppe, das Kuscheltier aus dem Bett, ein besonders empfindliches oder zerbrechliches Spielzeug oder etwas, das das Kind erst kürzlich geschenkt bekommen hat. Nicht alles muss geteilt werden.

## Tischmanieren

**»Mein Sohn sitzt bei den Mahlzeiten einfach nicht still. Ständig zappelt er herum, steht auf, nimmt sich mit den Fingern Essen aus den Schüsseln und hat auch sonst eigentlich gar keine Manieren bei Tisch. Es macht keinen Spaß, mit ihm zusammen am Tisch zu sitzen.«**

Siehe auch: Unterbrechen; Umgangsformen, gute

### Das sollten Sie wissen

Kinder haben unendlich viel Energie – und das Stillsitzen während der Mahlzeiten ist für sie eine große Herausforderung. Und mehr noch: Kinder sehen in einer gemeinsamen Mahlzeit noch kein soziales Vergnügen – sie würden viel lieber spielen –, und auch das Essen hat für sie keine so große Bedeutung – es sein denn, es handelt sich um Eiscreme.

### So helfen Sie Ihrem Kind

**Geduldig sein und erklären.** Sagen Sie Ihrem Kind, was Sie von ihm erwarten, anstatt ihm zu sagen, was Sie nicht sehen wollen. Das motiviert das Kind, sich zu bemühen. Sagen Sie nicht »Iss nicht mit den Fingern«, sondern sagen Sie »Bitte nimm deine Gabel«.

**Sorgen Sie bei Tisch für gute Laune.** Wählen Sie erfreuliche Gesprächsthemen aus; versuchen Sie, nicht zu schimpfen und zu maßregeln. Lassen Sie nicht die Erwachsenen die Tischkonversation dominieren und die Kinder schweigend dabeisitzen. Erlauben Sie auch den Kindern, sich am Gespräch zu beteiligen. Machen Sie die Mahlzeiten im Familienkreis zu einer schönen Erfahrung für alle.

**Akzeptieren Sie altersgemäßes Verhalten.** Jedes Kind stößt mal das Milchglas um, verkleckert Saft, spritzt mit dem Ketchup und verteilt Krümel um sich herum. Es dauert einfach seine Zeit, bis Kinder die motorischen

Fähigkeiten entwickeln, die man braucht, um »sauber und ordentlich« zu essen.

**Seien Sie konsequent.** Ermuntern Sie Ihr Kind, die guten Umgangsformen zu zeigen, die Sie ihm beigebracht haben und gehen Sie stets mit gutem Beispiel voran. Werden gute Manieren kontinuierlich geübt, sind sie bald die selbstverständlichste Sache der Welt.

**Üben Sie formale Tischsitten.** Veranstalten Sie von Zeit zu Zeit ein formales Essen. Legen Sie dazu ein feines Tischtuch, die ganze Besteckpalette und Stoffservietten auf. Verhalten Sie sich so, als wären Sie in einem edlen Restaurant und erlauben Sie allen Beteiligten, die guten Manieren spielerisch auch ein bisschen zu übertreiben. Vielleicht werfen Sie sich alle in Schale und stellen Kerzen auf. Neben dem Lehreffekt ist dies auch ein schönes Familienritual, an das sich Ihre Kinder später gerne erinnern werden.

### So vermeiden Sie unnötige Tränen

**Legen Sie unrealistische Erwartungen ab.** Erwarten Sie von einem kleinen Kind nicht, dass es stundenlang am Tisch sitzen bleibt und sich tadellos benimmt – dann ist die Enttäuschung nämlich vorprogrammiert. Kinder sind keine kleinen Erwachsenen.

**Zwingen Sie Ihr Kind nicht zu essen.** Kinder besitzen eine natürliche Appetitkontrolle. Sie sollten essen dürfen, wenn sie hungrig sind, und aufhören, wenn sie satt sind. Erlauben Sie Ihrem Kind, auf die Signale seines Körpers zu hören. Wenn Sie möchten, dass Ihr Kind seinen Teller leer isst, geben Sie ihm einen kleineren Teller und kleinere Portionen. Und noch etwas: Ihr Kind unterscheidet möglicherweise nicht zwischen Keksen und Brokkoli – es ist Ihre Aufgabe, für eine gesunde Auswahl an Lebensmitteln zu sorgen.

## Trödeln

**»Mein Sohn bewegt sich immer wie in Zeitlupe. Wenn wir irgendwohin müssen, muss ich ihn ständig antreiben – das ist auf Dauer ziemlich frustrierend. Am Ende sind wir bloß beide genervt, und was auch immer wir vorhatten, beginnt immer mit beidseitigem Stress.«**

Siehe auch: Kommt nicht, wenn man ruft

### Das sollten Sie wissen

Die Uhr der Kinder geht einfach langsamer als die der Erwachsenen. Sie denken nicht darüber nach, was als Nächstes zu tun ist, sondern genießen den Augenblick. Sie bleiben stehen, um eine schlafende Katze zu beobachten, untersuchen minutiös das Muster eines Teppichs und sinnieren darüber, wozu Zehen gut sind. Wenn wir ganz ehrlich sind, müssten wir eigentlich zu dem Schluss kommen, dass es schade ist, dass wir nicht alle in »Kind-Zeit« leben können. Und uns wieder die Zeit nehmen, achtsam mit Dingen umzugehen und sie bewusst wahrzunehmen.

## So helfen Sie Ihrem Kind

**Klare Schritt-für-Schritt-Anweisungen geben.** Formulieren Sie schrittweise Anweisungen, denen Ihr Kind mühelos folgen kann. Geben Sie Ihrem Kind nur eine oder zwei Aufgaben auf einmal, und lassen Sie die nächsten erst folgen, wenn es fertig ist. Zum Beispiel so: »Räum bitte dein Puzzle in die Kiste und geh dann ins Bad.«

**Machen Sie eine Liste.** Schreiben oder malen Sie der Reihe nach die anstehenden Aufgaben auf und geben Sie Ihrem Kind einen Stift, mit dem es die erledigten Dinge durchstreichen kann.

**Eine Belohnung in Aussicht stellen.** Ermutigen Sie Ihr Kind, seine Aufgaben zügig zu erledigen, indem Sie ihm nach der »Wenn/dann-Technik« (siehe Seite 66) eine Belohnung versprechen. »Wenn du schnell ins Auto steigst, bekommst du deine Cracker.«

**Analysieren Sie Ihren eigenen Tagesplan.** Hinterfragen Sie, ob Sie sich (und damit auch Ihrem Kind) nicht zu viel aufbürden. Wenn Sie den Eindruck haben, dies könnte zutreffen, sollten Sie Ihren Tagesplan ausdünnen. Konzentrieren Sie sich auf die wichtigen Dinge und streichen Sie weniger wichtige »Zeitfresser«. Und: Nehmen Sie auch bei sich selbst ein wenig Tempo raus.

**Überprüfen Sie die Schlafenszeiten.** Kinder, die nicht ausreichend Schlaf bekommen, besitzen nicht genug Energie und neigen zu verlangsamten Bewegungsabläufen und Trödeln.

## So vermeiden Sie unnötige Tränen

**Treiben Sie Ihr Kind nicht an.** Befehle wie »Mach schon!« oder »Beeil dich!« frustrieren Kinder: Wenn sie sich zu sehr beeilen, unterlaufen ihnen Fehler, die wiederum Ärger machen und Zeit kosten. Bereiten Sie Ihr Kind lieber rechtzeitig, etwa mit der »5-3-1-GO«-Methode von Seite 64, vor.

**Verfestigen Sie das Muster nicht.** Kinder trödeln oft aus Gewohnheit. Wenn die Mutter ankündigt »Wir müssen gehen!« und sich dann von einem Anruf oder einer Haushaltstätigkeit aufhalten lässt, lernt das Kind, dass in Wirklichkeit keine Eile geboten ist. Das Kind erwartet mehrere Aufforderungen, bevor der Aufbruch tatsächlich stattfindet. Denken Sie nach, bevor Sie Dinge ankündigen, formulieren Sie Ihre Ankündigung ganz konkret und setzen Sie sie zügig um.

**Erwarten Sie kein Eiltempo.** Lassen Sie Ihrem Kind ein vernünftiges Maß an Zeit. Beobachten Sie Ihr Kind, um mit seinem individuellen Tempo vertraut zu werden. Nur weil Sie in Eile sind, bedeutet das nicht, dass Ihr Kind sich schneller bewegt als sein normales Tempo.

**Kommunizieren Sie klar und deutlich.** Treffen Sie konkrete Aussagen und Anweisungen, die keinen Raum für Missverständnisse lassen. Beispiel: Statt einer vagen Aussage wie »Mach dich fertig zum Gehen« treffen Sie klare Anweisungen wie »Zieh dir bitte sofort Schuhe und Jacke an und steig ins Auto«.

# Umgangsformen, schlechte

**»Mein Sohn legt ein ziemlich schlechtes Benehmen an den Tag – er erinnert sich nicht einmal an die wichtigsten Regeln, wie Bitte und Danke zu sagen. Mir ist es richtig peinlich, mit ihm in Gesellschaft von Freunden oder Verwandten zu sein.«**

Siehe auch: Rechthaberei; Unterbrechen; Tischmanieren; Restaurantbesuche

## Das sollten Sie wissen

Ihr Kind rennt nicht auf die Autobahn und spielt auch nicht mit Steakmessern, weil Sie ihm klar und deutlich gemacht haben, dass ein solches Verhalten nicht toleriert wird. Es liegt allein an Ihnen zu entscheiden, ob gutes Benehmen für Sie genauso wichtig ist. Kinder werden nicht mit guten Umgangsformen geboren; Manieren werden anerzogen und müssen immer wieder konsequent in Erinnerung gerufen werden.

## So helfen Sie Ihrem Kind

**Sagen Sie Ihrem Kind, was Sie hören möchten.** Formulieren Sie ganz genau, was Sie von Ihrem Kind hören möchten. »Was ich von dir hören möchte, ist: ›Kann ich bitte noch einen Pfannkuchen bekommen.‹«

**Erklären statt schimpfen.** Statt zu sagen »Das ist ja schrecklich!« sollten Sie Ihrem Kind die Situation auf positive Weise erklären. »Es ist unhöflich, bei Tisch zu rülpsen. Und wenn es doch passiert, sagst du ›Entschuldigung‹.« Wenn Ihr Kind diese Benimmregel tatsächlich noch nicht kannte, haben Sie ihm eine wertvolle Lektion erteilt, und wenn es sie vielleicht doch schon kannte, haben Sie Ihre eigenen guten Umgangsformen unter Beweis gestellt, indem Sie Ihr Kind höflich korrigiert haben.

**Gehen Sie mit gutem Beispiel voran.** Leben Sie Ihrem Kind die Umgangsformen vor, die Sie bei ihm sehen möchten. Erwachsene vergessen im Umgang mit Kindern schnell einmal »Bitte«, »Danke« und »Entschuldigung« zu sagen. Erinnern auch Sie sich an Ihre guten Umgangsformen – so bringt man sie Kindern viel leichter bei. Ersetzen Sie »Hör auf, solchen Krach zu machen« durch »Bitte spiel leiser«.

**Loben Sie Ihr Kind.** Zeigen Sie Ihrem Kind, wie sehr es Sie freut, wenn es sich so verhält, wie Sie es von ihm erwarten.

## So vermeiden Sie unnötige Tränen

**Lassen Sie sich nicht provozieren.** Schauen Sie Ihrem Kind, wenn es sich danebenbenommen hat, in die Augen und sagen Sie: »Ich weiß, dass du das besser kannst. Wenn du mich höflich bittest, werde ich dir gerne antworten.«

**Lachen Sie nicht über schlechtes Benehmen.** Wenn Sie sich angesichts des Fehlverhaltens Ihres Kindes belustigt zeigen, ermutigt das Ihr Kind nur dazu, seine schlechten Manieren als Quelle der Heiterkeit zu betrachten.

**Vermeiden Sie alte Sprüche.** Aussagen wie »Wo sind nur deine Manieren?« sind kein höflicher und konstruktiver Weg, das Kind an das richtige Verhalten zu erinnern.

Leah, Mutter einer kleinen Tochter

### » Vorbild ist der beste Lehrer

Ich habe festgestellt, dass das eigene gute Beispiel oft die erhofften Erfolge bringt. Ich habe immer ›Danke‹ gesagt, wenn meine Tochter mir etwas reichte. Irgendwann begann sie, sich auch zu bedanken, und heute sagt sie fast immer ›Danke‹, wenn man ihr etwas gibt. Als ich ihr ›Bitte‹ beibringen wollte, versuchte ich es mit der Methode ›Sag Bitte, für Mama‹ und ›Wie sagt man?‹ – doch das führte zu nichts. Ich gab diesen Ansatz auf und bemühte mich, konsequent ›Bitte‹ zu sagen – das funktionierte. Diese Form des Lehrens setze ich jetzt auch in anderen Bereichen ein. Es klappt nicht über Nacht, und sicher nicht immer, aber er führt zum Ziel. Außerdem habe ich jetzt eine fröhliche, selbstbewusste kleine Tochter, die ich in vollen Zügen genießen kann, weil ich selbst keine nörgelnde, korrigierende und deshalb ständig frustrierte Mutter bin.«

## Ungezogene Kinder anderer Eltern

**»Ich habe eine gute Freundin, mit der ich mich immer gerne getroffen habe. Leider jedoch finde ich, dass ihre Kinder ungezogen, laut und frech sind und sie gar nicht daran denkt, ihre Kinder zu korrigieren. Die gemeinsamen Treffen finde ich daher fast unerträglich.«**

Siehe auch: Beißen, andere Kinder; Rechthaberei; Spielverhalten

### Das sollten Sie wissen

Sie mögen Ihre Freundin, Ihre Freundin liebt ihre Kinder, aber Sie beide haben sehr unterschiedliche Erziehungsstile – diese Situation kann heikel werden. Ihre Freundin sieht ihre Kinder wahrscheinlich mit anderen Augen, als Sie es tun. Seien Sie sehr vorsichtig, wenn es um unterschiedliche Erziehungsansätze geht – über diesem Thema sind schon viele langjährige Freundschaften zerbrochen.

### So helfen Sie Ihrem Kind

**Ablenken und umleiten.** Braut sich ein Problem zusammen, sollten Sie möglichst rasch einschreiten und die Kinder zu einer anderen Aktivität umleiten. Indem Sie sie beschäftigen, sinkt die Gefahr eines Streits oder Konflikts.

**Konzentrieren Sie sich auf das aktuelle Thema.** Finden Sie eine Lösung für das, was gerade ansteht – gehen Sie nicht weiter auf Grundsätzliches wie die Persönlichkeit, den Lebens- oder Erziehungsstil ein. Tun Sie nur das, was notwendig ist, um die Situation zu retten. Kommentieren Sie die jeweilige Aktivität oder die ganze Gruppe, nicht das einzelne Kind.

**Vermitteln Sie Ihren Erziehungsstil in zurückhaltender Weise.** Laden Sie Ihre Freundin ein, gemeinsam mit Ihnen ein Erziehungsseminar oder einen Vortrag zu dem entsprechenden Thema zu besuchen. Leihen Sie ihr Ihren bevorzugten Erziehungsratgeber aus und sagen

Sie ihr, dass Sie ihn sehr gut finden und der Meinung sind, er wird auch ihr gefallen.

**Sehen Sie das Positive.** Versuchen Sie, Ihre Treffen zu genießen, und konzentrieren Sie sich auf die schönen Seiten Ihrer Freundschaft. Stellen Sie die Eigenschaften Ihrer Freundin, die Sie schätzen, in den Vordergrund, und betrachten Sie ihre Kinder aufgeschlossen – sicher werden Sie auch an ihnen liebenswerte Seiten finden.

**Treffen Sie sich ohne Kinder.** Wenn Sie das Benehmen der Kinder Ihrer Freundin stört oder es sich negativ auf Ihre eigenen Kinder auswirkt, treffen Sie sich einfach allein mit Ihrer Freundin.

### So vermeiden Sie unnötige Tränen

**Erziehen Sie nicht die Kinder der anderen.** Es ist die Sache Ihrer Freundin, mit dem Verhalten ihrer Kinder klarzukommen (oder auch nicht klarzukommen, wie es aus Ihrer Sicht der Fall sein mag). Sie sollten nur einschreiten, wenn Ihre Kinder bzw. Ihr Eigentum direkt betroffen sind. Dann ist es legitim, dass Sie einschreiten bzw. Grenzen setzen.

**Versuchen Sie nicht, andere Menschen zu verändern.** Verschwenden Sie Ihre Energie erst gar nicht darauf zu versuchen, mit ein paar wohlgemeinten Kommentaren das Familienleben anderer Menschen zu verändern. Dieser Versuch löst bei den anderen leicht Verletzung, Wut oder eine Verteidigungshaltung aus. Akzeptieren Sie die Dinge, wie sie sind – es sei denn, Ihre Freundin bittet Sie um Rat oder Hilfe.

**Brechen Sie den Kontakt nicht ab.** Freundschaften sind wichtig und wertvoll. Und Kinder werden älter – in ein paar Jahren sind sie selbstständig, gehen eigene Wege und sind bei den Treffen ohnehin nicht mehr dabei. Finden Sie Wege, die derzeitige Situation für Sie erträglich zu gestalten.

## Unordnung

**»Mein Kind lässt überall im Haus Spielsachen, Socken und Taschentücher herumliegen und erwartet von mir, dass ich ihr hinterherräume. Ich möchte aber nicht, dass unser schönes Zuhause wie ein Schlachtfeld aussieht – und ich habe das ständige Hinterherräumen satt ...«**

### Das sollten Sie wissen

Ich fürchte, dieses Problem haben wir Eltern uns selbst zuzuschreiben. Aus dem kleinen Baby, das rundum versorgt werden muss, ist plötzlich eine Sechsjährige geworden, die wir noch genauso umsorgen – und die Sechsjährige verspürt natürlich keinen Drang, diese Situation zu verändern. Hätten Sie selbst ein Hausmädchen, das Ihnen auf Schritt und Tritt folgt und Ihre Sachen aufräumt – würden Sie sich eine andere Situation wünschen?

### So helfen Sie Ihrem Kind

**Bleiben Sie konsequent.** Wenn Sie Ihr Kind an manchen Tagen zum Aufräumen auffordern, an anderen jedoch die Unordnung ignorieren, weiß Ihr Kind nicht, was Sie von ihm erwarten. Machen Sie einen Aufräumplan und setzen Sie ihn konsequent um.

**Führen Sie eine tägliche »Aufräumroutine« ein.** Mit der Unordnung eines Tages kommt man vielleicht noch klar, aber wenn das Chaos Tag für Tag zunimmt, ist bald Land unter. Legen Sie eine Uhrzeit fest, zu der täglich aufgeräumt wird, zum Beispiel nach dem Abendessen oder bevor sich Ihr Kind den Schlafanzug anzieht.

**Begleiten Sie Ihr Kind beim Aufräumen.** Gemeinsam macht das Aufräumen mehr Spaß. Mit der Zeit wird das Aufräumen zur Gewohnheit und Ihr Kind wird ohne großes Murren mitmachen.

**Organisieren Sie sich besser.** Achten Sie darauf, dass jedes Ding seinen Platz hat, und bringen Sie Ihrem Kind bei, was wohin gehört. Richten Sie Plastikboxen, Kisten und Regale ein, in denen die Sachen ihren festen Platz haben.

### So vermeiden Sie unnötige Tränen

**Räumen Sie nicht hinter Ihrem Kind her.** Wenn Ihr Kind niemals beim Aufräumen hilft, wird es nicht lernen, Ordnung zu halten.

**Beklagen Sie sich nicht.** Solange Sie keine Aufräumroutine haben und Ihr Kind Ihre Erwartungshaltung nicht kennt, dürfen Sie Ihr Kind nicht dafür verantwortlich machen, wenn Sie mit der Situation unzufrieden sind. Statt sich zu beschweren, sollten Sie schnellstens eine Aufräumroutine einführen und mit gutem Beispiel vorangehen.

## Unterbrechen

**»Seitdem unsere Zwillinge das Sprechen gelernt haben, können mein Mann und ich uns nicht mehr ungestört unterhalten. Die Jungs unterbrechen uns pausenlos. Ständig fallen sie uns ins Wort und dominieren die Gespräche.«**

Siehe auch: Umgangsformen, gute; Tischmanieren

### Das sollten Sie wissen

Ihre Kinder unterbrechen Sie, weil sie in diesem Moment Ihre Aufmerksamkeit bekommen. Sie haben gelernt, dass Sie alles unterbrechen, was Sie in diesem Augenblick tun, um ihnen eine Antwort zu geben. Kinder sind meist so sehr auf ihre eigenen Bedürfnisse fokussiert, dass sie nicht realisieren, dass auch die Eltern in diesem Moment Bedürfnisse haben könnten. Kinder müssen lernen, die Bedürfnisse anderer ebenso zu achten wie die eigenen.

### So helfen Sie Ihrem Kind

**Erklären Sie und geben Sie Beispiele.** Auch wenn es für Kinder schwer ist zu lernen, wann eine Unterbrechung gerechtfertigt ist und wann nicht, sollten Sie Ihrem Kind beibringen, diese Unterscheidung zu kennen und machen zu können. Sprechen Sie über die unterschiedlichen Situationen, in denen eine Unterbrechung in Ordnung ist – zum Beispiel wenn jemand an der Tür ist, wenn das Telefon klingelt oder wenn sich ein Geschwisterkind wehgetan hat.

**Lehren Sie Höflichkeit.** Erklären Sie Ihrem Kind, dass man auf eine Gesprächspause wartet, bevor man ein Gespräch höflich unterbricht. Wenn Ihr Kind sich so verhält, loben Sie es. Wenn die Unterbrechung keinen wichtigen Anlass hat und warten kann, teilen Sie Ihrem Kind dies höflich mit.

**Bringen Sie Ihrem Kind den »Drücker« bei.** Wenn Ihr Kind etwas von Ihnen möchte, während Sie mit einem anderen Erwachsenen sprechen, sollte es sanft Ihren Arm drücken. Sie reagieren, indem Sie leicht seine Hand drücken; Ihr Kind weiß dann, dass sein Anliegen wahrgenommen wird. Lassen Sie die ersten Male Ihr Kind bald sprechen, so dass es sieht, dass diese Methode funktioniert. Mit der Zeit kann es etwas länger warten; geben Sie ihm von Zeit zu Zeit einen leichten Händedruck, damit es merkt, dass es nicht vergessen ist.

**Legen Sie eine »Quatschkiste« an.** Stellen Sie eine kleine Kiste mit Spielen und Büchern zusammen, die Ihr Kind nur benutzen darf, wenn Sie telefonieren, am Schreibtisch sitzen oder mit einem anderen Erwachsenen sprechen. Ersetzen Sie die Spiele und Bücher von Zeit zu Zeit oder tauschen Sie den Inhalt immer mal wieder aus. Seien Sie konsequent und stellen Sie die Kiste weg, wenn Sie mit Ihrem Gespräch fertig sind. Ihr Kind freut sich dann schon auf das nächste Mal, wenn es die Kiste bekommt – und Sie können sich in Ruhe unterhalten.

**Planen Sie im Voraus.** Wenn Sie Gäste erwarten oder ein Telefongespräch führen wollen, teilen Sie dies Ihrem Kind mit, damit es weiß, was es erwartet. »Ich muss gleich telefonieren, und das kann ein bisschen dauern. Du bekommst deine Quatschkiste, während ich telefoniere.«

**Loben Sie Ihr Kind.** Loben Sie Ihr Kind, wenn es sich gut benommen hat, wenn es beispielsweise vor einer Unterbrechung »Entschuldigung« gesagt oder nur aus einem wichtigen Grund unterbrochen hat.

## So vermeiden Sie unnötige Tränen

**Reagieren Sie nicht auf die Unterbrechung.** Viele Eltern rügen ihr Kind für die Unterbrechung, reagieren aber im selben Atemzug auf das Anliegen des Kindes – was natürlich die schlechte Angewohnheit des Unterbrechens weiter verstärkt.

**Nicht grob reagieren.** Manche Eltern greifen so schnell korrigierend in das Verhalten ihres Kindes ein, dass sie gar nicht realisieren, dass ihr eigenes Verhalten in diesem Moment genau so ungehobelt ist (»Was ist los mit dir? Unterbrich uns nicht!«). Gehen Sie als positives Vorbild voran. Legen Sie eine Pause ein, schauen Sie Ihr Kind an und sagen Sie: »In einer Minute bin ich für dich da.«

## Widerrede, freche

**»Ich dachte immer, dass nur ältere Kinder frech widersprechen, aber mein Vierjähriger beweist mir das Gegenteil. Ich habe keine Ahnung, wie ich damit umgehen soll und es wird immer schlimmer!«**

Siehe auch: Rechthaberei, Schlagen, das Kind die Eltern; Flüche, Schimpfworte und Fäkalsprache

### Das sollten Sie wissen

Wenn ein Kind zum ersten Mal den Eltern freche Widerworte gibt, handelt es sich gewöhnlich um den Ausdruck eines aufrichtigen Gefühls – normalerweise möchte das Kind mitteilen, dass es etwas nicht mag. Das Problem ist nicht die Meinung des Kindes – auf die es ein gutes Recht hat –, sondern die Art und Weise, wie es seine Meinung kundtut. Wenn es die Eltern versäumen, die Art und Weise, in der ihr Kind kommuniziert, zu korrigieren, wird sich das Muster fortsetzen und mit der Zeit sogar verschlimmern, da das Kind annimmt, dass dies ein akzeptabler Weg ist, seine Gefühle auszudrücken.

### So helfen Sie Ihrem Kind

**Das Thema offen ansprechen.** Wenn Ihr Kind freche Widerworte gibt, reagieren Sie sofort darauf. Schauen Sie Ihrem Kind in die Augen und sagen Sie mit fester, ernster Stimme »Das sind freche Widerworte und nicht der richtige Weg, um mir zu sagen, was du denkst.« Da Sie Ihrem Kind gutes Benehmen beibringen wollen, sollten Sie es höflich bitten: »Bitte sprich nicht so mit Mami.«

**Höflichkeit beibringen.** Ihr Kind widerspricht Ihnen, weil es anderer Meinung ist. Nicht seine abweichende Meinung ist das, was es zu korrigieren gilt, sondern die Art der Äußerung. Bringen Sie ihm bei, wie man sich höflich und respektvoll ausdrückt. »Ich möchte, dass du dich so ausdrückst: ›Mami, kann ich bitte noch etwas länger spielen?‹ Wir sprechen höflich miteinander.«

**Schlechte Einflüsse ausfindig machen.** Haben Sie ein Auge auf die Freunde Ihres Kindes und auch auf die älteren Geschwister. Was bekommt Ihr Kind im Fernsehen mit – auch wenn es zufällig im Raum ist? Kinder imitieren andere Menschen – auf diese Weise lernen sie. Was Kinder (zufällig) hören, sprechen sie auch nach.

**Konsequent sein.** Diese Situation wird sich in den nächsten Jahren immer wieder wiederholen – man sollte ihr mit Ruhe und Konsequenz begegnen. Der Schlüssel zum Erfolg liegt darin, dass Sie beständig und beharrlich jeden Fall von frecher Widerrede korrigieren.

### So vermeiden Sie unnötige Tränen

**Nicht in gleicher Weise erwidern.** Wenn Ihr Kind Ihnen freche Widerworte gibt, sollten Sie diese nicht in gleicher Weise erwidern, damit gar nicht erst ein »Dialog unter Gleichen« zustande kommt. Es geht nicht um das Thema, das die Widerworte verursacht, sondern die Art und Weise, in der sich Ihr Kind äußert. Begeben Sie sich nicht auf die gleiche Stufe, sondern seien Sie ein Vorbild.

**Nicht ignorieren.** Freche Widerrede erfordert konsequente Reaktionen. Ignoriert man sie hin und wieder, kann man sicher sein, mehr und mehr damit konfrontiert zu werden.

**Nicht schreien oder schlagen.** Ein Kind, das vehement und verletzend widerspricht, kann die Eltern in Rage bringen; auch Eltern können sich in ihrem Respekt verletzt und ungeliebt fühlen. Reagieren sie jedoch mit Schreien oder gar körperlicher Gewalt, bringt dies das Kind zwar zum Schweigen, löst aber nicht das Problem. Also atmen Sie tief durch und überlegen Sie, was zu tun ist.

## Zähneputzen

**»Es ist ein ständiger Kampf, mein Kind zum Zähneputzen zu bewegen. Jeden Morgen und Abend dasselbe Theater: Immer endet es darin, dass ich schreie und mein Sohn weint. Das kann doch nicht der richtige Weg sein?«**

Siehe auch: Baden, Stress beim; Baden, ablehnen

### Das sollten Sie wissen

Die tägliche Zahnpflege ist ein wichtiger Bestandteil der Gesundheit Ihres Kindes. Und: Es gibt Wege, diese Aufgabe entspannter, vielleicht sogar angenehm oder richtig lustig zu gestalten.

### So helfen Sie Ihrem Kind

**Legen Sie die Zahnputzzeiten fest.** Machen Sie das Zähneputzen zum festen Bestandteil des Morgenrituals, gleich nach dem Anziehen, und ebenso am Abend, nachdem Ihr Kind seinen Schlafzug angezogen hat. Wenn Sie diesen Ablauf Tag für Tag unverändert umsetzen, wird das Zähneputzen für Ihr Kind zur natürlichsten Sache der Welt.

**Leben Sie sorgfältige Mundhygiene vor.** Kinder beobachten, was Ihre älteren Geschwister und die Eltern tun, und betrachten sie als Verhaltensvorbilder. Lassen Sie Ihr Kind zuschauen, wenn Sie sich die Zähne putzen. Putzen Sie sich gemeinsam die Zähne und nutzen Sie die Tatsache, dass Kinder ihre Eltern gerne imitieren.

**Wählen Sie die richtige Zahnbürste.** Wählen Sie eine spezielle Kinderbürste. Auch wenn Ihnen eine größere Bürste effizienter vorkommt, ist es so, als würden Sie sich mit einer Haarbürste die Zähne putzen – ein wahrhaft überwältigendes Gefühl. Die Bürste sollte weiche Borsten haben, damit sich das Kind nicht im Mund verletzt.

**Experimentieren Sie.** Suchen Sie eine bunte Zahnbürste aus, die vielleicht noch Musik macht. Oder eine speziell für Kinder entwickelte batterie- oder elektrisch betriebene Zahnbürste – diese putzen wirklich sauber, während die Kinder das Kitzeln und Vibrieren genießen. Wenn Ihr Kind mehrere Zahnbürsten hat, lassen Sie es bei jedem Zähneputzen eine Bürste aussuchen. Lassen Sie es auch eine Lieblingszahncreme identifizieren.

**Nehmen Sie nur ganz wenig Zahnpasta.** Zu viel Zahnpasta kann ungesund und unangenehm sein; ein kleines bisschen reicht.

Meghan, Mutter zweier Kleinkinder

## » Hilfe aus der Sesamstraße

Nachdem mein Sohn viele Monate das Zähneputzen boykottierte, fiel mir eines Tages auf, dass auf seiner Zahnbürste ein Bildchen von Elmo aufgedruckt war – und das machte ich mir zunutze. Mit Elmo-artig verstellter Stimme sagte ich: ›Elmo hat einen Riesenhunger. Elmo hat gehört, dass du zum Abendessen Burritos gegessen hast. Kann Elmo ein bisschen davon abbekommen?‹ Kichernd öffnete Peter den Mund, um Elmo an seinen Burrito-Resten teilhaben zu lassen. ›Elmo füttern‹ ist jetzt bei ihm und seiner Schwester zum geflügelten Begriff und Teil unseres Abendrituals geworden.«

**Seien Sie erfinderisch.** Tun Sie so, als wäre die Zahnbürste ein Zug und die Zähne die Gleise. Machen Sie Dampflokgeräusche und ermuntern Sie Ihr Kind, den Zug zu lenken. Lassen Sie Zahnbürste und Zähne miteinander sprechen; denken Sie sich ein »Zahnputz-Lied« aus oder erfinden Sie zum Lieblingslied Ihres Kindes eine neuen »Zahnputz-Text«. Warum sollte das Zähneputzen nicht auch Spaß machen?

### So vermeiden Sie unnötige Tränen

**Geben Sie nicht klein bei, nur um die tägliche »Zahnputz-Schlacht« zu umgehen.** Die Zähne Ihres Kindes bekommen nicht nur schnell Karies, wenn man das Zähneputzen vernachlässigt – auch etablieren Sie eine wichtige lebenslange Gewohnheit, wenn Sie auf regelmäßiges Zähneputzen bestehen.

**Drohen Sie nicht mit zukünftigen Schäden.** Einem Kleinkind damit zu drohen, dass der Zahnarzt beim nächsten Besuch bohren muss, oder einem Vorschulkind vor Augen zu führen, dass es mit vierzig ein künstliches Gebiss haben wird, nutzt nicht viel. Kinder denken nicht so weit in die Zukunft.

# Die Testfamilien

Während der Entstehung dieses Buches habe ich mit zahlreichen Testeltern zusammengearbeitet. Meine Testmütter und -väter, wie ich sie voller Zuneigung nenne, wurden im Laufe dieses langen und komplexen Prozesses zu Freunden, und ich glaube, dass ich ebenso von ihnen gelernt habe wie sie von mir. Diese 242 Menschen waren so freundlich und motiviert, umfangreiche Fragebögen auszufüllen, viele Fragen zu beantworten und an Umfragen teilzunehmen. Sie haben das Manuskript gelesen, das Gelernte angewendet und mir regelmäßig Rückmeldung gegeben. Sie haben Fragen gestellt und mir hilfreiche Ideen zurückgegeben. Sie haben mich einen Blick in ihre Familien und ihren Erziehungsalltag werfen lassen – und mich auch an ihren Erfolgen teilhaben lassen.

Die Testfamilien leben über die ganze Welt verstreut und repräsentieren alle nur erdenklichen Familienformen: verheiratet, ledig, unverheiratet zusammen lebend, von einem bis sechs Kinder, darunter Zwillinge, adoptierte Kinder, besonders junge und besonders alte Eltern, Mütter, die zu Hause bleiben, berufstätige Eltern, Familien aus unterschiedlichen ethnischen Gruppen und mit verschiedenen kulturellen Ursprüngen, gleichgeschlechtliche Paare und auch Großeltern als Erziehende. Meine Testfamilien sind eine vielfältige, interessante Gruppe.

## Geografische Verteilung der Testeltern

- 188 leben in Kanada/den USA
- 17 leben in Großbritannien
- 10 leben in Australien/Neuseeland
- 9 leben in Israel
- 6 leben in Bahrain/Saudi-Arabien
- 3 leben in Europa
- 2 leben in Mexiko
- 2 leben in Brasilien
- 2 leben in Südafrika
- 1 lebt in Japan
- 1 lebt in Russland

## Statistische Daten zu den Testkindern

- 202 Mädchen
- 209 Jungen
- 4 Zwillingspaare
- 247 Kleinkinder (12 Monate bis 3 Jahre)
- 142 Vorschulkinder (3 bis 6 Jahre)
- 22 Schulkinder (7 bis 10 Jahre)

# Literatur


Baisch, Volker/Neumann, Bernd: **Das Väter-Buch.** TRIAS Verlag 2008

Baumann, Thomas: **Das Baby-Entwicklungsbuch.** TRIAS Verlag 2009

Dohmen, Barbara: **Baby-Ernährung.** TRIAS Verlag 2017

Gätjen, Edith: **Lotta lernt essen.** TRIAS Verlag 2017

Michaelis, Richard: **Die ersten fünf Jahre – Wie sich Ihr Kind entwickelt.** TRIAS Verlag 2017

Ohm, Dietmar: **Entspannung für Kinder.** TRIAS Verlag 2017

Pantley, Elizabeth: **Schlafen statt schreien.** TRIAS Verlag 2019

Malteser (Hrsg)/Sottong, Ursula: **Das Kinder-Sicherheitsbuch.** TRIAS Verlag 2010


# Register

## L



## M



## N



## P



## Q



## R



## S



## T



## U



## V



## W



## Z

**Bibliografische Information der Deutschen Nationalbibliothek**
Die Deutsche Nationalbibliothek verzeichnet diese Publikation in der Deutschen Nationalbibliografie; detaillierte bibliografische Daten sind im Internet über http://dnb.d-nb.de abrufbar.

Programmplanung: Katja Widmann
Übersetzung: Kirsten Sonntag, München

Redaktion: Kristina Heindel

Umschlaggestaltung und Layout: CYCLUS Visuelle Kommunikation, Stuttgart

Bildnachweis:
Umschlagillustration: Daniela Sonntag, Stuttgart
Zeichnungen: Daniela Sonntag, Stuttgart

Die US-amerikanische Originalausgabe erschien 2007 unter dem Titel »The no-cry discipline solution«.



2. Auflage 2020



Printed in Germany

Satz und Repro: Fotosatz Buck, Kumhausen
gesetzt in: Adobe InDesign CS5
Druck: Westermann Druck Zwickau GmbH, Zwickau

Gedruckt auf chlorfrei gebleichtem Papier

ISBN 978-3-432-10699-1 1 2 3 4 5 6

Auch erhältlich als E-Book:
eISBN (ePub) 978-3-432-10700-4

**Wichtiger Hinweis:** Wie jede Wissenschaft ist die Medizin ständigen Entwicklungen unterworfen. Forschung und klinische Erfahrung erweitern unsere Erkenntnisse, insbesondere was Behandlung und medikamentöse Therapie anbelangt. Soweit in diesem Werk eine Dosierung oder eine Applikation erwähnt wird oder Ratschläge und Empfehlungen gegeben werden, darf der Leser zwar darauf vertrauen, dass Autoren, Herausgeber und Verlag große Sorgfalt darauf verwandt haben, dass diese Angaben dem Wissensstand bei Fertigstellung des Werkes entsprechen, jedoch kann eine Garantie nicht übernommen werden. Eine Haftung des Autors, des Verlags oder seiner Beauftragten für Personen-, Sach- oder Vermögensschäden ist ausgeschlossen.



Wo datenschutzrechtlich erforderlich, wurden die Namen und weitere Daten von Personen redaktionell verändert (Tarnnamen). Dies ist grundsätzlich der Fall bei Patienten, ihren Angehörigen und Freunden, z. T. auch bei weiteren Personen, die z. B. in die Behandlung von Patienten eingebunden sind.



## SERVICE

### Liebe Leserin, lieber Leser,

hat Ihnen dieses Buch weitergeholfen? Für Anregungen, Kritik, aber auch für Lob sind wir offen. So können wir in Zukunft noch besser auf Ihre Wünsche eingehen. Schreiben Sie uns, denn Ihre Meinung zählt!

Ihr TRIAS Verlag
Kontakt: kundenservice.thieme.de
Lektorat TRIAS Verlag, Postfach 30 05 04, 70445 Stuttgart